पंजाबी के प्रसिद्ध कवि अवतार सिंह 'पाश' केवल एक कवि नहीं, अपने युग के वो क़लम-नायक थे, जिन्होंने कविता का स्वर और चेहरा तो बदला ही, अपने समय की चुनौतियों और संघर्ष को आँकने के लिए एक नया नज़रिया भी दिया। उनकी शहादत ने यह सिद्ध कर दिया कि व्यापक मानव-मूल्यों के संघर्ष में संस्कृतिकर्मी भी वैसे ही योद्धा हैं, जैसे राजनीतिक कार्यकर्ता। और इस बात की पुरज़ोर तस्दीक़ करती है उन पर सम्पादित यह पुस्तक तूफ़ान कभी मात नहीं खाते।

पुस्तक में पाश के विभिन्न संग्रहों से चुनी गयी कई कविताएँ एक साथ संगृहीत तो हैं ही, उन्हें क़रीब से जानने वालों—अतर सिंह, अमरजीत चन्दन और चमनलाल—द्वारा उनके जीवन और कविताओं से सम्बन्धित महत्त्वपूर्ण लेख भी शामिल हैं। साथ ही, आलोचक कमला प्रसाद की पंजाब-यात्रा पर छोटा, लेकिन एक संक्षिप्त नोट भी है जिससे पाठक यह जान सकेंगे कि पाश जैसा कवि जो स्वप्न छोड़ गया है, उसके जागरण की ज़मीन किस तरह से पंजाब में आज तैयार हो रही और इस तैयारी से क्या-क्या वाबस्ता। यहाँ यह भी जान सकेंगे कि पंजाब में कम्युनिस्टों ने देशभक्ति, बहादुरी और बलिदान का जो परिचय दिया, वह आधुनिक भारत के इतिहास में स्मरणीय है तो क्यों!

इन विशिष्ट सामग्रियों के अलावा इस पुस्तक को सुप्रसिद्ध कलाविद् ग्राम्शी पर श्रीप्रकाश मिश्र और महान् अश्वेत जननेता नेल्सन मंडेला पर एल.एस. हरदेनिया के लेख; साम्प्रदायिकता की बलिवेदी पर शहीद हुए उर्दू कथाकार ज़की अनवर, बांग्ला लेखक समरेश बसु, कथाकार स्वयं प्रकाश, नरेन्द्र नागदेव की कहानियाँ; ऋतुराज और हिन्दी के अग्रणी प्रगतिशील कवि विजेन्द्र की कविताएँ और उन पर राजाराम भादू का लेख; समालोचक भृगुनन्दन त्रिपाठी का श्रीकान्त वर्मा के बहुचर्चित कविता-संग्रह मगध पर सारगर्भित आकलन आदि ख़ास तो बनाते ही हैं, संग्रहणीय भी बनाते हैं।

कहने की आवश्यकता नहीं कि आज जब पूरी दुनिया में फ़ासिस्टों की तानाशाही अपने चरम पर है, पाश की विशिष्ट रचनाओं को केन्द्र में रखकर तैयार की गयी इस पुस्तक का महत्त्व काफ़ी बढ़ जाता है। वह भी सिर्फ़ पढ़ने भर के लिए नहीं, बल्कि अपने समय को समझने और तमाम चुनौतियों से सामना करने के लिए भी।

वाणी प्रकाशन से प्रकाशित 'पहल' शृंखला की पुस्तकें

1. नवजागरण की इतिहास चेतना (आलोचना)
2. हमें बहुत सारे फूल चाहिए (कविता)
3. मार्क्सवादी सौन्दर्यशास्त्र (आलोचना)
4. पाश : तूफ़ान कभी मात नहीं खाते (आलोचना)
5. कहानी : आज की कहानी (नामवर सिंह से साक्षात्कार)

पाश

तूफ़ान कभी मात नहीं खाते

सम्पादक

ज्ञानरंजन | कमला प्रसाद

वाणी प्रकाशन

प्रकाशन के उत्कृष्टतम 60 वर्ष

पेपरबैक प्रथम संस्करण : 2023

vaniprakashan.com

वाणी प्रकाशन
4695, 21-ए, दरियागंज, नयी दिल्ली-110 002
फ़ोन : +91 11 23273167, 23275710

शाखाएँ

अशोक राजपथ, पटना-800 004, बिहार
कॉफ़ी हाउस कैम्पस, महात्मा गांधी मार्ग, इलाहाबाद-211 001, उत्तर प्रदेश
महात्मा गांधी अन्तरराष्ट्रीय हिन्दी विश्वविद्यालय, वर्धा-442 001, महाराष्ट्र
36/ए, शेक्सपियर सरणी, रानी बिरला गर्ल्स कॉलेज के पास, कोलकाता-700 017, प. बंगाल
sales@vaniprakashan.in
vaniprakashan@gmail.com

Toofan Kabhi Maat Nahin Khate
Edited by Gyanranjan, Kamla Prasad

ISBN : 978-93-5775-288-6
Criticism

मूल्य : ₹ 300

आर. टेक ऑफ़सेट प्रिंटर्स, दिल्ली-110 032 में मुद्रित

वाणी प्रकाशन का लोगो मक़बूल फ़िदा हुसेन की कूची से

"ज़िन्दगी से प्यार मुझे आपसे कम नहीं है। लेकिन मैं न तो अपना जन्मसिद्ध अधिकार बेच सकता हूँ, न ही जनता के आज़ादी के जन्मसिद्ध अधिकार को बेच डालने को तैयार हूँ। मैं जनता के और आपके संगठन, प्रतिबन्धित अफ्रीकी राष्ट्रीय कांग्रेस के नुमाइन्दे के रूप में जेल में क़ैद हूँ। मुझे कैसी आज़ादी की पेशकश की गयी है जबकि जनता के संगठन पर बन्दिश लगी रहे? मुझे अपनी पारिवारिक ज़िन्दगी जीने के लिए कैसी आज़ादी की पेशकश की गयी है जबकि मेरी प्यारी पत्नी ब्राण्डफोर्ट में निर्वासन झेल रही है? मुझे कैसी आज़ादी की पेशकश की गयी है जबकि शहरी इलाक़े में रहने के लिए मुझे इजाज़त लेनी पड़े। मुझे कैसी आज़ादी की पेशकश की गयी है जब मेरी दक्षिण अफ्रीकी नागरिकता को ही सम्मान हासिल नहीं है? केवल स्वतन्त्र आदमी ही बातचीत चला सकता है। क़ैदी संविदाओं में प्रविष्ट नहीं हो सकते। मैं ऐसे समय में कोई वचन नहीं दूँगा जब मैं, आप और जनता आज़ाद नहीं हैं। आपकी और मेरी आज़ादी को जुदा नहीं किया जा सकता है। मैं लौटूँगा।"

—नेल्सन मंडेला

प्रकाशकीय

पिछले अंक में अप्रत्याशित विलम्ब के बाद प्रस्तुत अंक हमने जल्दी निकालने का प्रयास किया है ताकि पाठकों को सन्तोष हो सके।

इस अंक में हम अपने साथी सम्पादक कमलाप्रसाद की पंजाब की एक छोटी और संक्षिप्त यात्रा पर लिखा एक नोट प्रकाशित कर रहे हैं। पाश की शहादत के बाद एक साथ पाश की 25 कविताएँ प्रकाशित कर रहे हैं। उनसे सम्बन्धित कुछ ज़रूरी लेख भी। पंजाब में कम्युनिस्टों ने देशभक्ति, बहादुरी और बलिदान का जो परिचय दिया है वह आधुनिक भारत के इतिहास में स्मरणीय है।

साम्प्रदायिकता की बलिवेदी पर शहीद हुए कहानीकार जकी अनवर की कहानी हम इसी अंक में दे रहे हैं। हाल ही में जिनका निधन हुआ बंगला के प्रसिद्ध कथाकार समरेश बसु की साम्प्रदायिकता पर लिखी कहानी भी हम इस अंक में एक नोट के साथ छाप रहे हैं। सुप्रसिद्ध कलाविद् ग्राम्शी पर भी एक लेख इस अंक में जा रहा है। और नेल्सन मंडेला को लेकर एक परिचयात्मक लेख सुप्रसिद्ध पत्रकार लज्जा शंकर हरदेनिया ने हमारे लिए जल्दी में तैयार किया। हिन्दी के अग्रणी प्रगतिशील कवि विजेन्द्र की कविताएँ एक लम्बे अर्से के बाद पहल में छापने का अवसर हमें मिला है। साथ में ऋतुराज की कविताएँ भी हैं।

हमारे पाठक सहयोगियों, विचार, संगठन और मानव स्वतन्त्रता पर आज सत्ता का ज़बरदस्त हमला है; ऐसा हमला जैसा लगभग डरे हुए तानाशाह करते हैं। मानहानि के नाम पर विधेयक नम्बर 103/88 की योजना भले ही प्रबल जन प्रतिरोध के कारण रद्द हो गयी लेकिन इसके पीछे एक सुनियोजित षड्यन्त्र था।

सारे संसार में फ़ासिस्टों में एक बात समान रूप से पायी जाती है—अपने विरोधियों को जेल में डाल देना या जेल में डालने की तैयारी करना। नाजियों द्वारा जूलिस फ़्यूचिक को जेल और मौत दी गयी और 1928 में फ़ासिस्ट इटली

में ग्राम्शी को। फ़ासीवाद ने कहा कि बीस साल से लगातार सक्रिय ग्राम्शी के दिमाग़ को बन्द करो। लेकिन ग्राम्शी का दिमाग़ सारे संसार में फैल गया। इसी तरह पर्सी यूरार ने जब नेल्सन मंडेला को लम्बी सजा दी तो वह भी समझता था कि दिमाग़ को क़ैद कर लिया गया है। यही फ़ैज़ अहमद फ़ैज़ और लोर्का के साथ घटित हुआ। आज भी यह सोचना भूल होगी कि दक्षिण पन्थी ताक़तें या सत्ता अन्तिम रूप से क्रान्तिकारी दिमाग़ों को रोक सकेंगी।

—ज्ञानरंजन

अनुक्रम

सम्पादक का नोट

पंजाब के भीतर बसा वास्तविक पंजाब

पंजाब जाने की इच्छा नहीं होती। ऐसा लगता है कि वहाँ से निकली समृद्ध संस्कृति, पर्यटन स्थल और विरासत को लाँघते हुए कोई दूसरी हवा समूचे देश में फैल गयी है। पंजाब, उन पाँच नदियों का इलाक़ा है जिनकी कोख में सिन्धु घाटी सभ्यता जन्मी और जिस इलाक़े ने दर्रों से घुसते विदेशियों को लोहे के चने चबवाये। हमारी राष्ट्रीयता क्या आकार ग्रहण कर सकती थी, यदि यहाँ के सपूत दीवाल की तरह न अड़े रहते! यह कैसी विडम्बना कि आज यह नाम आतंकित करता है? हम कहाँ से क्या बचा कर रखते हैं—इससे हमारी क़ौम का चरित्र पता चलता है? जब मैं सफ़ेद पोशों को 'मजबूरी का नाम महात्मा गाँधी' या 'गाँधी डिवीजन' ब्राह्मणत्व से जनेऊ, औरत से सती, भगत सिंह से हिंसा का अर्थ निकालते-फैलाते सुनता हूँ, सरदारों के बारे में बेतुके लतीफ़ों से क़हक़हे लगाते पाता हूँ—तो मन व्याकुल हो जाता है। टोका-टाकी करने पर लोग मान लेते हैं कि मुझे हँसना नहीं आता। गम्भीर रहने की आदत है। क्या आपको यह नहीं लगता कि हम किस पर हँसते हैं, इससे हमारी ज़िन्दगी में रची-पची विचारधारा व संस्कृति का सही सबूत प्रकट होता है।

देश के कोने-कोने तक पंजाब इन दिनों काफ़ी चर्चित है। मान लीजिए कि आप वहाँ जाना चाहते हैं, किसी मित्र के बुलावे पर, रिश्तेदारों से मिलने या किसी सम्मेलन में तो आपके मित्र यह कहते हुए कि "जा मर" मंजूरी दे भी दें, पर बच्चे पैर पकड़ लेते हैं—इनकी अवमानना कर चले गये तो आपकी वापसी तक आपका परिवार बुरे सपनों से बच नहीं सकता। इस मानसिकता का निर्माण कैसे न होता? क्या कोई दिन ऐसा होता है, जब गोलियों की आवाज़ें और हत्याओं के समाचार न सुने जाते हों? आतंकवादियों से निपटने के सरकार के इरादों पर क्या भरोसा बचा है? प्रचारित माहौल से लगता है कि वे निर्द्वन्द्व विचरते हैं। राष्ट्रीय अखण्डता पर विश्वास करने वाले देशभक्त शान्त लोग

हिट लिस्ट में हैं। प्रश्न उठता है कि क्या पंजाब का पूरा सिख समुदाय इस कुचक्र में शामिल है? मुझे सत्यपाल डांग की एक बात याद आती है। उन्होंने कहा था—वहाँ की मेज़ारिटी साइलेंट है लोगों को मन की बातें खोलना दूभर हो गया है।

यह वही पंजाब है, जहाँ का लाड़ला सपूत भगत सिंह था। बीस वर्ष की आयु में उसने कहा था, "आतंकवाद हमारे भीतर क्रान्तिकारी चिन्तन की पकड़ के अभाव की अभिव्यक्ति है।" उन्होंने फिर कहा, "मुझे पूरा विश्वास है कि इन तरीक़ों से हम कुछ भी हासिल नहीं कर सकते।" भगत सिंह अपने को क्रान्तिकारी कहलवाना पसन्द करते थे। उनके लिए, क्रान्ति का इस सदी में एक ही मतलब हो सकता है—जनता के लिए जनता द्वारा राजनीतिक सत्ता पर क़ब्ज़ा। आप पूछेंगे कि उन्होंने केन्द्रीय असेम्बली में बम फेंका था—आतंकवादी क्यों नहीं कहलाएँगे। भगत सिंह ने कहा था—यह सरकार ही हठधर्मिता के ख़िलाफ़ आक्रोश है, लोग बम फेंकने के बाद आत्मसमर्पण कर अदालत का इस्तेमाल पार्टी के उद्देश्यों के प्रचार के लिए करेंगे, मज़दूरों और साम्यवादियों के ख़िलाफ़ बने अंग्रेज़ी सरकार के क़ानूनों को अमान्य करेंगे। वस्तुतः वे यह सब काम उसी प्रेरणा से कर रहे थे—जिससे वियतनामी, फिलिस्तीनी, दक्षिण अफ्रीकी मुक्तियोद्धा प्रेरित हुए और आज भी होते हैं।

राष्ट्रीय स्वयं सेवक संघ के लोग मूँछ ऐंठते उनके रोबदार चित्र को दिखाकर उनकी छवि इस तरह पेश करते हैं, जैसे गाँधी हत्या भी उसी तरह का राष्ट्रवाद है। और जब कुछ लोग ऐसा मान लेते हैं, तो हमें शर्म आने लगती है। भगत सिंह ने एक और बात कही थी, 'किसी विशेष हालत में हिंसा जायज़ हो सकती है, लेकिन जनआन्दोलनों का मुख्य हथियार अहिंसा होगी!' कितना दुर्भाग्य है कि इस तरह के विचारवान युवक की तस्वीर गन्दी कर दी जाती है।

मैं आपसे दूसरी बात कर रहा था, पंजाब जाने के बारे में। मैं अभी जून में वहाँ गया था। केन्द्रीय पंजाबी लेखक सभा ने बुलाया था। बरनाला नामक क़स्बे में पंजाबी लेखकों का विशाल जमावड़ा था। लगभग हज़ार लेखक आये थे। इस आयोजन में इतने लोगों का आना—कोई गम्भीर दबाव था। हिन्दी के कुछ लेखक थे—भीष्म साहनी, कमलेश्वर, राजीव सक्सेना, चंचल चौहान, ओमप्रकाश ग्रेवाल, उर्दू के लेखक राजबहादुर गौड़। बंगला-गुज़राती भाषा के भी लेखक थे, प्रगतिशील और जनवादी एक साथ। "साइलेंट मेजारिटी" का सहज बोध उन्हें बाँध लाया था। कभी कहा जाता था कि विपत्ति सबको बाँधती है, पर अब यह ज़्यादा सही है कि दुनिया को बेहतर बनाने के लिए एकता ठोस होती है। मुक्ति की सामूहिकता अब एक सफल कार्यक्रम भी है। हमारे ज़माने में यह विश्वास

काफ़ी लोकप्रिय है कि लेखक जनता की भावनाओं का प्रतिनिधि होता है। वह जो लिखता है, उसमें उस युग की तस्वीर होती है। यह एक ही बात है कि जनता के ज़रिये लेखकों को जानें या लेखकों के द्वारा जनता को। इस यात्रा के दौरान मैंने दोनों परिस्थितियों पर ग़ौर किया।

जनता के सहज बोध का पता जीवन की गतिविधियों से चलता है। किसी को यदि पता चल गया कि उसकी जाँच हो रही है, तो मान लें, वह दिल के दरवाज़े बन्द कर लेता है। होशियार करके जब चित्रकार चित्र उतारता है, तो आदमी गाल फुलाकर गड्ढे भरता है। कहने का मतलब यह है कि जीवन की सहज यात्रा में आदमी का स्वभाव अधिक प्रकट होता है। दिल्ली से बस द्वारा जब मैं चला, तो कई तरह की आशंकाएँ सता रही थीं। ऐसी सीट तलाशी, जिसकी बगल में सिख न हो। पटियाला तक तो यह चल गया, पर वहाँ से बरनाला वाली बस में वे ही वे। दिल्ली से पटियाला के बीच जहाँ-जहाँ बस रुकी, बस स्टैंड में हँसते-खिलखिलाते लोग। सिख-हिन्दू, हिन्दू-मुसलमान सब मिले-जुले। रेला आता और चला जाता। फेरी वाले इस-उस बस में पहुँच जाते। रास्ते में इधर-उधर निगाहें जातीं तो कौन-सा पंजाब दिखता? वह पंजाब जिसकी साफ़-सुथरी, लम्बी-चौड़ी सड़कें हैं। अगल-बगल हरियाली, गन्ने के खेत, जगह-जगह ढाबे। जून महीने में गीला पंजाब? कहते हैं, जिसका जेठ गीला, उसका बारह मास गीला। पंजाब में जून देखकर यह आसानी से समझ में आता है कि यहाँ हरित क्रान्ति हुई है। यहाँ के लोगों की चुहलबाज़ी के बीच यह खोजना कठिन है कि ये डरे हुए हैं। ये ग़म में डूबे नहीं हैं। इनके कन्धे अलग-अलग नहीं हैं। यहाँ की माताएँ बच्चों को दूध ही पिलाती हैं, ख़ून का टीका नहीं लगातीं। बच्चों की किलकारियाँ ज़िन्दा हैं।

आदमी के स्वभाव की पहचान उससे मुलाक़ात होने पर ही तो होगी? दो-तीन उदाहरण हैं। पटियाला की बस में मेरे बगल में एक जवान सिख बैठ गया। उसने अपना बैग रखते हुए कहा—'पानी पीकर आता हूँ'। मैंने कहा—'आप बैठिये, मैं बॉटल में पानी लाता हूँ, साथ पियेंगे।' वह मान गया। नीचे उतरा तो न जाने क्या बातें मन में उतर रही थीं। बसों में बम रखने की या रास्ते में रोक कर बसें लूटने की घटनाएँ। बगल में सिख बैठा है—पूरी बस उनसे भरी है, हाँ मन के भीतर एक और मन था; जो इन बेतुकी और साम्प्रदायिक बातों से संघर्ष कर रहा था। बहरहाल, पानी लाने में देरी हुई। बस रवाना होने को थी। वह बगल वाला सिख परेशान था। जब मैं बस के अन्दर घुसा तो उसने राहत की साँस ली। कहने लगा, जबरन बस को रोका है। मानता नहीं था।

इसी से उसके साथ बातों का सिलसिला चल पड़ा। फिर क्या-क्या बातें नहीं हुईं। वह आतंकवादियों और सरकार को कोसता रहा। जब मैंने बताया कि भोपाल से आया हूँ तो कहने लगा, वही भोपाल जहाँ गैस रिसी थी, मैंने हामी भरी। वह भावुक हो गया। बरनाला में बस रुकी तो जुदा होने के दुख में उसके आँसू छलछला आये।

बरनाला बस अड्डे पर उतरा। मेरे पास संयोजक के पते के अलावा वहाँ के बारे में कुछ जानकारी नहीं थी। यह भी नहीं कि कहाँ रुकना है। अतः रिक्शे में बैठकर गाँधी आर्य कन्या हाई स्कूल के पास, ओमप्रकाश गासो के घर पहुँच गया। श्रीमती गासो ने दरवाज़ा खोला, मैंने बताया कि सम्मेलन में भोपाल से आया हूँ। वे दौड़कर भीतर गयीं, बेटे को बुला लायीं। बेटे ने पहले तो ठहरने की जगह बतायी। पिताजी के वहीं होने की सूचना दी। फिर अचानक बोला मुझे आपको बैठाना चाहिए। बहुत विनम्रता से क्षमा माँगते बैठने को कहा। माँ चाय-पानी लायीं। नहाने-भोजन का आग्रह किया। वहीं रात रुकने का अनुरोध। बेटे से आगे बात चली तो मालूम पड़ा कि वह पटियाला विश्वविद्यालय में हिन्दी का छात्र है। फिर क्या, मेरा हिन्दी का अध्यापक खुल गया। उसकी माँ, बहन और दादी बगल में बैठीं। देखते-देखते घण्टे भर में मैं घर का सदस्य हो गया! थोड़ी देर में सम्मेलन के कार्यकर्त्ता और ओमप्रकाश गासो के बड़े पुत्र आये स्कूटर से। मैंने इच्छा व्यक्त की, ठहरने की जगह जाने की। परिवार के लोग अनमने हो गये। फिर भी मैं चला आया। दुबारा आऊँगा—कहा। देर तक इस परिवार का अपनापन बिसूरता रहा।

ठहरने का प्रबन्ध एक गेस्ट हाउस में था। मैंने वहाँ सामान रखा और एक रिक्शे वाले से कहा, "मुझे बरनाला घुमा दो, गली-चौराहों में ले चलो। स्टेशन ले चलो। जिस मुहल्ले में वहाँ की कोई ख़ास चीज़ बनती हो, वहाँ ले चलो। मैं यहाँ के लोगों की ज़िन्दगी देखना चाहता हूँ।" मैंने जानबूझकर सिख रिक्शे वाले को ही चुना था। यहाँ मेरा साहस शिखर पर था। न डर और न आशंका। चार-पाँच घण्टे घूमता रहा। जगह-जगह पुलिस के सिपाही तैनात थे, विशेषकर सरकारी भवनों के सामने। सब सिख। सारा क़स्बा हिन्दुस्तान के दूसरे हिस्सों जैसा। रिक्शे वाला पंजाबी जूतियों के मुहल्ले में ले गया। मोलभाव में मेरा साथ देता रहा। कहता, "बाबू जी भोपाल से आये हैं। नाम करेंगे। वाज़िब पैसे ले लो।" गेस्ट हाउस लौटते समय उसने अपनी राम कहानी सुनायी। बीवी मर गयी है। बच्चों को खिला-पिलाकर रिक्शा चलाता है। घण्टे-घण्टे में उधर से घूमकर उनका चुम्बन ले आता है। उनकी पढ़ाई का प्रबन्ध कैसे करे यह चिन्ता है।

मैं अपने अड्डे में पहुँच गया। कमलेश्वर, भीष्म जी, राजबहादुर गौड़, राजीव सक्सेना आ चुके थे। देर रात तक हम लोग पंजाब के बारे में बातें करते रहे। दो दिन समारोह में बीते। किसने क्या पर्चा पढ़ा और किसने सदारत की, उद्घाटन किया, इसे फ़िलहाल छोड़ दें। लेखकों से टुकड़ों-टुकड़ों में बात का सार जो मन में जमा है, उसके अनुसार वहाँ की जनता धर्म के बारे में नये प्रश्न उठा रही है। गुरुदास, गुरु ग्रन्थ साहिब, स्वर्ण मन्दिर और ग्रन्थियों के बारे में आँख नहीं मूँदना चाहती है। एक नये ढंग का पुनर्जागरण मानस में हिलोरें भर रहा है। सिख जाति के लोग बड़े भावुक हैं, विशेषकर खेती और नौकरी से जुड़े लोग। धन्धे वालों में अन्यथा संस्कार आ गये हैं। मैं जिस तरह की बातें करने से घबड़ाता था, वे बातें सिख लेखकों से सुनीं। उनकी रचनाओं में वहाँ की त्रासदी और संघर्ष ने नया तेवर पा लिया है। वे आतंकवाद की भर्त्सना करते हैं। वे कहते हैं कि पाकिस्तान और अमरीका ने उनकी क़ौम को सैकड़ों वर्ष पीछे धकेल दिया है। वे विदेशों में रह रहे स्वंयभू नेताओं के ख़िलाफ़ हैं। पंजाबी और पंजाबियत के प्रति उनके मन में गहरा लगाव है। यह लगाव भारतीयता की परिधि में है। जब-तब मित्रों ने सरकार की भूमिका को बहुत कोसा। वे रेडियो और दूरदर्शन से ख़फ़ा हैं। कहते हैं कि इन माध्यमों ने पंजाब की सही तस्वीर पेश नहीं की। इन्होंने आतंकवादियों को नायक बना दिया है। मैंने समारोह की आख़िरी सभा में जब पंजाब में पुनर्जागरण की लहर की व्याख्या की और स्वर्ण मन्दिर की घटनाओं को धिक्कारा तो तालियाँ बजीं। यह बात अलग है कि लेखकों के भीतर की ये भावनाएँ और जनता में प्रवाहमान नयी दिशा अभी ठोस शक्ति का रूप ग्रहण करने के लिए प्रतीक्षा कर रही है। पाश जैसा कवि जो स्वप्न छोड़ गया है, उसे जागते हुए पाना है। इस तरह के जागरण की ज़मीन तैयार है, उसके मूर्तरूप लेने की प्रक्रिया शुरू है।

पंजाब से लौटने के बाद मैं कह सकता हूँ कि मेरे मन में नये और वास्तविक पंजाब की तस्वीर बनी है। इस तस्वीर की वकालत रोज़-रोज़ करता हूँ। सोचता हूँ कि वहाँ महीनों जाकर रहा जाये। तमाम लोगों को पंजाब जाना चाहिए। हमारे जाने से "साइलेंट मेजारिटी" मुखर होगी। उन्हें पता चलेगा कि समूचा देश उनके साथ है।

—कमला प्रसाद

सामयिक लेख

उसने भी नहीं देखा था मुड़कर

अमिताभ चक्रवर्ती

समरेश बसु अपने उपन्यास 'देखिनाइ फिरे' (देखा नहीं मुड़कर) को जितना श्रम और समय दे रहे थे उतना समय उन्होंने अपने किसी भी उपन्यास को कभी नहीं दिया। यह उपन्यास वे शान्तिनिकेतन के विख्यात मूर्तिकार-चित्रकार श्री रामकिंकर बेइज के जीवन को आधार बनाकर लिख रहे थे।

रामकिंकर जाति के नाई थे और बाँकुड़ा जैसे पिछड़े इलाक़े के एक ग़रीब परिवार में जन्मे थे। उन्हें न तो ढंग की शिक्षा मिली और न ही कोई कलात्मक परिवेश। फिर भी यथार्थ में शून्य से प्रारम्भ कर, रामकिंकर बेइज एक कलाकार के नाते उपलब्धियों की जिन ऊँचाइयों तक पहुँचे वह एक ऐसा उदाहरण है जो मध्यमवर्गीय अनेक मान्यताओं और शिकायतों को सीधे-सीधे खण्डित करता है। बचपन से ही रामकिंकर कुछ विद्रोही स्वभाव के थे। उन्होंने पारिवारिक परम्परा के अनुसार अस्तूरा पकड़ने के बजाय नन्हे हाथों में बाँकुड़ा की मुलायम मिट्टी उठाई, प्रकृति से रंग निचोड़ा और अपने ही हाथों से रंगने की तूलिका भी बना ली। मूर्ति और तस्वीर बनाने का उनका खेल बचपन से ही शुरू हुआ। बालक रामकिंकर को इसके लिए प्रोत्साहन के बदले विरोध ही अधिक मिला। परन्तु विरोधों के सामने वे कभी झुके नहीं। किशोरावस्था पार करते-करते उन्होंने संकल्प कर लिया कि एक कलाकार ही बनना है। बिल्कुल नीचे तबके से आये साधन विहीन किसी युवक के लिए यह संकल्प कितना चुनौतीपूर्ण रहा होगा इसे कोई भी संवेदनशील व्यक्ति अवश्य महसूस कर सकेगा। रामकिंकर ने एक अनिश्चित भविष्य की ओर क़दम बढ़ा दिया। उनके जीवन में शीघ्र ही एक महत्त्वपूर्ण मोड़ आया जब वे शान्तिनिकेतन की यात्रा पर गये और गुरुदेव रवीन्द्रनाथ ठाकुर से उनकी मुलाक़ात हुई। रामकिंकर की उम्र उस समय उन्नीस वर्ष की थी।

रवीन्द्रनाथ की पैनी निगाहों ने इस गँवई युवक की प्रतिभा को पहचान लिया। उन्होंने रामकिंकर को एक दिन पास बुलाकर कहा–तुम अपनी कला से, मूर्तियों से हमारे यहाँ की सारी जगह भर दो। तुम्हारी मूर्तियाँ चाहे जिस रूप में भी तुम्हारी कल्पना में आयें उन्हें तुम उसी तरह यहाँ सर्वत्र फैला दो। केवल एक बात का ध्यान हमेशा रखना–जिस काम को भी शुरू करो प्रारम्भ से ही एक संकल्प के साथ उसे शुरू करना और ख़त्म करके ही दम लेना। पीछे मुड़कर कभी देखना मत।

युवक रामकिंकर को अपना लक्ष्य मिल गया। उसके बाद उसने पीछे मुड़कर कभी नहीं देखा। उपलब्धियों की सारी ऊँचाइयों को पार करते हुए एक कलाकार के रूप में वे विश्ववंदित हुए। लेकिन यह तो था रामकिंकर का शिल्पी-जीवन। उनका एक सामाजिक जीवन भी था जहाँ वे एक देहाती थे, अर्द्ध-शिक्षित थे और सबसे पहले छोटी जाति के–एक नाई थे। इसी का परिणाम था कि उनके जीवन में तथाकथित भद्र-परिवार की एक नारी जब आयी तो रामकिंकर को अपने चारों ओर केवल लाल-लाल आँखें ही दिखीं। नाई रामकिंकर को प्रेम के बदले मिला–उपहास और नफ़रत। विद्रोही रामकिंकर ने तब अवहेलित एक डोमकन्या राधारानी से शादी कर ली और उसे ही पत्नी का प्रेम और मर्यादा दी। इस बार समाज में वर्चस्व रखनेवाले लोगों ने किया–छिः छिः और रामकिंकर झरने की तरह हँसते रहे।

रामकिंकर को जिस वर्ष शान्तिनिकेतन का सर्वश्रेष्ठ सम्मान 'देशिकोत्तम' दिया गया उस वर्ष शान्तिनिकेतन के कला विभाग ने उनके लिए एक अभिनन्दन समारोह का आयोजन भी किया था। समारोह के आयोजक जब उनकी सहमति लेने पहुँचे तो रामकिंकर ने स्पष्ट शब्दों में शर्त रखी–कि यदि उपाचार्य सहित सभी विशिष्ट लोगों की पंक्ति में मंच के ऊपर उनके बगल में उनकी धर्मपत्नी राधारानी को भी ससम्मान आसन दिया जाय तभी वे जायेंगे अन्यथा नहीं। आयोजकों को रामकिंकर के दृढ़ व्यक्तित्व के आगे अन्ततः झुकना पड़ा था।

समरेश बसु का जीवन भी सच्चे अर्थ में शून्य से ही शुरू हुआ। आठवीं कक्षा तक उन्होंने पढ़ाई की और किशोरावस्था पार करते-करते फ़ैसला कर लिया कि साहित्यकार बनना है। न उनके पैरों के नीचे ज़मीन थी और न ही कोई शैक्षणिक पृष्ठभूमि, फिर भी उन्होंने लेखन के प्रति समर्पित होने का एक बार जो फ़ैसला कर लिया तो पीछे मुड़कर कभी नहीं देखा। संघर्ष के भीषणतम दौरों से गुज़र कर उन्हें भी अपना लक्ष्य और जीवन की सारी उपलब्धियाँ मिलीं।

बांगला साहित्य में शरतचन्द्र के बाद सबसे बड़े कथाकार समरेश बसु ही हुए। रामकिंकर की तरह ही समरेश बसु को भी अपने जीवन में काफ़ी विरोधों का सामना करना पड़ा परन्तु वे भी पर्वत की तरह अटल रहे। समरेश बसु ने सम्भवतः अपनी छवि देखी थी रामकिंकर बेइज के जीवन में और शायद इसीलिए उन्होंने उपन्यास 'देखिनाइ फिरे' को इतनी गम्भीरता से लिया था।

बीसवीं शताब्दी के श्रेष्ठतम कथाकारों में समरेश बसु का नाम भी लिया जायेगा। उन्होंने अपने जीवन में बहुत लिखा है और जब भी जो कुछ लिखा है उस पर चर्चा अवश्य हुई है। सन् 1946 में जब उनकी पहली कहानी—'आदाब', 'परिचय' में छपी तब से लेकर उनकी मृत्यु के दिन तक जबकि साप्ताहिक 'देश' के लिए धारावाहिक रूप से वे उपन्यास 'देखिनाइ फिरे' लिख रहे थे, वे चर्चों के घेरे में रहे। चर्चे कभी उनके पक्ष में तो कभी विपक्ष में होते रहे। कभी उन्हें महान साहित्यकार कहा गया तो कभी उन पर अश्लीलता के आरोप भी लगाये गये। विशेषकर 'विवर' और 'प्रजापति' उपन्यास पर लगे अश्लीलता के आरोपों को ग़लत प्रमाणित करने के लिए उन्हें न्याय की लम्बी लड़ाई लड़नी पड़ी। उपन्यास 'प्रजापति' अठारह वर्षों तक श्लील-अश्लील के झूले में झूलता रहा। अन्ततः सन् 1985 में उच्चतम न्यायालय ने समरेश बसु के पक्ष में फ़ैसला देकर इस उपन्यास को भी अश्लीलता के आरोपों से मुक्त कर दिया। बांगला के इस लोकप्रिय और विवादास्पद कथाकार की मृत्यु 12 मार्च 1988 के दिन हो गयी और इसी के साथ बांगला कथा जगत में एक युग का अवसान हुआ।

समरेश बसु के पात्रों की तरह ही उनका स्वयं का जीवन भी काफ़ी संघर्षमय, विवादास्पद और वैचित्र्यपूर्ण रहा। समरेश बसु का पारिवारिक नाम सुरथनाथ बसु था। सुरथनाथ का जन्म आज के ढाका शहर के इकरामपुर अंचल में सन् 1924 में हुआ था। उनका बचपन ढाका में ही बीता।

सुरथनाथ के मौसे हरप्रसन्न और बगलाप्रसन्न क्रान्तिकारी संगठनों के सक्रिय सदस्य थे। अक्सर उनकी तलाश में पुलिस आती थी और कभी-कभी रात के अँधेरे में उनके मकान को घेर लिया जाता था। घर के लोगों से जब पूछताछ की जाती थी तो उस क्रम में बालक सुरथ को भी कभी-कभी पुलिस के सामने अपना बयान देना पड़ता था। बालक सुरथ यद्यपि अपने मौसों के कामों को अच्छी तरह समझते नहीं थे फिर भी उनके प्रति सम्मान की भावना परिवार के अन्य सदस्यों की भाँति ही रखते थे। बालक सुरथ को भी जब मौसों की तरफ़ से कोई काम सौंपा जाता था तो उसे बड़ी प्रसन्नता होती थी। सुरथ और

कई बच्चों को अक्सर हाथ से बने पोस्टर दिये जाते थे जिन्हें वे रात के अँधेरे में छुपकर सड़क की दीवारों पर चिपका दिया करते थे। सुरथ की रुचि पढ़ने-लिखने की अपेक्षा शरारती कामों में ही ज़्यादा रहती थी। इसलिए आज़ादी से पहले बारह वर्ष की आयु में उसे ढाका के परिवेश से हटाकर पश्चिम बंगाल के नैहाटि क्षेत्र में उनके अग्रज श्री मन्मथनाथ बसु के पास भेज दिया गया ताकि उसकी पढ़ाई हो सके। परन्तु नैहाटि में भी उसने अपने ढंग के मित्रों को तलाश लिया और पढ़ाई से भागकर कहानी-उपन्यास पढ़ने, संगीत-नाटक के आयोजनों में ही ज़्यादा समय देना शुरू किया। स्कूल से लगातार भागते रहने के कारण आठवीं कक्षा तक पहुँचते-पहुँचते स्कूल और पढ़ाई दोनों से उसका सम्बन्ध हमेशा के लिए टूट गया। सुरथ की पारिवारिक स्थिति अच्छी नहीं थी और अध्ययनशील न होने के कारण घर के लोग भी उससे निराश हो चुके थे। सुरथ ने इसी उम्र से अपनी ज़मीन तलाशनी शुरू की।

उसका एक-एक दिन अब तीव्र संघर्ष में बीतने लगा। जीने के लिए छोटे-मोटे अनेक काम उसे करने पड़े और अन्ततः कमीशन पर अण्डा बेचने का उसका कार्य कुछ जम गया। इसी समय मात्र सत्रह वर्ष की अल्पायु में अपने से बड़ी गौरी से उसने अन्तर्जातीय विवाह कर लिया। तत्कालीन रक्षणशील समाज में यह कोई छोटी घटना नहीं थी। सुरथ और गौरी अविचलित रहे। साहित्यकार समरेश बसु के विकास में गौरी देवी की भूमिका ही सबसे बड़ी है।

सन् 1942 में सुरथ युवा कम्युनिस्ट कार्यकर्त्ता सत्यप्रसन्न दासगुप्त के सम्पर्क में आये और उनसे प्रभावित होकर कम्युनिस्ट कार्यकर्त्ता बन गये। समरेश के अपने ही शब्दों में—'कम्युनिस्ट पार्टी से जुड़ने के बाद ही व्यक्ति और समाज के प्रति मेरी एक स्पष्ट धारणा बनी।'

उन्हीं दिनों थोड़ी-सी पैरवी के बाद इछापुर रायफल कारख़ाने के लघुअस्त्र विभाग में नक्शा नक़ल करने की छोटी-सी एक नौकरी सुरथ को मिली।

कम्युनिस्ट कार्यकर्त्ता के रूप में वे नीचे तबके के लोगों के साथ ही जुड़े रहे और उन्हीं के लिए काम करते रहे। सन् 1944 में उन्हें कम्युनिस्ट पार्टी की सदस्यता दी गयी। कम्युनिस्ट कार्यकर्त्ताओं के उद्यम से उन दिनों 'उदयन' नाम से एक पुस्तकालय की स्थापना की गयी थी। सुरथ ने भी उसके लिए काफ़ी परिश्रम किया। बाद में लोगों ने 'उदयन' नाम से ही एक हस्तलिखित पत्रिका का प्रकाशन भी शुरू किया। सुरथ की लिखावट चूँकि अच्छी थी और चित्रांकन में भी उसे पारदर्शिता हासिल थी इसलिए पत्रिका को लिखने और सजाने का सबसे

महत्त्वपूर्ण काम उसे ही सौंपा गया। पत्रिका को लिखने के क्रम में सुरथ को सभी रचनाएँ अनिवार्य रूप से पढ़नी पड़ती थीं। इस क्रम में उसकी भाषा परिमार्जित होती गयी। उसने स्वाध्याय से अपना विकास करना प्रारम्भ किया। कहानी, उपन्यास पढ़ने की रुचि बचपन से ही थी, अब उसने उदयन पुस्तकालय का लाभ उठाना शुरू किया। अपने कामों से मुक्त होकर देर रात तक वे पढ़ने लगे।

इसी बीच उदयन पत्रिका के लिए उसने स्वयं भी एक कहानी लिखी, 'आदाब'। परन्तु कहानी 'आदाब' से प्रभावित होकर उसके मित्र गौरकिशोर घोष ने उसे उस समय की बहुचर्चित पत्रिका 'परिचय' में भेज दिया। ('परिचय' आज भी अपनी परम्परा का निर्वाह करते हुए उसी गौरव से प्रकाशित हो रही है।)

उस समय 'परिचय' के सम्पादक थे बांगला के सुप्रसिद्ध कथाकार माणिक बन्द्योपाध्याय। माणिक बन्द्योपाध्याय ने सन् 1945 के शारद विशेषांक में कहानी 'आदाब' छापी।

छपने के साथ ही इस कहानी ने तत्कालीन बांगला-साहित्य-समाज को अचानक चौंका दिया। कहानी के लेखक की जगह सुरथनाथ ने अपने मित्र और साले देवशंकर मुखोपाध्याय के दिये नाम समरेश का प्रयोग किया था। अचानक यह नाम प्रसिद्ध हो गया और सुरथनाथ बसु, समरेश बसु हो गये।

सन् 1946-48 के बीच के एक समय हिन्दू-मुसलमानों के बीच साम्प्रदायिक तनाव काफ़ी बढ़ा हुआ था। एक दिन अपने कार्यालय से छूटकर समरेश इछापुर रेलवे स्टेशन पर खड़े थे, अपने कुछ मित्रों के साथ लोकल सवारी गाड़ी की प्रतीक्षा में। इसी बीच उनके एक परिचित मजिद भाई को कुछ उन्मत्त धर्मान्ध लोगों ने घेर लिया। समरेश और उनके मित्रों ने जब यह देखा तो वे अपनी जान की परवाह किये बग़ैर भीड़ के सामने खड़े हो गये। काफ़ी कुछ झेलने के बाद उन लोगों ने मजिद भाई को बचा लिया और उन्हें सुरक्षित उनके घर पहुँचाया।

सन् 1949 का एक दिन। समरेश को तलाशती हुई पुलिस उनके कार्यालय में आयी। पुलिस को सूचना थी कि समरेश प्रतिबन्धित कम्युनिस्ट पार्टी के सक्रिय सदस्य हैं। पुलिस के सामने स्पष्ट और दृढ़ शब्दों में समरेश ने इसे स्वीकारा। समरेश के मित्र और सहकर्मी इससे चिन्तित हो उठे क्योंकि वे इसका परिणाम जानते थे। मित्रों ने पुलिस अधिकारियों को समझाया। पुलिस अधिकारी उनकी बात मान गये और उन्होंने शर्त रखी कि समरेश मौखिक रूप से ही सही एक बार पुलिस के सामने यह कहें कि कम्युनिस्ट पार्टी से उनके सम्बन्ध नहीं हैं और आगे कम्युनिस्ट पार्टी से वे दूर रहें। परन्तु समरेश ने वैसा नहीं किया।

वे जो कुछ करते थे उसे सार्वजनिक रूप से स्वीकार लेना अपना धर्म समझते थे। परिणाम वही हुआ जिसकी आशंका मित्रों को थी। समरेश को गिरफ़्तार कर जेल भेज दिया गया और नौकरी से भी उनकी छुट्टी कर दी गयी।

इसी बीच पार्टी के अन्दर की गुटबाज़ी और कुछ लोगों के तानाशाही रवैये से समरेश काफ़ी आहत हुए। उन्होंने इसका विरोध भी किया जिस पर ख़ास ध्यान नहीं दिया गया। समरेश ने तब सोचना शुरू किया—कि राजनीति का दलदल उनके भविष्य का रास्ता नहीं हो सकता। किसी दल का राजनैतिक सदस्य बनने की अपेक्षा एक लेखक बनना ही उन्होंने ज़्यादा सार्थक समझा। एक दलीय नीतियाँ और सीमाएँ समरेश को फिर बाँध नहीं पायीं। उन्होंने फ़ैसला कर लिया कि वे मानव और मानवतावाद के प्रति समर्पित रहकर आगे लेखन कार्य से ही जुड़े रहेंगे।

नेतृत्व के प्रति आस्था नहीं रहने के कारण सन् 1951 में कम्युनिस्ट पार्टी से उनकी सदस्यता ख़ारिज कर दी गयी।

कहानी आदाब के प्रकाशन के साथ ही समरेश बसु चर्चे में आ गये थे। अब उन्होंने लेखन को काफ़ी गम्भीरता से लिया और कहानियों के साथ उपन्यास लिखना भी प्रारम्भ किया। हालाँकि समरेश बसु का लिखा पहला उपन्यास 'नयनपुर की माटी' है जिसे उन्होंने राइफल कारख़ाने में नौकरी के दौरान काम के अन्तराल के समय में लिखा था, परन्तु उनका पहला प्रकाशित उपन्यास 'उत्तरंग' है। उत्तरंग को उन्होंने अपने जेल प्रवास के दिनों में कई खण्डों में लिखा और जेल से छूटने के बाद सन् 1951 में उसे अन्तिम रूप दिया। समरेश बसु और उनके परिवार के लिए ये दिन लगभग अनाहार के दिन रहे। नयी नौकरी मिली नहीं और लेखन से विशेष आय नहीं हो पाती थी। इसी समय बुक वर्ल्ड के श्री सचीसेन ने उनका पहला उपन्यास—'उत्तरंग' प्रकाशित किया। प्रकाशित होते ही उत्तरंग भी चर्चे में आ गया। प्रसिद्ध मार्क्सवादी बुद्धिजीवी चिन्मोहन सेहानवीस ने 'उत्तरंग' पर अश्लीलता के आरोप लगाये थे। 'उत्तरंग' के पक्ष और विपक्ष में अनेक आलोचनाएँ लिखी गयीं। इस प्रकार लेखन के प्रारम्भिक दौर में ही समरेश बसु बहुत बड़े पाठक वर्ग में चर्चित हो गये। समरेश बसु ने उसके बाद लेखन को ही अपने जीवन का एकमात्र लक्ष्य बना लिया और जीवन के अन्तिम दिन तक एकनिष्ठ होकर लगातार वे लिखते रहे।

राजनीति से प्रभावित एक सामाजिक घटना पर कुछ लिखने की जवाबदेही एक बार उन्हें महसूस हुई। आज़ादी के बाद की राजनीति और राजनेताओं पर

'मोटदर्पण' शीर्षक से उन्होंने एक लेख लिखा। इस लेख में समरेश बसु की जगह उन्होंने कालकूट उपनाम का प्रयोग किया। हालाँकि फिर उन्होंने कोई राजनीतिक लेख नहीं लिखा। परन्तु 'कालकूट' नाम से उपन्यास वे लिखते रहे। समरेश बसु के साथ ही 'कालकूट' नाम भी उनकी लेखनी का स्पर्श पाकर प्रसिद्ध हो गया। कालकूट के अलावा 'भ्रमर' उपनाम से भी उन्होंने रचनाएँ कीं। कालकूट नाम से लिखित उपन्यास 'शाम्ब' पर उन्हें 1980 का भारतीय साहित्य अकादेमी का पुरस्कार दिया गया था। उन्होंने अब तक समरेश बसु के नाम से 111 (एक सौ ग्यारह) उपन्यास और 35 (पैंतीस) कहानी संग्रह, कालकूट उपनाम से 29 (उन्तीस) उपन्यास एवं भ्रमर उपनाम से 8 (आठ) उपन्यास और बारह कहानियाँ लिखी हैं। समरेश बसु द्वारा लिखी गयी कहानियों की संख्या सवा दो सौ से भी ज़्यादा है। उनके महत्त्वपूर्ण उपन्यासों में—उत्तरंग, श्रीमती काफे, गंगा, विवर, स्वीकारोक्ति, प्रजापति, आत्मज, पटाक्षेप, बन्दा, विश्वास, सौदागर, उन्हें कहने दो, अश्लील, पथिक, अवरोध, संकट, शेष अध्याय, विपर्यस्त, अस्वीकार, दिगन्त, खण्डिता, उद्धार, अमृत कुम्भ की खोज में, कहाँ पाऊँ उसे, कहाँ है वह, पृथा आदि शामिल हैं।

जीवन के अन्तिम दिनों में समरेश बसु 'देश' पत्रिका में धारावाहिक रूप से उपन्यास 'देखिनाइ फिरे' (देखा नहीं मुड़कर) लिख रहे थे। हर बार की तरह इस बार भी कई किस्त छपते ही समरेश बसु की लेखनी ने बांगला के समस्त गम्भीर पाठकों का ध्यान अपनी ओर खींच लिया।

इस उपन्यास के प्रारम्भ करने से पहले उन्होंने दस वर्षों तक सामग्री जुटाने का श्रम साध्य कार्य किया। उपन्यास 'देखि नाइ फिरे' को लोग समरेश बसु के लेखकीय जीवन की सर्वश्रेष्ठ कृति मानने लगे थे। परन्तु दुर्भाग्यवश यह उपन्यास पूरा नहीं हो सका। इस उपन्यास की सारी रूपरेखा और सम्बन्धित सामग्री समरेश बसु के लेखन कक्ष में मौजूद है। बांगला के विदग्ध पाठक इस समय के एक और बहुचर्चित कथाकार सुनील गंगोपाध्याय से आग्रह कर रहे हैं कि वे समरेश बसु की असम्पूर्ण कृति 'देखि नाइ फिरे' को पूरा करें। यदि सुनील यह दायित्व स्वीकार लेते हैं तो बांगला साहित्य के इतिहास में यह एक अभिनव और अविस्मरणीय घटना होगी।

पहली कहानी/समरेश बसु की

आदाब

समरेश बसु

रात के सन्नाटे को झकझोर कर पुलिस की गश्त लगाती गाड़ी विक्टोरिया पार्क के बगल से चक्कर लगा गयी। शहर में धारा एक-सौ चवालीस और कर्फ़्यू का आदेश जारी कर दिया गया है। दंगा छिड़ा हुआ है हिन्दू और मुसलमानों के बीच। आमने-सामने से लड़ रहे हैं लोग लाठी, भाला, छुरी, चाकू लेकर। दंगाइयों का दल चारों ओर फैल गया है। अँधेरे में छुप-छुपकर वार कर रहे हैं वे।

मौक़े का फ़ायदा उठाने निकल पड़े हैं लुटेरे भी। मृत्यु-विभीषिकामय यह अँधेरी रात उनके उल्लास को और बढ़ा रही है। बस्तिओं में आग लगी हुई है। मृत्युभय से आतंकित बच्चों और औरतों की चीख-पुकार वातावरण को वीभत्स बना रही है। सेना के भारी वाहनों के शोर के बीच सब कुछ काफ़ी भयावह लग रहा है। स्थिति पर नियन्त्रण बनाये रखने के लिए अन्धाधुन्ध गोलियाँ चलाई जा रही हैं।

दो तरफ़ से दो गलियाँ आकर मिली हैं इस जगह। कचरादान उलटकर आ गिरा है दोनों गलियों के ठीक बीच मुड़ी-तुड़ी हालत में। घुटनों के बल रेंगकर गली से निकल आया एक आदमी। सर उठाने की हिम्मत नहीं हुई। निर्जीव-सा पड़ा रहा वह। दूर से आ रहे अस्पष्ट शोर की तरफ़ उसका ध्यान था। समझ में नहीं आ रहा था कि यह शोर अल्ला-हो-अकबर का है या वन्दे-मातरम् का।

अचानक कचरादान हिला। चौंकते ही उसकी शिराओं में एक सिहरन दौड़ गयी। दाँतों को चबाकर हाथ-पैरों को सख़्त कर भयानक कुछ घटने की प्रतीक्षा में वह पड़ा रहा। कुछ क्षण बीते। चारों तरफ़ ख़ामोशी फैली रही...शायद आवारा

कुत्ता हो। उसने कचरेदान को धीरे-से धकेल दिया। कुछ क्षण के लिए ख़ामोशी छायी रही। कचरादान फिर हिल उठा। भय के साथ इस बार कुछ कौतूहल भी हुआ। धीरे-धीरे उसने अपना सर उठाया...कचरेदान के उस पार से भी एक सर उठा। आदमी! कचरादान के दो तरफ़ दो आदमी लेकिन दोनों ही पत्थर की तरह ख़ामोश। दोनों के दिल की धड़कनें तेज़ और अनियन्त्रित। स्थिर चार आँखों की दृष्टि में भय, सन्देह और उत्तेजना। कोई किसी पर विश्वास नहीं कर रहा है। दोनों एक-दूसरे की आँखों में बने हुए हैं ख़ूनी। दोनों प्रतीक्षा कर रहे हैं वार की। कुछ क्षण और बीते। किसी ने वार नहीं किया। अब दोनों के मन में प्रश्न उठा—हिन्दू या मुसलमान? इस प्रश्न का उत्तर मिलते ही शायद भयानक कुछ घट जाय। किसी में हिम्मत नहीं हो रही है यह पूछने की। मृत्युभय से आतंकित ये दोनों भाग भी नहीं पा रहे हैं दंगाइयों के बीच फँस जाने के भय से। सन्देह की इस स्थिति में बहुत देर तक बने रहने के बाद दोनों अधैर्य होने लगे। एक ने डरते-डरते पूछ ही लिया—हिन्दू हो या मुसलमान?

—पहले तुम कहो। दूसरे ने जवाब दिया।

अपना परिचय पहले देना कोई नहीं चाह रहा था। सन्देह के झूले में दोनों झूलते रहे। समय के नीचे यह प्रश्न दब गया।

एक ने पूछा—घर कहाँ है?

दूसरे ने कहा—बुड़ि गंगा के उस पार, सुबैडा में। तुम्हारा?

—नारायणगंज के पास। क्या करते हो तुम?

—मेरे पास नाव है। मैं नाव का माझी हूँ।...तुम?

—नारायणगंज सूत-मील का मज़दूर हूँ।

फिर ख़ामोशी छा जाती है। अँधेरे में ही दोनों नज़रें बचाकर एक-दूसरे का चेहरा और वस्त्र देखने की कोशिश करते हैं। अँधेरे के कारण वे कामयाब नहीं होते। ...अचानक पास ही कहीं शोर उठता है। दोनों सम्प्रदायों की उन्मत्त ध्वनि सुनाई पड़ती है। सूत-मज़दूर और माझी दोनों सचेत हो उठते हैं।

—लगता है आस-पास ही कहीं हो रहा है। सूत-मज़दूर की आवाज़ में आतंक का स्पष्ट आभास था।

—हाँ, चलो यहाँ से निकल चलते हैं। माझी ने वैसी ही आवाज़ में कहा।

अरे नहीं नहीं, उठो मत। मज़दूर ने उसे रोका—जान दोगे क्या? माझी के मन का सन्देह फिर बढ़ा। इस आदमी का कोई ग़लत अभिप्राय तो नहीं है?

वह मज़दूर की आँखों में देखने लगा। मज़दूर भी उसे ही देख रहा था, उसने कहा—बैठो। जैसे बैठे थे वैसे ही बैठे रहो।

सूत-मज़दूर की यह बात सुनते ही माझी की धड़कनें तेज़ होने लगीं। यह आदमी क्या उसे जाने देना चाहता नहीं है? सन्देह उसकी आँखों में भर आया। उसने पूछा—क्यों?

—क्यों? सूत-मज़दूर का दबा स्वर कुछ तीखा था। मरने के लिए निकलना चाहते हो यहाँ से?

बात करने का यह तरीक़ा माझी को बिल्कुल पसन्द नहीं आया। सम्भव-असम्भव बहुत सारी बातें सोचकर उसने इरादा बना लिया—निकलूँगा नहीं तो क्या इस अँधेरी गली में इसी तरह पड़ा रहूँगा?

माझी की ज़िद को देखकर सूत-मज़दूर के गले में भी सन्देह का स्वर फूटा—तुम्हारा आचरण मुझे ठीक नहीं लग रहा है। किस जात के हो तुमने यह भी नहीं बताया। अब अपने दल के लोगों को बुलाकर क्या मुझे जान से मारना चाहते हो?

—यह कैसी बात कर रहे हो तुम? स्थान-काल भूलकर दुःख और ग़ुस्से से माझी प्रायः चीख़ उठा।

—सही बात ही कह रहा हूँ भाई! बैठो, आदमी का दिल नहीं समझते हो?

सूत-मज़दूर के गले की आवाज़ जाने कैसी थी, माझी कुछ आश्वस्त हुआ।

...तुम चले जाओगे तो क्या मैं अकेला रहूँगा यहाँ? मज़दूर ने आगे कहा।

शोर दूर में विलीन हो गया। सन्नाटा फिर छा गया चारों ओर। मृत्यु की प्रतीक्षा की तरह ही बीतने लगा एक-एक क्षण। अँधेरी गली में कचरेदान के दो तरफ़ दो आदमी सोच रहे हैं अपनी-अपनी विपदा की बातें, अपने-अपने घरों की बातें, माँ, बीवी और बच्चों की बातें। उनके पास क्या लौट पायेंगे ये? या, ये ही जीवित रह जायेंगे और...। अचानक बिजली की तरह कहाँ से आ गिरा यह दंगा। हाट-बाज़ार दुकानों में हँसी के फौव्वारे, कितनी-कितनी बातें और दूसरे ही क्षण मार-काट। बाप रे बाप! एकदम ख़ून की गंगा बहा दी। आदमी इतना क्रूर-कठोर कैसे हो उठता है! सूत-मज़दूर ने लम्बी साँस छोड़ी। माझी के भीतर से भी एक लम्बी साँस निकल आयी।

—बीड़ी पीओगे? मज़दूर ने जेब से बीड़ी निकालकर माझी की ओर एक बढ़ा दिया।

आदतन माझी ने बीड़ी को दो-तीन बार उँगलियों से दबाया, कनपटी पर रगड़ा और ओठों के बीच लगा लिया। सूत-मज़दूर सलाई जलाने की कोशिश कर रहा था। उसने पहले ध्यान ही नहीं दिया था कि उसकी क़मीज़ भीग गयी है और सलाई भी गीली हो गयी है। खीझकर उसने बारूद-झरी तीली को फेंक दिया और दूसरी तीली निकाली। माझी कुछ अधैर्य होकर मज़दूर के क़रीब ही आ बैठा—जलेगी-जलेगी लाओ मुझे दो। उसने मज़दूर के हाथों से सलाई लगभग छीनकर ले ली। दो-चार बार उसने खस्-खस् कर तीली घिसी और तीली सचमुच जल उठी। सुभान अल्ला! लो लो सुलगाओ जल्दी करो।

भूत-दर्शन सा चौंक उठा सूत-मज़दूर। ओठों के बीच दबी बीड़ी गिर गयी। तुम...?

हवा का हल्का एक झोंका लौ को बुझा गया। अँधेरे में दो जोड़ी आँखें अविश्वास और उत्तेजना से फिर बड़ी-बड़ी हो गयीं। दो-चार निस्तब्ध क्षण गुज़रे।

माझी उठकर खड़ा हो गया। कहा—हाँ, मैं मुसलमान हूँ। तो, क्या हुआ?

सूत-मज़दूर ने डरते-डरते कहा—नहीं कुछ नहीं...वो...माझी की बगल में दबी पोटली की ओर इशारा करते हुए उसने कहा—उसमें क्या है?

—औरत और बच्चों के लिए कपड़े। कल हमारा ईद का त्योहार है, जानते नहीं तुम?

—और कुछ नहीं है न? सूत-मज़दूर के मन में फिर भी अविश्वास था।

—झूठ कह रहा हूँ क्या? विश्वास नहीं हो तो लो देख लो। उसने पोटली आगे बढ़ा दी।

—अरे नहीं भाई! देखना क्या। लेकिन ज़माना तो देख रहे हो न, किसी पर विश्वास किया जा सकता है? तुम्हीं कहो।

—सो तो बिल्कुल ठीक कह रहे हो भाई। ...तुम्हारे पास कुछ नहीं है न?

—भगवान कसम एक सूई भी नहीं। अपनी जान सँभाल कर घर लौट सका तो यह मेरा सौभाग्य ही होगा। सूत-मज़दूर ने उलट-पलट कर अपना वस्त्र दिखाया।

दोनों आस-पास बैठे और बीड़ी सुलगाकर पीते रहे चुपचाप।

—अच्छा, माझी ने कुछ इस तरह शुरू किया जैसे वह अपने ही किसी प्रियजन से बातें कर रहा हो—बता सकते हो यह मार-पीट, ख़ून ख़राबा किसलिए हो रहा है?

सूत-मज़दूर थोड़ा-बहुत अख़बार पढ़ लेता है। कुछ-कुछ समाचार भी रखता है। कुछ गर्म आवाज़ में ही उसने कहा—दोष तो तुम्हारे लीग वालों का ही है। उन्होंने ही तो दंगा कराया है...किस आन्दोलन का तो नाम लेकर।

माझी ने भी कुछ तीखे स्वर में कहा—यह सब मैं नहीं समझता। मैं कहता हूँ मार-काट से मिलेगा क्या? तुम्हारे कुछ लोग मरेंगे तो हमारे भी कुछ लोग मारे जायेंगे। देश का इससे क्या उपकार होगा?

—अरे मैं भी तो वही बात कहता हूँ। होगा क्या, होंगा मेरा ठेंगा। उसने अपनी उँगली को मुँह बिचकाकर दिखाया। ...तुम मरोगे, मैं मरूँगा और हमारे बच्चे भीख माँगते फिरेंगे। यहीं तो पिछले रायट में मेरे बहनोई को काटकर चार टुकड़े कर दिया। मेरी बहन विधवा हुई और चार बच्चों के साथ मेरे ही कन्धों पर सवार हो गयी। नेताओं ने तो महल में बैठे-बैठे हुक्म जारी कर दिया लेकिन स्साले मरते रहे हमीं लोग।

—आदमी नहीं कुत्ते के पिल्ले हो गये हैं हम। नहीं तो आपस में एक-दूसरे को इस तरह काटते फिरते क्यों हैं? निस्फल ग़ुस्से से माझी ने दोनों हाथों के बीच अपने घुटनों को दबा लिया।

—हूँ।

—हमारी बात कौन सोचता है भैया। दंगा तो फैला दिया अब दाना जुटाएँगे कौन सम्बन्धी? मेरी नाव क्या फिर वापस मिलेगी मुझे? न जाने बादामतली के घाट में कहाँ डुबो दिया होगा? ज़मींदार रूप बाबू के नायब हर महीने एक बार मेरी नाव में चढ़कर जाते थे कचहरी करने नयरा में। बाबू का हाथ मानो हजरत के हाथ। बख़्शीश देते थे पाँच रुपये। नाव का किराया पाँच। कुल दस। उसी से महीने भर का दाना-पानी हो जाता था मेरा। अब कौन हिन्दू आयेगा मेरी नाव में चढ़ने।

सूत-मज़दूर कुछ कहते हुए रुक गया था। एक साथ कई भारी बूटों की आवाज़ आ रही थी। यह आवाज़ बड़े रास्ते से गली की ओर आ रही थी, इसमें सन्देह नहीं था। दोनों ने एक-दूसरे की आँखों में झाँका।

—क्या करोगे? माझी ने फुर्ती से पोटली को बगल में दबाते हुए कहा।

—चलो भाग चलते हैं। लेकिन भागें किधर से? शहर के रास्ते मैं ठीक से पहचानता नहीं हूँ।

माझी ने कहा—किसी भी तरफ़ भाग चलो। बेमतलब पुलिस की पकड़ में क्यों आयें—पुलिस का कोई भरोसा है?

—हाँ ठीक ही कह रहे हो। किस ओर भागोगे कहो, लगता है वे आ ही गये।

—उधर, दक्षिण की ओर। इशारा किया माझी ने। एक बार किसी तरह बादामतली के घाट में पहुँच गये तो डरने की फिर कोई बात नहीं।

सर झुकाकर वे मोड़ तक पहुँचे और सीधे दौड़ पड़े। पटुआ टोली रोड पर आकर वे कुछ क्षण रुके। सुनसान सड़क में बिजली की बत्ती जल रही थी। उन्होंने आहट ली—कोई छुपकर खड़ा तो नहीं है? सड़क के इधर-उधर ग़ौर से देखा और दौड़ पड़े फिर पश्चिम की ओर काफ़ी तेज़। कुछ दूर जाने पर पीछे से घोड़े की टाप सुनाई पड़ी। उन्होंने देखा एक अश्वारोही आ रहा है। सोचने का समय नहीं था। वे जमादारों के यातायात वाली पतली गली में घुस गये। थोड़ी ही देर में अंग्रेज़ अश्वारोही उनके कलेजे में घोड़े की टाप दागता हुआ निकल गया। अश्वारोही के काफ़ी दूर निकल जाने के बाद झाँकते हुए वे फिर बाहर आए।

—किनारे-किनारे चलो, सूत-मज़दूर ने कहा।

सड़क के एकदम किनारे-किनारे भयभीत वे दोनों एक-दूसरे से सटकर काफ़ी तेज़ चलने लगे।

—रुको, माझी ने दबी आवाज़ में कहा। सूत-मज़दूर चौंककर खड़ा हो गया।

—क्या हुआ?

—इधर आओ। सूत-मज़दूर का हाथ पकड़ कर माझी उसे एक पान-बीड़ी की दुकान की ओट में ले गया—उधर देखो। माझी के संकेत पर मज़दूर ने सामने देखा। क़रीब एक सौ गज़ की दूरी पर एक घर में बत्ती जल रही थी। घर के ऊँचे बरामदे पर दस-बारह बन्दूकधारी पुलिस के जवान मूरत से खड़े थे और उनके सामने खड़ा एक अंग्रेज़ अफ़सर पाइप का धुआँ छोड़ते हुए कुछ बक रहा था। बरामदे के नीचे घोड़े की लगाम पकड़े एक और पुलिसवाला खड़ा था। अशान्त चंचल घोड़ा लगातार धरती पर पैर पटक रहा था।

माझी ने कहा—यह इस्लामपुर चौकी है। थोड़ी दूर आगे चौकी से बायीं तरफ़ जो गली निकली है उसी से चलकर बादामतली के घाट तक जाया जा सकता है। सूत-मज़दूर के चेहरे में आतंक उभर आया—फिर?

—इसीलिए कह रहा हूँ, अब तुम यहीं ठहर जाओ। घाट में जाने से तुम्हें फ़ायदा नहीं होगा। यह इलाक़ा हिन्दुओं का है और इस्लामपुर मुसलमानों का। तुम कल सुबह ही यहाँ से बाहर निकलना।

—और तुम...?

—मैं तो चलूँगा भाई। आवेश से माझी का गला भर आया। ...अब और रुकना सम्भव नहीं है। आज आठ दिन हो गये घर से बाहर हूँ। क्या बीता होगा घरवालों पर अल्लाह ही जानते हैं। किसी तरह एक बार गली में घुस गया तो बस...नाव मेरी न भी मिली तो बुड़ि गंगा तैर कर पार कर लूँगा।

अरे नहीं नहीं मियाँ क्या कह रहे हो? उत्तेजना से मज़दूर ने माझी की क़मीज़ पकड़ ली कैसे निकलोगे यहाँ से तुम? आवेश से माझी का स्वर काँपने लगा—मुझे मत पकड़ो भाई। छोड़ दो। कल ईद है—बच्चों ने आज चाँद देखा होगा। कितनी उम्मीदें होंगी उनके मन में—नयी क़मीज़ पहनेंगे, अब्बा जान के कन्धों पर चढ़ेंगे। बीवी मेरी ख़ूब रो रही होगी। नहीं रुक सकूँगा भाई और नहीं रुक सकूँगा मैं। मेरा मन कैसा तो कर रहा है। माझी का गला बैठ गया।

सूत-मज़दूर का दिल ज़ोर से धड़क उठा। क़मीज़ पकड़ी मुट्ठी ढीती पड़ गयी—यदि उन्होंने तुम्हें पकड़ लिया तो? भय और स्नेह से उसका गला भी भर आया।

—डरो मत, मुझे कोई नहीं पकड़ सकेगा। तुम लेकिन यहाँ से उठना नहीं। अब मैं चलता हूँ भाई। आज रात की बातें कभी नहीं भूल पाऊँगा। नसीब में रहा तो फिर तुम्हारे साथ मुलाक़ात होगी।

आदाब।

—आदाब। मैं भी नहीं भूलूँगा भाई। मज़दूर ने माझी को छुआ। माझी एक-एक क़दम सँभल कर रखता हुआ चला गया।

सूत-मज़दूर का हृदय भरा हुआ था भय, उत्तेजना, आवेश और स्नेह से। वह चुप-चाप छुपा हुआ था लेकिन उसकी धड़कनें शान्त नहीं थीं। उसके कान खड़े थे। हृदय कह रहा था—हे भगवान! माझी को बचा लेना।

एक-एक क्षण मुश्किल से बीतने लगे। बहुत देर तो हो गयी माझी शायद अब तक निकल गया होगा। बच्चों के मन में कितनी आशाएँ रहती हैं—नये कपड़े पहनेंगे, उत्सव मनाएँगे। बेचारा बाप का मन भला कैसे मानेगा—सूत-मज़दूर ने एक लम्बी साँस छोड़ी।

प्रीति से माझी की बीवी रोकर लग जायेगी उसके सीने से—मौत के मुँह से लौटकर आये हो तुम। सूत-मज़दूर के ओठों पर हल्की हँसी आ गयी...माझी तब क्या करेगा? है माझी तब...

हॉल्ट...

सूत-मज़दूर का कलेजा ज़ोर से धड़क उठा। भारी बूटों की आवाज़ इधर-उधर दौड़ने लगी। वे चिल्लाकर कह रहे थे—डाकू भागता है...डाकू भागता है...

सूत-मज़दूर ने गर्दन बाहर निकाली। एक पुलिस अफ़सर रिवॉल्वर हाथ में लिए सड़क पर दौड़ आया। सन्नाटे को चीरते हुए उसका रिवॉल्वर दो बार गरज उठा—धाँय, धाँय। आग की नीली-नीली दो लपटें निकलीं। उत्तेजित होकर सूत-मज़दूर ने अपना हाथ चबा लिया। उछल कर घोड़े की पीठ पर बैठ गया वह अफ़सर और घोड़े को दौड़ा दिया गली की ओर। डाकू के मरने की चीख़ उसने सुन ली थी।

सूत-मज़दूर की विह्वल आँखों ने देखा—माझी के ख़ून से रंग रहे हैं उसके बीवी-बच्चों के कपड़े। माझी कह रहा है—नहीं रुक सका भाई! मेरी बीवी और बच्चों की आँखों की धार में ही डूबेगा त्योहार का यह दिन। दुश्मनों ने नहीं जाने दिया मुझे उनके पास।

अनुवाद : **अमिताभ चक्रवर्ती**

मैं मृत्यु से आलिंगन करने को तैयार हूँ

काला आदमी गोरी अदालत में

एल.एस. हरदेनिया

दक्षिण अफ्रीका के मूल निवासी वर्षों से अपने अधिकारों के लिए संघर्षरत हैं। इस संघर्ष ने दुनिया के इतिहास में एक अपूर्व स्थान बनाया है। इतने अत्याचारों और ज्यादतियों को सहते हुए कोई संघर्ष किया जा सकता है इस बात की कल्पना करके ही रोंगटे खड़े हो जाते हैं। इस संघर्ष में अनेक तपे तपाये नेता उभर कर आये हैं। ये नेता बौद्धिक दृष्टि से तो असाधारण हैं ही, साहस और शौर्य की भी प्रतिमूर्ति हैं। इन अनेक महान नेताओं की क़तार में खड़े महानतम नेता हैं नेल्सन मंडेला जिनकी 70वीं वर्षगाँठ 18 जुलाई को सारे विश्व में मनायी गयी। दुनिया के इतिहास में बहुत कम ऐसे उदाहरण होंगे जब अपने सिद्धान्तों और आदर्शों की ख़ातिर कोई व्यक्ति 26 वर्ष तक जेल में रहा हो। मंडेला न सिर्फ़ जेल में रह रहे हैं वरन् उन्हें अनेक प्रकार की यातनाओं को भी सहन करना पड़ रहा है।

नेल्सन मंडेला का जन्म 1918 में दक्षिण अफ्रीका के उमटाटा नामक नगर में हुआ था। उनका जन्म एक आदिवासी मुखिया परिवार में हुआ था। उनकी प्रारम्भिक शिक्षा एक ईसाई शाला में हुई। जन्म के साथ उन्हें इस बात का अवसर मिला था कि वे एक आराम की ज़िन्दगी बिता सकते। परन्तु उनका जन्म किसी और ही उद्देश्य के लिए हुआ था। उन्होंने उस वातावरण से सम्बन्ध तोड़ लिया जिसमें वे पैदा हुए थे। और एक संघर्ष की ज़िन्दगी स्वीकार की। अपने देश की नस्लवादी सरकार के विरुद्ध विद्यार्थी जीवन में ही उन्होंने जंग छेड़ दी थी। इस अपराध के कारण उन्हें कालेज से बरख़ास्त कर दिया गया था। बाद में उन्होंने अपनी शिक्षा पत्राचार पाठ्यक्रम के माध्यम से पूरी की। समस्त संघर्षों से जूझते हुए उन्होंने बी. ए. और क़ानून की परीक्षा पास कर ली। क़ानून उन्होंने कमाई के लिए नहीं पढ़ा। उन्होंने अपने देशवासियों की दुखदायी दशा

को देखकर यह फ़ैसला किया था कि वे उनके अधिकारों के लिए, उन्हें इन्सानी ज़िन्दगी बिताने का अवसर दिलाने के लिए संघर्ष करेंगे। इस उद्देश्य की पूर्ति के लिए उन्होंने क़ानूनी लड़ाई लड़ने का भी फ़ैसला किया। बाद में उन्होंने वकालत भी प्रारम्भ कर दी। वकील की हैसियत से उन्होंने अपने देश के अनेक काले निवासियों की मदद की।

वे 1944 से राजनीतिक गतिविधियों के समुद्र में कूद पड़े। वे अफ़्रीकन नेशनल कांग्रेस के सदस्य बने और कुछ अन्य साथियों के साथ मिलकर उन्होंने अफ़्रीकन नेशनल कांग्रेस के युवा प्रकोष्ठ की स्थापना की। यह क़दम अत्यधिक महत्त्वपूर्ण था। क्योंकि युवकों के अलग संगठन से सारे देश में एक नयी जागृति फैली। वे काफ़ी आक्रामक रवैये के साथ आन्दोलन में भाग लेने लगे। यूथ लीग का घोषणा पत्र 1944 में तैयार किया गया। वह एक प्रमुख दस्तावेज़ था जिसके माध्यम से यूथ लीग की बुनियादी नीतियों को स्पष्ट किया गया था। मंडेला द्वारा स्थापित यूथ लीग का कार्यक्रम रचनात्मक तथा सकारात्मक था। अफ़्रीका में उस समय एक ऐसी विचारधारा भी थी जो इस सिद्धान्त में विश्वास करती थी कि अफ़्रीका अफ़्रीकियों के लिए है, गोरो अफ़्रीका छोड़ो, गोरों को समुद्र में डुबा दो। नेल्सन मंडेला ने बार-बार यह स्पष्ट किया कि वे काले लोगों के ऊपर गोरों के प्रभुत्व के विरोधी हैं। उन्होंने स्पष्ट कहा है कि दक्षिण अफ़्रीका उन सबका है जो वहाँ पैदा हुए हैं। उन्होंने कहा था, 'मैं नस्लवादी नहीं हूँ। मैं नस्लवाद से घृणा करता हूँ क्योंकि मेरी मान्यता है कि नस्लवाद बर्बरता का प्रतीक है। फिर वह नस्लवाद गोरों का हो या कालों का।'

उन्होंने आगे कहा, 'दक्षिण अफ़्रीका में इस समय जो कुछ भी अच्छा है वह गोरों के लिए आरक्षित है और हम काले लोगों से यह अपेक्षा की जाती है कि वे सफ़ेद चमड़ी वालों की टेबल से फेंके गये रोटी के टुकड़ों से ही सन्तुष्ट हों।'

मंडेला वर्तमान समाज की व्यवस्था से सदा ही असन्तुष्ट रहे हैं। अपने एक लेख में उन्होंने कहा है, 'मुझे प्राचीन अफ़्रीकी समाज की संरचना अच्छी लगती है। उस समय ज़मीन ही उत्पादन का एक मात्र साधन था। और ज़मीन पर सम्पूर्ण आदिवासी समाज का अधिकार होता है। व्यक्तिगत मिल्कियत किसी की नहीं होती थी। उस समय समाज में न कोई धनी होता था न ही ग़रीब। वह वर्ग विहीन शोषण से मुक्त समाज था।'

मंडेला मार्क्सवादी विचारों से काफ़ी प्रभावित रहे हैं। एक जगह उन्होंने स्पष्ट कहा है, 'मैं समाजवाद के अलावा अन्य समाज व्यवस्था को स्वीकार नहीं कर सकता।'

प्रसिद्ध रिबोनिया ट्रायल के दौरान दिये गये अपने अन्तिम वक्तव्य में कम्यूनिज़्म व कम्यूनिस्टों के बारे में अपने विचारों को स्पष्ट करते हुए उन्होंने कहा था, 'कई वर्षों तक कम्यूनिस्ट ही उन राजनीतिक नेताओं में थे जो दक्षिण अफ्रीका के मूल निवासियों को इन्सान समझते थे तथा उनके साथ बराबर का व्यवहार करते थे, जो हमारे साथ भोजन करने को तैयार रहते थे, जो हमारे साथ बात करने, हमारे साथ रहने तथा हमारे साथ काम करने को तैयार थे। कम्यूनिस्टों का ही एकमात्र ऐसा राजनीतिक संगठन था जो हमारे अधिकारों के लिए हमसे मिलकर संघर्ष करने को तैयार था। शायद यही कारण है कि अनेक अफ्रीकी यह मानते हैं कि साम्यवाद व आज़ादी एक ही तस्वीर के दो पहलू हैं।'

नेल्सन मंडेला ने प्रारम्भ से ही कम्यूनिस्टों व ग़ैर-कम्यूनिस्टों के सहयोग को काफ़ी महत्त्व दिया था। उनकी मान्यता है कि दक्षिण अफ्रीका की आज़ादी के संघर्ष में इस सहयोग का काफ़ी महत्त्व है। इसी सहयोग के कारण जातीय भेदभाव तथा जातीय घृणा को समाप्त करने में काफ़ी मदद मिलेगी।

नेल्सन मंडेला ने हमेशा दक्षिण अफ्रीका की गोरी सरकार की उन सब चालों को नाकामयाब किया जिनके सहारे वे कम्यूनिस्टों व ग़ैर-कम्यूनिस्टों में फूट डालने का प्रयास करते थे। प्रारम्भ में दक्षिण अफ्रीका सरकार ने कम्यूनिस्टों की गतिविधियों पर ही प्रतिबन्ध लगाया था। दक्षिण अफ्रीका नेशनल कांग्रेस के कुछ नेताओं की यह राय थी कि चूँकि यह प्रतिबन्ध उन्हें प्रभावित नहीं करता है अतः वे क्यों इसका विरोध करें। परन्तु नेल्सन मंडेला ने इस दृष्टिकोण को अनुचित बताया। उन्होंने कहा कि इसका विरोध सबको वैसे ही करना चाहिए जैसे यह प्रतिबन्ध उन्हीं के ऊपर लगाया गया हो। उन्होंने चेतावनी दी कि आज यदि ग़ैर-कम्यूनिस्ट चुप बैठे रहें तो कल उनके ऊपर ही यह हमला होगा। उन्होंने इस बात पर जोर दिया कि नस्लवाद विरोधी समस्त शक्तियों को एक मंच पर आ जाना चाहिए।

मंडेला ने अपने परिपक्व विचारों को अदालतों में अपने ऊपर चलाये गये मुक़दमों के दौरान प्रगट किया है। इन विचारों को संगृहीत कर प्रकाशित किया गया है। इसमें से एक संग्रह का शीर्षक 'काला आदमी गोरी अदालत में' है तथा दूसरे का 'मैं मृत्यु से आलिंगन करने को तैयार हूँ।'

नेल्सन मंडेला दक्षिण अफ्रीका समेत अफ्रीकी महाद्वीप के महानतम नेता हैं। उनकी प्रतिष्ठा व प्रभाव दिन दूना रात चौगुना बढ़ा है। वे अफ्रीकी नव-चेतना के प्रतीक हैं। इसलिए ही दक्षिण अफ्रीका की नस्लवादी फासिस्टी गोरी सरकार ने

उन्हें 1962 से जेल में डाल रखा है। उन्होंने अपनी 50वीं और 60वीं वर्षगाँठ जेल में मनाई। और अब इस वर्ष अपनी 70वीं वर्षगाँठ भी जेल में ही मना चुके हैं। दक्षिण अफ्रीकी सरकार नेल्सन मंडेला की लड़ाकू इच्छा शक्ति, उनकी प्रतिभा, उनके क्रान्तिकारी चरित्र से आतंकित है। और इसलिए ही उन्हें किसी क़ीमत पर भी छोड़ने को तैयार नहीं। नेल्सन मंडेला दक्षिण अफ्रीका के आम लोगों के माने हुए नेता हैं। उनकी भावनाओं को दक्षिण अफ्रीका के गिरजाघरों की परिषद् के अध्यक्ष विशप डेसमाण्ड तूतू ने 1980 में निम्न शब्दों से प्रकट किया—'यह मेरी दृढ़ राय है कि निकट भविष्य में दक्षिण अफ्रीका का प्रधानमन्त्री काली चमड़ी वाला बनेगा। इसलिए हमें नेल्सन मंडेला की आवश्यकता है। क्योंकि उन्हीं में दक्षिण अफ्रीका के प्रथम काला प्रधानमन्त्री बनने की पूरी क्षमता है।'

चूँकि मंडेला में दक्षिण अफ्रीकी क्रान्ति का नेतृत्व करने की अपार क्षमता है इसलिए वहाँ की सरकार उन्हें अन्तर्राष्ट्रीय दबाव के बावजूद किसी भी क़ीमत पर रिहा करने को तैयार नहीं है।

दक्षिण अफ्रीका की बर्बर सरकार न सिर्फ़ नेल्सन मंडेला को जेल में रखे हुए है वरन् वह उन पर नाना प्रकार के अत्याचार भी करती है। दक्षिण अफ्रीका के क्रान्तिकारियों के लिए वहाँ की गोरी सरकार ने एक विशेष जेल बना रखा है। वहाँ राजनीतिक क़ैदियों के साथ अमानवीय व्यवहार किया जाता है। राबिन द्वीप में यह जेल स्थापित किया गया है। इसी जेल में नेल्सन मंडेला सन् 1962 से क़ैद हैं। दक्षिण अफ्रीका की सरकार ने इन राजनैतिक बन्दियों की क्रान्तिकारी इच्छा शक्ति को ध्वस्त करने के लिए अनेक तरीक़े अपना रखे हैं। बिजली से शाट् देना इन जघन्य तरीक़ों में से एक है। क़ैदियों के सिर पर कपड़े की गीली पट्टी बाँध दी जाती है और फिर वहाँ विद्युत को प्रवाहित किया जाता है। इससे अनेक क़ैदियों ने अपना मानसिक सन्तुलन खो दिया है। क़ैदियों पर अत्याचार करने का एक और तरीक़ा है। एक छोटा-सा गोला खींच दिया जाता है और क़ैदी से कहा जाता है कि वह उस गोले के भीतर ही खड़ा रहे। यदि वह इस गोले की परिधि से थोड़े बहुत भी इधर-उधर होता है तो उसकी पिटाई की जाती है। इस स्थिति में कुछ घण्टों में क़ैदी बेहोश होकर गिर जाता है। एक छोटी-सी कोठरी में 180 दिन तक लगातार रखा जाता है। उस कोठरी से कुछ भी दिखाई नहीं देता है। उसमें प्रकाश भी प्रवेश नहीं कर सकता है। शराब पीकर पुलिस वाले प्रायः क़ैदियों की पिटाई करते हैं। क़ैदियों के ऊपर लगातार ठण्डा पानी डाला जाता है। खाना अत्यधिक घटिया स्तर का दिया जाता है। खाने में प्रायः

छोटे-छोटे कंकड़ मिला दिये जाते हैं। जब कभी किसी क़ैदी से नाराज़ी हो जाती है तो आठ-आठ दिन तक उसका खाना बन्द हो जाता है। ओढ़ने और बिछाने के लिए बदबूदार कम्बल दिये जाते हैं। क़ैदियों को घोड़ों से बाँधकर काम की जगहों पर ले जाया जाता है। और वहाँ पर थोड़ी भी गफलत होने पर पिटाई की जाती है। स्वयं नेल्सन मंडेला को भी इस तरह के अत्याचारों का सामना पिछले 26 वर्षों से करना पड़ रहा है। इतने आततायी वातावरण के बीच भी नेल्सन मंडेला अपने मूलभूत कर्त्तव्य को नहीं भूलते हैं और वे जेल में भी अपने साथियों की रक्षा के लिए प्रायः संघर्षरत रहते हैं। इससे उन्हें और भी तकलीफ़ों का सामना करना पड़ता है। सन् 1985 में उन्हें जेल से आज़ाद किये जाने का मौक़ा दिया गया। परन्तु वह आज़ादी उन्हें कुछ शर्तों के साथ दी जा रही थी। उन शर्तों में यह शर्त भी शामिल थी कि वे क्रान्तिकारी गतिविधियों में भाग लेना बन्द कर दें। उन्होंने गोरी सरकार की इस पहल को नामंजूर करते हुए एक बयान में कहा कि, 'मुझे मेरी आज़ादी उतनी ही अच्छी लगती है जितनी दूसरों को उनकी लगती है। जब से मैं जेल में हूँ सैकड़ों लोग शहीद हो गये। मैं उनके अनाथ बच्चों, उनकी शोकाकुल माताओं और पिताओं के प्रति उत्तरदायी हूँ। मैं अपनी तथाकथित आज़ादी का सौदा किसी भी हालत में करने को तैयार नहीं; जब तक कि मेरे एक-एक देशवासी को आज़ादी न मिल जाये। मुझे ऐसी आज़ादी का क्या उपयोग है जब मेरी अफ्रीकन नेशनल कांग्रेस प्रतिबन्धित है, मुझे उस आज़ादी का क्या उपयोग है जब मैं अपने परिवार व अपनी प्रिय पत्नी के साथ नहीं रह पाऊँगा। मुझे उस आज़ादी का क्या उपयोग है जब मैं अपने मनपसन्द स्थान पर नहीं रह पाऊँगा। मुझे उस आज़ादी का क्या उपयोग है जब मेरी दक्षिण अफ्रीकी नागरिकता की कोई इज़्ज़त नहीं करता। सिर्फ़ आज़ाद लोग ही समझौता कर सकते हैं, क़ैदी को समझौता करने का अधिकार कहाँ होता है। मैं कैसे कोई शर्त मान सकता हूँ जब मैं और तुम और मेरे समस्त देशवासी गुलामी की ज़िन्दगी जी रहे हैं। मेरी आज़ादी और तुम्हारी आज़ादी दोनों अविभाज्य हैं।'

महान नेल्सन मंडेला को जिन लोगों ने प्रभावित किया और आज़ादी की लड़ाई पूरी ताक़त से लड़ने के लिए प्रेरित किया उनमें हमारे देश के भी अनेक नेता शामिल हैं। महात्मा गाँधी स्वयं दक्षिण अफ्रीका में रहकर वहाँ के लोगों की लड़ाई लड़ चुके थे। वे तो सदा ही उनके प्रेरणा स्रोत रहे हैं। सन् 1979 में उन्हें जवाहरलाल नेहरू पुरस्कार से सम्मानित किया गया था। इस सम्मान के लिए आभार प्रकट करते हुए उन्होंने जेल से ही एक लम्बी चिट्ठी लिखी जो दो वर्ष

बाद 1981 में भारत पहुँच सकी। इस पत्र में उन्होंने अत्यधिक भाव विभोर होकर भारतवर्ष और विशेषकर नेहरू जी के प्रति अपनी भावनाओं को प्रकट किया है।

अफ्रीकी नेशनल कांग्रेस, जिसके नेल्सन मंडेला एक महान नेता हैं, की स्थापना 1912 में हुई थी। 1912 से लेकर 1961 तक अफ्रीकी नेशनल कांग्रेस ने शान्तिपूर्ण व अहिंसक तरीक़े से नस्लवाद तथा दक्षिण अफ्रीका की गोरी सरकार के विरुद्ध अपना संघर्ष जारी रखा। इस तथ्य के बावजूद गोरी सरकार ने दमन के नित नये तरीक़े ईजाद किये। अफ्रीकन नेशनल कांग्रेस की प्रत्येक अहिंसक कार्यवाही का जवाब अत्यधिक क्रूर हिंसा से मिलता था। इन परिस्थितियों को दृष्टिगत रखते हुए 16 दिसम्बर 1961 को अफ्रीकन नेशनल कांग्रेस ने यह निर्णय लिया कि अब वे हिंसा का मुक़ाबला हिंसा से ही करेंगे। इस उद्देश्य से कांग्रेस में ही उसकी सैनिक शाखा की स्थापना की गयी। इसके प्रथम कमाण्डर नेल्सन मंडेला ही थे। सैनिक शाखा की स्थापना के अवसर पर एक घोषणा पत्र जारी किया गया था। जिसमें कहा गया, 'अब हम नये तौर तरीक़ों से अपनी आज़ादी का संघर्ष चलायेंगे। इन तरीक़ों को अपनाने की आवश्यकता अनेक कारणों से पड़ी। आम लोगों के धैर्य की कोई सीमा होती है। किसी भी राष्ट्र के जीवन में एक क्षण ऐसा आता है जब उसे फ़ैसला करना होता है कि वह या तो समर्पण कर दे या संघर्ष जारी रखे। यह निर्णायक घड़ी हमारे देश व हमारे संगठन के इतिहास में भी आ पहुँची है। हमारा फ़ैसला है कि हम किसी भी हालत में समर्पण नहीं करेंगे और दुश्मन के प्रत्येक हमले का पूरी ताक़त से जवाब देंगे। हमने एक नये रास्ते पर चलने का फ़ैसला कर लिया है। दक्षिण अफ्रीकी सरकार की दमन और हिंसा की कार्यवाही का जवाब अब हम अहिंसा से नहीं देंगे।'

नेल्सन मंडेला ने इस सैनिक अंग के प्रथम मुखिया की भूमिका काफ़ी सजगता व मुस्तैदी से अदा की। इसलिए ही उन्हें शीघ्र गिरफ़्तार कर लिया गया।

पिछले 26 वर्षों से मंडेला जेल में हैं। अकेले नहीं दक्षिण अफ्रीका के अनेक प्रतिभा सम्पन्न बहादुर क्रान्तिकारी उनके साथ जेल में हैं। सारे विश्व की माँग के बावजूद हम उन्हें रिहा नहीं करवा पा रहे हैं। मंडेला ने कहा है कि इन्सान की आज़ादी अविभाज्य होती है। क्या हम अपने को आज़ाद मानें जब मंडेला जेल की एक अँधेरी काल कोठरी में पिछले 26 वर्षों से बन्द हैं। जब तक आज़ादी की किरणें मंडेला के ऊपर नहीं चमकती हैं तब तक इस बात से क्या सन्तोष किया जा सकता है कि वे हमारी खिड़की से झाँककर हमारे मकानों को प्रकाशित कर रही हैं।

शिवप्रकाश की कविताएँ

अनुवाद : **अजयकुमार सिंह**

नागार्जुन

नागार्जुन ईसा पश्चात् दूसरी शताब्दी का एक महायानी बौद्ध दार्शनिक था। वह रहस्यवादी, तान्त्रिक, कीमियागर और तर्कशास्त्री था। वह सातवाहनों का समकालीन था। उसने महाराजा सातकर्णी को एक पत्र लिखा था जिसमें कौटिल्य के अर्थशास्त्र की मीमांसा की गयी थी। अपनी यौगिक साधनाओं से उसने अमरत्व प्राप्त कर लिया था। वह दो सौ वर्षों तक जीवित रहा। फिर अपने समय की विसंगतियों से परेशान होकर उसने अपने शिष्य आर्यदेव से उसके (नागार्जुन के) जीवन का अन्त कर देने को कहा।

1. बोधिसत्व की प्रार्थना

तोड़कर अपने 'होने' का कवच
छोड़कर स्वर्गिक लोकों की खाल
आने-जाने से परे
ओ सिद्ध-बुद्धों
नदी के उस पार के
जहाँ सुनाई नहीं पड़ती कोई भी पुकार

बोधि फल को पाकर और उसे खाकर
छोड़कर और सभी फलों की आशा
सुनकर किसी की कराह
सुनकर किसी की आह
अनुकम्पावश वापिस आने वालो

बालु-कणों की भाँति अगणित
बोधिसत्वो और भदन्तो
इस तट और उस तट के मध्य
कहाँ है सेतु

2. नागार्जुन की चिन्ता

धूप में चमकते सुनहरे कलश
लड़खड़ाती मिट्टी की गाड़ियाँ
जो ढोती हैं चमचमाते मरकत, नीलम और मूँगे
पैदल, घुड़सवार और गजदल सैन्य
जो भयाक्रान्त करती हैं देश-देशान्तर
विशाल विहार मन्दिर

संगीत नाट्य गोष्ठियाँ
तर्कशास्त्र, सिद्धान्त और विधानों का
सार समेटे ग्रन्थ राशि
पर क्यों है सर्वत्र एक विश्वास
क्यों है भूख
क्यों है विस्मृति
मार्गों से बिलसते हैं मार्ग
घने जंगलों में सैन्य बनाता है अन्धकार
और करता है आक्रमण राजधानी पर
प्रत्येक हृदय में
सिंहों के शिविर
लोमड़ी का न्याय
बुद्धासन में बगुला भगत

3. सातकर्णी को नागार्जुन का पत्र

सातकर्णी तुम हो सातवाहन के चक्रवर्ती
शस्त्र-शास्त्रों के पण्डित

शत्रु-दमन की नीतियों में निष्णात
गोदावरी के जल
श्रीगिरि की सम्पत्ति के
एकमात्र स्वत्वाधिकारी
इतना तो बताओ
तुम्हारे साम्राज्य में
बगुला भगत होंगे कब योगी
पिंजरे के तोते कब होंगे कवि
घात ताक़ती बिल्ली
बनेगी कब रक्षक

अर्थशास्त्र का मत्स्य नीतिवादी सागर
जहाँ बड़ी मछली लील लेती है छोटी को
और व्हेल बड़ी मछली को
बनेगा कब आस्थान
स्वर्ग का आगार

न्याय के फाँसीघर जैसे
क्रूर कारागार में
एक बार हत्या करने वाला
मारा जाता है बारम्बार
कहाँ है करुणा

अलकावती में क्यों है दारिद्र्य
क्यों है टिड्डी दलों का नृत्य
नन्दन वनों में

4. बोधिसत्व के लिए प्रार्थना

ओ अवलोकेश्वरो
तुम करते हो रक्षा अधखुली आँखों से

घास के तिनके की भी
या कि दुर्दान्त कीट की
किसी भी लोक में
तुम हो जंगली शेरनी के दूध भरे स्तन
तुम करते हो रक्षा छोटे कृमि-कीटों की
जंगली शेर की अयाल की जड़ों में
तुम हो मलय पवन
अग्निदाह मरघटों के मौन में

प्राणियों के दर्द के लिए मृत्युरूपी औषधि
मृत्यु की औषधि का देते हो निर्वाण
इनकार करते जीवों के मुखों में
डाल देते हो ज़बर्दस्ती
नहीं-नहीं कहते भी

तुमने अपने पार्थिव शरीरों को बना लिया है कंचन
तुमने पा लिया है पूर्णाधिकार कीमियागर का
नाना प्रकार के
वाद-विवाद प्रतिवाद के अन्धे हाथी के मस्तक को
फोड़ देते हो तुम
प्रज्ञा की तीखी नोकों से

निर्जीव में फूँककर जीव
हृदय की अनवरत धकधक से
हो जाते हो तुम
महायान महाकरुणा के रथ-सारथी

कहाँ है सारथ्य
कहाँ है सार्थक्य
कहाँ है कीमियागर

शून्य होकर भी पूर्ण
बुद्ध गुरु के हाथों में भीख की कटोरी

5. आर्यदेव को आदेश

इस तरह मेरे साथ
वर्षों तक पद्मासन में स्थित
साथी और शिष्य आर्यदेव
अब तुम भी हो गुरु।

दो सौ जाड़े बीत जाने पर भी
कितने ही हिमपातों के बाद
कितनी ही मृत्यु जैसी दर्द-तड़पों के बाद—
बाक़ी है मेरा पारस शरीर

अब काफ़ी है यह
जलाओ मेरी ज्योति से अपनी ज्योति
बनाओ अपने हृदय में एक पिंजड़ा
मेरे स्वप्न पक्षियों के लिए
इस तट और उस तट के बीच
यद्यपि टूट गया है सेतु
नदी हरहराती है
जीवन की नाव
चलाओ सावधानी से धारा के बीच

नागार्जुन पारस को छूकर
अब नहीं रह गये तुम गन्दी धातु

अलविदा
वापिस जाओ
जड़ धातुओं की खानों में
दुःखों की बरसात में भीगी धरती को
लौट जाओ
घास के तिनके की कराह, कृमि कीटों के मध्य।

शंस-इ-तब्रीज़

शंस-इ-तब्रीज़ बारहवीं शताब्दी में तुर्किस्तान में रहता था। वह ख़ुदाबन्द ताला में पूरी तरह लीन एक रहस्यवादी था। पर अधिकांश लोग उसे पागल कहते थे। उससे प्रभावित होकर मौलाना जलालुद्दीन रूमी ने उसे अपना गुरु बना लिया था। दोनों के सम्बन्ध बड़े आत्मीय थे। इन दोनों के सम्बन्धों की घनिष्ठता से ईर्ष्या करने वाले लोगों ने शंस को मार डाला और उसके शरीर के टुकड़े-टुकड़े कर डाले। इस दर्दनाक अनुभव से रूमी ने कविताओं के एक ग्रन्थ की रचना की जिसका नाम था—दीवान-ए-शंस-इ-तब्रीज़। उस समय तुर्किस्तान मंगोलों के अधीन था।

यह कविता रूमी ग्रन्थ से ली गयी है और स्वगत कथन के रूप में है।

गुलाब के बाग़ हो गये हैं क़साईघर आज
मैख़ाने में हो गया है क़त्ल एक और प्रेमी का
बाक़ी बचे हैं जो भी अंगूर के बाग़
मसलो उनके किसी भी गुच्छे को
नहीं है रस की एक भी बूँद
ख़ून केवल ख़ून
शंस-इ-तब्रीज़ तुम्हारा ख़ून...

बताओ साकी बताओ
कहाँ है मक्का का रास्ता
कहाँ सूख गया है ज़मज़म का जीवनदायी जल
काबा हो गया है मानो चोटी
कोढ़ी दुनिया से किनारा कर गया है कुरान

बन गया है हक़ीक़त
कोर्निया में बुरा सपना

जंगलों में शेरों की फ़ौज
नगर-राज्य रह गये हैं हड्डियों का ढेर
केवल मुर्दों की दुर्गन्ध

अल्ला हो अकबर
क्या हैं हम
महज़ तुम्हारे शतरंज के प्यादे
नहीं तो और क्या हैं हम
महज़ तुम्हारी साँस की बाँसुरी
नहीं तो और क्या हैं हम
महज़ तुम्हारी बयार में फड़फड़ाते झण्डे

जब काटे जाते हैं
एक और माँ के स्तन
जब एक और शिशु
पटक दिया जाता है ज़मीन पर
मंगोल राक्षसों के राज्य में
बताओ कहाँ है तलवार
मुस्तफा ने दी थी जो
अम्नो चैन की तलवार
भाइयो रोक दो नमाज़
बताओ कहाँ हुआ है क़त्ल मेरे आशिक का
कहाँ गाड़ दिये गये हैं उसकी आँखों के सूर्य
और शायरी के शहद से लबालब भरा हृदय कुम्भ

ओ रूमी को पागल कहने वाले संसार
बाक़ी है अभी तुम्हारे हिस्से का नर्क
गुम हो गया मेरे हिस्से का स्वर्ग

वह स्वर्ग था शंस की आँखों के कोनों में
मेरी तईं वही था मेरा पति
बालक बन स्तन पान किया था उसने मेरा
वही था मेरे मौन सपनों की आवाज़
मक्का था उसके साथ
मदीना था उसके पास
मुस्तफा उसके दिल में

कहाँ था लिंग हमारे प्रेम में
कहाँ था अंग हमारे प्रेम में
रेगिस्तान में दिशा भूले लोगों को
पानी के नये सोते दिखाने वाले ख़िजर
आओ जहाँ भी हो
बताओ
दिखाओ कहाँ है—

कटघर में गुल बगिया बसाने वाले
बधस्थल को मधुशाला बनाने वाले
ख़ून को मदिरा बनाने वाले
मेरी अस्थियों की मज्जा
मेरे प्रियतम शंस के मांस के टुकड़े

आओ जहाँ भी हो
दरवेश बन्धुओ, हो जाओ वहीं एकत्र
केवल वहीं बाक़ी बचा है मांस
केवल वहीं बाक़ी बचा है मधु
केवल वहीं बाक़ी है कविता।

रिक्यू

एक युग है यहाँ हर एक क्षण
चेरी के बाग़ों से आता मलय पवन

ला रहा है पुनः
जाते हुए वसन्त की गन्ध
पक्षिगान

चाय-पान के कमरे में
खिला हुआ सूर्यमुखी
हथेली जितना बड़ा
रखा है गुलदस्ते में
(कहाँ हैं, कहाँ हैं इसके
सैकड़ों बन्धु)

कहाँ से आते हैं वे
और कहाँ जाते हैं
मालूम नहीं
चाय-पान के कमरे को
याकि चाय के पात्र को

रिक्यू ने सुना सनसनाते पानी में
अलविदा वसन्त, अलविदा—
कोहरे में गाती चिड़िया

याद आयी उन्हें
कि मरना है रिक्यू को आज
अपने ही हाथों
चक्रवर्ती की आज्ञा के अनुसार

गिरते-पड़ते प्यालों में
उड़ेल ली उन्होंने चाय
उड़ेल लिया हो जैसे अपना जीवन ही
प्रत्येक घूँट में करोड़ों कल्प
और उसके बाद

हर एक हाथ में
ख़ाली एक प्याला
रिक्यू के सिवाय

पटक दिया रिक्यू ने अपना प्याला
ज़मीन पर
'इस शापित प्याले से
न पिए कोई भी'
उसके बाद जो कुछ भी हुआ
घटा एक बिजली की तरह
तलवार, तलवार के प्रतिबिम्ब वाली आँखें
आँखों में प्रतिबिम्बित आँखें
रक्त का फुहारा
करोड़ों बुद्ध
करोड़ों कल्प

अब भी चमकते हैं वे
बिजली सी तलवार
रक्त जैसी चेरी।

रिक्यू एक मशहूर चाय प्रवीण था। वह जापानी सम्राट हिदायोशी का गुरु था। एक बार हिदायोशी को शक हो गया कि रिक्यू उसे मार डालने का षड्यन्त्र कर रहा था। उसने रिक्यू को मृत्यु दण्ड दे डाला। परन्तु सम्राट अब भी उसका सम्मान करता था। अतः उसने आज्ञा दी कि रिक्यू स्वयं ही हाराकिरी कर ले। रिक्यू ने इसे निस्संग भाव से स्वीकारा। हाराकिरी करने से पहले उसने एक चाय-समारोह का आयोजन किया।

विजेन्द्र का कविता-संसार

राजाराम भादू

विजेन्द्र का पहला कविता संग्रह 'त्रास' सन् 1964 में प्रकाशित हुआ। किन्तु इस संग्रह की काव्य-जगत में पर्याप्त चर्चा नहीं हुई। विजेन्द्र के अब तक के रचनाकर्म और तत्कालीन स्थितियों एवं प्रवृत्तियों को समग्रता में देखने पर इसके कारण पता किये जा सकते हैं। 1964-65 का समय हिन्दी कविता में आधुनिकतावाद के उत्कर्ष का काल था। निराला ने कविता-धारा को जो ऐतिहासिक मोड़ दिया था उस धारा को ही अवरुद्ध करने के प्रयास किये जा रहे थे। अज्ञेय और 'परिमल'-समूह व्यक्तिकेन्द्रित नयी कविता और प्रयोगवाद का झण्डा लिए चल रहे थे। इधर अराजकतावादी युवा कवि अकविता की वकालत कर रहे थे। कविता में विशिष्टता और उक्तिवैचित्र्य का बोलबाला था। ऐसे समय में निराला द्वारा प्रस्यूत प्रगतिशील परम्परा को समृद्ध करने वाले कवि अल्पसंख्यक होकर रह गये थे। यह अलग बात है कि कम संख्या में होते हुए भी इन्होंने आधुनिकतावाद की रुग्ण-प्रवृत्तियों से टक्कर ली। इसी वस्तुस्थिति को रेखांकित करते हुए केदारनाथ अग्रवाल के काव्य-संकलन की समीक्षा करते हुए शमशेर बहादुर सिंह ने लिखा : 'इस (प्रगतिशील आन्दोलन) में पन्त, निराला, नरेन्द्र, सुमन और कुछ लोक कवियों के बाद जो चार कवि दृढ़ता से बराबर जनता के मनोबल में विश्वास रखते हुए अपना नाता उसकी आन्तरिक रचनाशील शक्तियों से जोड़े रहे, वे मात्र केदारनाथ अग्रवाल, त्रिलोचन, मुक्तिबोध और नागार्जुन थे। शेष सभी कवि व्यक्तिगत साधनाओं की ओर उन्मुख होकर साहित्य की प्रगतिशील धारा के लिए खो गये। ऐसे माहौल में किन कवियों को मान्यता मिल सकती थी, सहज ही अनुमान किया जा सकता है।' (फूल नहीं रंग बोलते हैं, समीक्षा, 'आलोचना' जु.सि. 1967)।

आज जब जनवादी-प्रगतिशील कविता ने पुनः अपनी केन्द्रीय स्थिति ग्रहण कर ली है और त्रिलोचन, नागार्जुन, केदार व मुक्तिबोध को व्यापक मान्यता मिल चुकी है तो उन कवियों पर भी ध्यान जाना स्वाभाविक है जो इन चार कवियों की पिछली पाँत में खड़े थे। समकालीन जनवादी-प्रगतिशील कविता के उभार को 1975 के आस-पास से जोड़कर देखा जाता है। किन्तु ऐसे अनेक कवि हैं जो इससे पहले दशकों में प्रगतिशील परम्परा और इन बड़े कवियों से जुड़कर रचनारत रहे हैं। आधुनिकतावादी-अकवितावादी माहौल में तो इन्हें क्या बड़े कवियों को भी नज़रअन्दाज़ कर दिया गया लेकिन अब सतत प्रवहमान प्रगतिशील परम्परा को रेखांकित करते समय उनके महत्त्व को समझना होगा। साथ ही इनकी कविता में उन प्रवृत्तियों की पहचान करनी होगी जो उक्त परम्परा से इनकी सम्बद्धता को दर्शाती हैं। विष्णुचन्द्र शर्मा, कुमारेन्द्र पारसनाथ सिंह, विजेन्द्र और अरुण कमल जैसे कवि त्रिलोचन, केदार, नागार्जुन और मुक्तिबोध की बिल्कुल पिछली पाँत के कवि हैं।

विजेन्द्र के 'त्रास' संकलन की कविताओं का महत्त्व इसी परिप्रेक्ष्य में है। पश्चिम की रुग्ण-प्रवृत्तियों के स्थान पर स्थानीयता का गहरा बोध, व्यक्तिकेन्द्रित विशिष्टता के स्थान पर जनजीवन का प्रतिबिम्बन, महानगरीय नकली परिवेश की जगह श्रम और संघर्ष की महत्ता और उक्तिवैचित्र्य के बजाय सृजनशील लोकभाषा जैसी विशेषताएँ इन कविताओं का महत्त्व बताती हैं। अपरिपक्व रूप में होते हुए भी ये विशेषताएँ प्रगतिशील धारा से गहरा रिश्ता रखती हैं और विजेन्द्र की कविता में इनका उत्तरोत्तर विकास होता गया है।

विजेन्द्र की कविता वर्जित प्रदेशों में प्रवेश करती है। वे देखते हैं–

आदिम पठारों पर
घूमते हैं
बंजारे और घोसी
उनके बदन नंगे और काले हैं
जो धूप में तपकर सख़्त हो गये हैं।

विजेन्द्र कृषक जीवन को अपनी कविता का प्रमुख कथ्य बनाते हैं–

बसन्त के बाद
अन्न पकते छोर से देखा

तो खेत चौखूँट भरे थे
प्रत्येक पौधा
कुछ सहज उन्नत था

प्रकृति का सूक्ष्म-अवलोकन आरम्भ से विजेन्द्र की कविता का अनिवार्य तत्त्व है।

कच्ची दीवार में दरारें पड़ गयी हैं
और थोड़ा सा प्रकाश पाकर
नन्हे-नन्हे घास के सफ़ेद फूल
हवा में
लहक रहे हैं।

चित्रात्मकता इन कविताओं की प्रमुख विशेषता है। वे जीवन के समान्तर एक मूर्त्त संसार प्रस्तुत करते हैं। आरम्भ की इन कविताओं में दृश्यचित्र पर अधिक ज़ोर है जो उत्तरोत्तर अधिक कलात्मक होता गया है। किन्तु जैसा कि कहा गया है—महत्त्व इन तत्त्वों के अस्तित्व का है जो विकास पाते हैं। इनका अस्तित्व ही उस समय इस कविता की उपेक्षा का कारण रहा क्योंकि वह प्रगतिशीलता के घोर नकार का युग था।

'त्रास' के पश्चात लगभग 15 साल के अन्तराल के बाद विजेन्द्र का दूसरा कविता संग्रह, 'ये आकृतियाँ तुम्हारी' 1980-81 में प्रकाशित हुआ। इसके अगले ही वर्ष विजेन्द्र का तीसरा काव्य संकलन 'चैत की लाल टहनी' प्रकाशित हुआ और इसी प्रकाशन-क्रम में 1983 में उनकी लम्बी कविताओं का एक अन्य संग्रह 'उठे गूमड़े नीले' प्रकाशित हुआ। इस तरह देखने पर विजेन्द्र का अधिकतर काव्य इस दशक के आरम्भिक वर्षों में ही सामने आया है। किन्तु हिन्दी के सुधी पाठक इससे अवगत हैं कि विजेन्द्र छठे दशक से अब तक सृजनरत रहे हैं और उनकी कविताएँ विभिन्न साहित्यिक पत्र-पत्रिकाओं में पाठकों का ध्यान आकर्षित करती रही हैं। इन संकलनों के आने से पूर्व ही विजेन्द्र की कविता अपनी अलग पहचान कायम कर चुकी थी; साथ ही इसने कई काव्य-विवादों को भी जन्म दिया था।

विजेन्द्र के इन काव्य-संकलनों की कविताओं से गुज़रने पर पहली बार जिस बात पर ध्यान जाता है—वह इनकी विविधता है। समकालीन कवियों में से ऐसे कवि बहुत नहीं हैं जिनकी कविता कथ्य और रूप दोनों ही दृष्टियों से विजेन्द्र

की कविताओं की भाँति विविध हों। यद्यपि कुछ विशेषताओं को तो ये सभी कविताएँ समान रूप से समाहित किये हुए हैं।

प्रगतिशील काव्य-परम्परा की ही नहीं बल्कि किसी भी देश की श्रेष्ठ कविता की विशेषता उसकी नेटिविटी अर्थात् स्थानीयता है। इसी से किसी देश की कविता का चरित्र बनता है। निराला और टैगोर का काव्य दोनों इसी अर्थ में भारतीय हैं। बिना उत्तर-भारत के लोकजीवन का चित्रण किये निराला और बंगला लोक जीवन को चित्रित किये बिना टैगोर इतने बड़े कवि कैसे हो सकते थे। हमारे दूसरे बड़े कवि नागार्जुन, त्रिलोचन, केदार स्थानीयता के बल पर ही अपना वर्तमान स्थान बना सके हैं। विजेन्द्र ने अपनी परम्परा से यह सीखा है। स्थानीयता उनकी कविता को चरित्र प्रदान करती है। बिना स्थानीयता में गहरी जड़ें जमाये कोई कविता क्षेत्रीय सीमाओं का अतिक्रमण नहीं कर सकती। स्थानीय रंगत कविता की पहचान कायम करती है।

विजेन्द्र की कविताएँ बृज अंचल, मेवात की धरती और डांग क्षेत्र के ऊबड़खाबड़ प्रदेश का पाठक से परिचय कराती हैं। उनकी कविता में गाँव सिर्फ़ गाँव नहीं होता, उसका नाम होता है। फूल-फूल न होकर करील का फूल होता है; वृक्ष वृक्ष भर न होकर बबूल होता है; फ़सल सरसों या गेहूँ की होती है और खेत बंजर या हरे-भरे होते हैं। इसीलिए उनकी कविता अमूर्तन के कुहासे से बची रही है। उसमें दृश्य-बिम्बों की लम्बी श्रृंखलाएँ हैं। स्थानीयता के गहरे बोध का अर्थ यह नहीं है कि वे स्थानीय कवि होकर रह गये हैं। विजेन्द्र स्थानीयता और विश्वजनीनता के द्वन्द्वात्मक सम्बन्ध को समझते हैं। उनकी परिपक्व विश्व-दृष्टि उनकी कविताओं में झलकती है। सकारात्मक परिवर्तन की वैज्ञानिक चेतना स्थानीय चित्रण को धरातल प्रदान करती है। यह सब लोक-सम्बद्धता और परिवेश की यथार्थ-समझ का परिणाम है।

बिना जीवित चरित्रों के स्थानीयता पूर्ण नहीं होती है। कविता कैसे चरित्रों को उभारती है—इस पर कविता की भूमिका मूलतः निर्भर है। निराला का परवर्ती काव्य स्थानीय चित्रण और लोक-चरित्रों से आपूरित है। नागार्जुन, केदार और त्रिलोचन की कविता में अनेक जीवन्त चरित्रों ने जगह पायी है। विजेन्द्र की कविता में अनेक चरित्र उभर कर आते हैं। कविता परिवर्तन की दिशा को संकेतित करती है, उसके लिए पृष्ठभूमि का निर्माण करती है। यह परिवर्तन निम्न वर्ग-किसान मज़दूरों का हरावल-दस्ता करता है। विजेन्द्र ने निम्न वर्ग के किसानों, मज़दूरों को अपनी कविता के कथ्य-रूप में चुना है। श्रमरत कृषक-जीवन,

घोसी-बंजारे और कंजरों जैसी जनजातियों, मोची-भंगी जैसी निम्न जातियों के स्त्री-पुरुष चरित्रों ने विजेन्द्र की कविता में स्थान पाया है। कहीं कृषक जोत-बो रहे हैं; खेतों को सींच-काट रहे हैं, कहीं लड़ रहे हैं और कहीं मार खा रहे हैं। घोसी भैंस चरा रहे हैं; बंजारे-भील गा-बजा रहे हैं। 'गंगोली' और 'तस्वीरन अब बड़ी हो चली' जैसी स्त्री पात्र-प्रधान कविताएँ हैं। ये सम्पूर्ण चरित्र हैं—खण्डित और अधूरे नहीं। समाज के अनेकानेक सन्दर्भ इन चरित्रों के इर्द-गिर्द गुँथे हुए हैं। श्रम और संघर्ष इनके जीवन का अविभाज्य हिस्सा है। इनकी चेतना अनवरत विकसित हो रही है।

निम्नवर्ग का चरित्र-चित्रण उनकी वर्गीय चेतना को समझे बिना सम्भव नहीं है। अक्सर अनेक कवि इस वर्ग को अपनी मध्यवर्गीय मानसिकता के रहते देखते आये हैं। परिणामस्वरूप इनके द्वारा उभारे हुए चरित्र एकांगी और अस्वाभाविक हैं। निराला द्वारा सृजित चरित्र दूसरे छायावादी कवियों से इसीलिए भिन्न और अधिक सजीव हैं क्योंकि इन्होंने मध्यवर्गीय मानसिकता का अतिक्रमण किया है। नागार्जुन, त्रिलोचन, केदार की कविता कृषक-मज़दूरों का बख़ूबी चित्रण इसीलिए कर पाती है क्योंकि इन्होंने स्वयं को मध्यवर्ग की सीमाओं से मुक्त कर लिया है। काव्यबोध के स्तर पर यह वर्गान्तरण प्रगतिशील परम्परा की अनिवार्य शर्त है। विजेन्द्र ने इस शर्त का निर्वाह किया है।

कविता में जब जीवन की समग्र अभिव्यक्ति होती है तो प्रकृति कविता में अपना स्वाभाविक स्थान ग्रहण कर लेती है। लोक जीवन प्रकृति रहित नहीं है। हमारे महादेश की अधिकतर आबादी गाँव में रहती है; इसका अधिसंख्य हिस्सा निम्न स्तर का जीवनयापन करता है। इस बहुसंख्यक जन को और ग्राम्य-जीवन को कथ्य के रूप में चुनने वाला कवि प्रकृति के महत्त्व को नकार नहीं सकता। विजेन्द्र ने कविता में प्रकृति को उसका अपेक्षित स्थान प्रदान किया है। विजेन्द्र की कविता में प्रकृति न तो प्रभाववादियों की प्रकृति की भाँति मनुष्य-रहित है और न ही वे छायावादियों की तरह प्रकृति की दुनिया में पलायन करते हैं। उनकी कविता में प्रकृति लोकजीवन का अटूट हिस्सा बनकर आयी है। वे प्रकृति और मनुष्य के द्वन्द्वात्मक सम्बन्ध को समझते हैं। मनुष्य का प्रकृति से सतत द्वन्द्व है तो साहचर्य भी। लोक और प्रकृति निरन्तर एक-दूसरे को प्रभावित करते हैं। विजेन्द्र की कविता लोक और प्रकृति की परस्परता को दर्शाती है; प्रकृति के ध्वंस और निर्माण को चित्रित करती है। प्रकृति परिवर्तन के सूत्रों का सम्बन्ध श्रम और संघर्ष से जोड़ती है। इनकी कविता में इन सब पक्षों के विरोधों का सामंजस्य

प्रस्तुत है। वहाँ केवल प्रकृति के मनोरम दृश्यों को स्थान नहीं है। ऋतु-परिवर्तन से लोक-जीवन कैसे प्रभावित होता रहता है—यह सब है। बाढ़ और सूखा प्रकृति के रूप हैं—व्यवस्था और संगठन मनुष्यकृत हैं। इन सबको जोड़कर ही यथार्थ का बहुआयामी चित्र रचा जा सकता है। विजेन्द्र की कविता प्रकृति को इसी रूप में ग्रहण करती है।

विजेन्द्र की कविता भाषा-प्रयोग को लेकर समकालीन कविता में काफ़ी विवादास्पद रही है। भाषा का कथ्य से सीधा सम्बन्ध है। जब कवि निम्नवर्ग को कथ्य के रूप में चुनता है तो उसके लिए भाषा की सीमाओं को भी लाँघना होता है। निराला ने छायावादी प्रवृत्तियों से जैसे-जैसे यथार्थ की ओर प्रयाण किया; छायावाद की भाषा पीछे छूटती गयी और जिस भाषा ने इसका स्थान ग्रहण किया—वह थी लोक भाषा। नागार्जुन, त्रिलोचन और केदार की कविता में लोकभाषा ने यथार्थ के आधार पर ही जगह बनायी है।

विजेन्द्र मानते हैं कि जिस समय रचनाकार यथार्थ से साक्षात्कार करता है उसी समय वह भाषा के प्रश्न को सुलझाता है। इसीलिए भाषा और यथार्थ में अन्तःसम्बन्ध और अन्तर्निर्भरता है। प्रगतिशील कवि मध्यवर्ग के दायरे को तोड़ता है। मध्यवर्ग के अनुभव सीमित होते हैं—उसकी मानसिकता भिन्न होती है। सामान्य जन-जीवन से जीवित सम्पर्क स्थापित करने पर कवि के समक्ष एक नया अनुभव संसार खुलता है। किन्तु यह तभी सम्भव है जब कवि का इन्द्रियबोध तीव्र है। अन्तर्मुख कवि बाह्य के प्रति वैसे ही संकुचित होता है जैसे कछुआ अपनी खाल में छुपा रहता है। इन्द्रियबोध का क्षय अनुभव की दृष्टि से कवि को दरिद्र करता है। इन्द्रियबोध का क्षय विषयवस्तु को तो सीमित करता ही है, भाषा की सीमा भी स्पष्ट कर देता है। कवि रूप, रस, गन्ध, स्पर्श और शब्द का पूरी क्षमता से उपयोग करे। आँखें यदि सामने फैली प्रकृति, जीवन-क्रिया व्यापारों को देख सकें, कान मनुष्यों के बीच नये सम्प्रेषणों, नये शब्दों, ध्वनियों, प्रकृति और जीवन के बीच के संगीत को सुन सकें तो भाव और भाषा दोनों समृद्ध होते हैं।

खड़ी बोली हिन्दी बहुत कम लोगों की व्यवहृत भाषा है। अधिसंख्य जन हिन्दी की बोलियों को अपने दैनंदिन कार्य-व्यापार में अपनाते हैं। विजेन्द्र ने इसी जीवन्त भाषा से अपनी कविता का मुहावरा रचा है। वे भाषा और बोली के अन्तःसम्बन्ध को समझते हैं। जनभाषा में ही लोक-जीवन समग्रता से चित्रित हो सकता है। इस भाषा में सृजन की अनन्त सम्भावनाएँ हैं।

जो सम्बन्ध कथ्य और भाषा का है—वैसा ही द्वन्द्वात्मक सम्बन्ध कथ्य और रूप के बीच भी है। निराला ने 'कविता की मुक्ति' की घोषणा की। निराला की परवर्ती कविता कविता की मुक्ति के क्षेत्रों का प्रमाण देती है। कथ्य की दृष्टि से व्यापक लोक जीवन का चुनाव, लोकभाषा का चुनाव, छन्दों के रूढ़िगत ढाँचे से मुक्ति और सबसे ऊपर आभिजात्य और मध्यवर्गीय सौन्दर्यबोध से मुक्ति—ये निराला की कविता हमें बताती है। त्रिलोचन, नागार्जुन, केदार ने इस मुक्तियात्रा को आगे बढ़ाया है। विजेन्द्र ने अपने लिए भी यही राह चुनी है।

शिल्प कथ्य का अनुकरण करता है। विजेन्द्र की कविता भू-दृश्य, चरित्र और संवादों को उभारती चलती है—इन्हीं के बीच कभी-कभार कोई टिप्पणी निकल कर आती है। यह टिप्पणी ही कवि के विचार का कविता में प्रतिनिधित्व करती है—किन्तु अनुभवजन्य और चेतना-सम्पन्न यह विचार—लगता है पता नहीं कब से लोकजीवन में छुपा पड़ा है। विजेन्द्र की यह विशेषता कमोबेश त्रिलोचन की कविता से मेल खाती है।

विजेन्द्र की कविता दो तत्त्वों से घुलमिल कर रची हुई है। एक उसक यथार्थ का प्रकृत स्तर है—जिसके अन्तर्गत भूदृश्य, चरित्र, मनुष्य और प्रकृति के कार्य-व्यापार, संवाद सब जैसे के तैसे आते हैं। इसका दूसरा स्तर रूमानीपन है अर्थात कवि द्वारा अपेक्षित संसार है। यह विचार द्वारा निर्मित है—भाव संवेदना-सम्पन्न है। यह यत्र-तत्र चित्रों, चरित्रों और संवादों के बीच स्थान ग्रहण करता रहता है। कहा जाता है कि श्रेष्ठ कविता में कथ्य, भाव और विचार अविच्छिन्न रूप से समाहित रहते हैं। विजेन्द्र की कविता में इन्हें पृथक करना मुश्किल है। विजेन्द्र की ये विशेषताएँ उनकी कविताओं में समान रूप से पायी जाती हैं। यद्यपि उनकी लम्बी कविताओं में 'जनशक्ति', 'कठफूला बाँस' और 'टूटती हैं किरणें' तथा 'उठे गूमड़े नीले', 'तसवीरन अब बड़ी हो चली' और 'उगा मेंड़ पर कुकुरभांगरा' के बीच भाषा व शिल्प के आधार पर अन्तर देखा जा सकता है। किन्तु इस अन्तर का कारण लयात्मकता की ओर कवि का बढ़ता रुझान ही अधिक लगता है।

यह पूर्व में कहा जा चुका है कि सौन्दर्यबोध कविता को हर स्तर पर प्रभावित करता है। शिल्प भी कवि की सौन्दर्य चेतना से प्रभावित हुए बिना नहीं रह सकता। विजेन्द्र ने लोक-भाषा में मुहावरे और प्रवाह को अपनाया है; वे लोक-जीवन के सौन्दर्यात्मक पक्ष को प्रस्तुत करते हैं। उनकी कविता ने श्रमरत, क्लान्त किन्तु सुडौल स्त्री-पुरुषों को महत्ता प्रदान की है। यह वास्तव में श्रम,

निर्माण और परिवर्तन की ओर संघर्ष-क्षमता की ही महत्ता है। इसीलिए करील, सरसों और बबूल के फूल तथा बर्रू और कुकुरभांगरा विजेन्द्र की कविता में महत्त्वपूर्ण स्थान पाते हैं। यह आभिजात्य सौन्दर्यबोध नहीं है—यह लोक की सौन्दर्य चेतना को आत्मसात् कर लेना है। इसीलिए कवि यथार्थ के स्थिर चित्र मात्र प्रस्तुत करके नहीं रह जाता बल्कि वह इसकी गतिमयता को व्यक्त करता है, क्रियाओं और ऊर्जा को गौरवान्वित करता है जो परिवर्तन व विकास का आधार है।

प्रेम को सौन्दर्य का प्रमुख तत्त्व माना गया है। विजेन्द्र की कविता में प्रेम प्रमुखता रखता है। किन्तु यह रीतिवादी कवियों जैसी भोगविलासी दृष्टि से नहीं दर्शाया गया; न ही छायावादियों जैसा आदर्श प्रेम है। अकवितावादियों की तरह विजेन्द्र इसे हेय भी नहीं मानते बल्कि इसे जीवन की रागात्मकता का स्रोत मानते हैं। वे स्वस्थ और ताज़ी दृष्टि से प्रेम की अभिव्यक्ति करते हैं। यह लोक-जीवन में व्याप्त प्रेम है। इसके पात्र परिवर्तित होते रहते हैं। प्रेम जीवन को और जीवन प्रेम को प्रभावित करता रहता है। प्रेम श्रम और संघर्ष का सम्बल है। प्रेम वस्तुजगत को नकारता नहीं बल्कि विजेन्द्र की कविता में वह इसे समूचा स्वीकारता है।

ऐसा नहीं है कि विजेन्द्र की सीमाएँ नहीं हैं। प्रगतिशील तत्त्वों का कविता में सहज निर्वाह कविता की विशेषता बन जाता है किन्तु इन तत्त्वों के प्रति अतिरिक्त आग्रह कवि की सीमा हो जाता है। विजेन्द्र की कविता में यह सीमा यदा-कदा परिलक्षित होती रही है। विजेन्द्र इसके प्रति सजग रहे हैं और उनकी बाद की कविता इसे प्रमाणित करती गयी है। लोकभाषा के प्रयोग को लेकर यह परिवर्तन उनकी इधर की कविता में परिलक्षित होता है।

विजेन्द्र की कविताएँ

साबिर का घोड़ा

गिनता हूँ टापें घोड़े की
बहुत दूर से सुन पड़ती हैं।
तेज़ धूप में
भरे खचाखच आते
जनपद वासी
लदे-फँदे ताँगे में
सिर-पर-सिर ठुँसे बोरियों से
फिर भी बड़े मज़े से
गाते बतलाते
अपने दुख-सुख।

तेज़ धूप है
आँती आकर
पीट रहा घोड़े को साबिर
दाँत पीसता
गाली देता
मेरा परिचित
जाना पहचाना
पास भरतपुर गाँव पीपला
खड्डे से में बसा हुआ है

कुछ ढीला
कुछ उकसा सा।

सुनता हूँ
टंकार लोह की
जब पड़ती टाप सड़क पर
जम कर पूरी
बज उठती है नाल लोह की।

जब-जब मिलता साबिर
हँसकर मन की बात बताता
घोड़े को कहता, 'अरे सिकन्दर
बढ़ चल
बढ़ चल
अभी खेप करनी हैं सारी'
खुली पीठ
कोड़ा चटकाता।

पहने चटकीला तहमद
सिर पर चौखानी साफी
लटक रहा ताबीज़ गले में
दाँतों में मिस्सी की रेखें।
हँसता जब
बत्तीसी खिल जाती
दाने अनार के जैसे।
कड़क बोल हैं
अच्छी सेहत
घोड़े को रखता चिकना-चुपड़ा
देता है पूरा रातिब।
बाँध गले में इन्द्रधनुष के पट्टे
लगता है

अन्दर-ही-अन्दर
दाँवपेंच खेले
हारे हैं जीवन के सट्टे।
कभी-कभी गाता गाने ब्याह लग्न के
सुनती बड़े चाव से
बूढ़ी काकी
नयी दुलहनें ढके बदन जो
मन-ही-मन
लम्बे घूँघट में सकुचातीं
जरी वसन में लिपटी
रस लेतीं।

धन्य भाग ऐसे जन को

साबिर का घोड़ा
कुम्मैती
कुछ-कुछ भूरा चित्ती गर्दन पर
सतर बनौती
अक्सर कहता उसको
बड़े प्यार से 'बड़ा सिकन्दर'
इसी प्यार में जड़ देता
ऊपर से चाबुक।

दुलकी भाग पोइया भागा
फिर भरी चौकड़ी
बात हवा से करता
मन में साहस जागा।

साबिर की आँखों में
अजब रंग है
अपने होने का

इतना अलबेला
बस बखत तंग है।

कहता है
जब भी मिलता
दिन-रात पीट कर हाथ-पाँव
फिर भी नहीं गुज़ारा।

अपनी तो भली चलाई
फाका मस्ती में कट जाती
लेकिन कैसे देखूँ
'बड़ा सिकन्दर' भूखा भागे-दौड़े
उस पर भी खाये कोड़े।

उसके ही बल जीता हूँ
हाथ पाँव है मेरा वह
दिल की धड़कन।

साबिर जब छोटा था
बाप छोड़ गया
अधेड़ थी माँ
बस पहला बालक था
सोचा कैसे कट पायेगी भरी जवानी
नूरी में
ज्ञान का कल्ला फूटा।
आते-जाते
सब लखते परचाते
आस-पड़ोस में चर्चा होती
नन्हें मिया अभी जवान थे
आँखों में
भोला कुँआरापन था।

नूरी ने जाना
भूल गयी सब
सोचा गहरे जाकर
कुछ करना होगा।
दोनों ने
आँखों में पढ़ ली
भाषा मन की।

साथ हुआ नूरी का
घर फिर से बस पाया।
नन्हें मिया हुनरमन्द थे,
अच्छे कारीगर
चाहे जैसा ताला हो
उसे खोलते
चाबी नयी बनाते
काट-छाँट कर
नोकें लोहे की

अपना जीवन ख़ूब धकाते।
आस-पास हाट-बाज़ार में
भीड़ लगी रहती
बखत नहीं साँस लेने का
कभी-कभी बड़े ज़मींदार
अफ़सर बुलवाते
नूरी घर-घर चूड़ी पहनाती।
साबिर बड़ा हो गया
धीरे-धीरे घर में बहनें आयीं
भाई आये
जब तब कहा सुनी दोनों में
आँती आये
प्राण अघाये।

खुसुर-फुसुर चलती आँगन में
नन्हें मिया बहुत चाह कर भी
साबिर को
पूरा कभी नहीं
चाह पाये।

नूरी भी कटती साबिर से

डाढ़ ज्ञान की फूटी मन में—
साबिर ताड़ गया
नहीं सटेगी
यहाँ नहीं गुज़ारा होगा उसका।
करके साहस
शहर आ गया।
लौहसारी में लगा काम से।
धौंकनी धौंकी
कोयले दागे
झींके
कच्चे पक्के खनिज गलाये
घन भी पीटा
भारी-भारी औज़ार उठाये।

धीरे-धीरे देखी दुनिया
अपने चारों ओर बड़ी है।
छोड़ वहाँ से रिक्शा खींचा
रात-रात भर
दिन में सोया सुस्ताया।
यों ही गुज़र गये दिन भारी।
मिला बिकाऊ ताँगा उलफत का
थोड़ा पैसा देकर
माँग लिया
किश्तों में। बरस एक में करज चुकाया।

करके घोड़े की घनी कमाई
सब के मन का आदर पाया।
बेच-बाच के छकड़ा
घोड़ा बूढ़ा
चमकीला ताँगा बनवाया।
लाया खोज-बीन कर
कुम्मैती घोड़ा
नाम सिकन्दर ख़ूब चलाया।

तब से अब तक ताँगे से अलग नहीं।
कहता है
'बड़ा सिकन्दर पूत कमाऊ'
नहीं किसी की चिन्ता
अपना घर है
एक कोठरा।
कभी-कभी जब घेर उदासी लेती उसको
एकाकीपन खाता
तन-मन को
रस विभोर हो गाना गाता
फूट रहा हो जैसे
मरु में सोता।
आँखों में आँच प्यार की
पूरा गाँव
लाड़ से 'सबुआ' कहता

उसकी है चिन्ता सबको
कोई ताऊ कोई अम्मा
बहनें भौजी
सब संग के दद्दू
भैया हैं उसके।
सब अपने
फिर भी लगता कोठा ख़ाली-ख़ाली

नीम खड़ा है आगे
टहनी सूख गयी हों जैसे।
लौट शाम को जब भी आता
निबट काम से अपने
खाट बिछाता
धर होठों पर सरल बाँसुरी
लहरें छलकाता
भरी उदासी मन में इतनी
कैसे काटे
कैसे जाने
तर्ज अनोखी बृज की ऐसी
मन हलका हो जाता।

अल्लादी शिल्पी है-1

ठाकुर
ठकुराइन
बना ठाठ है
बैसों का टप्पा
घोड़े हाथी
रथ
नागौड़ी जोड़े संट खड़े हैं

खेल-माल सब बिन पैसों का
देख रहे हैं।
हुक्म उदूली पर
पड़ते कोड़े।

भीड़ उमड़ आती
लोहसारी पड़ने को
अल्लादी धीर बँधाता
सब का

एक आँख
जो धचक गयी फ़ालिज में
कहाँ रहा कस
लड़ने को।

होठ फड़कता बार-बार
टूट गयी पाँख जो
बचपन में
चिड़िया खाकर
आघात चोट का
लँगड़ाती
उसी तरह अल्लादी है
कज है
हाथ पाँव में।

माथे पर
दाग चोट का
दिखा दूर से
नहीं जानता
क्या सज-धज है।

धरी धार
चौड़ाया फाल
गड़ासा चाँड़ा
जीवन का पाठ पढ़ाता
जन को ठाड़ा

अल्लादी शिल्पी है-2

पैदा यहाँ हुआ अल्लादी
बाप भाग कर

आया
आनगाम से
माँ का पेट बढ़ा था।

ठाकुर ने जगह बताई
रहे
पाल तान कर।
जन्मा बच्चा
कल्लन को चाँद उगा था
आसमान में।

फटा अँधेरा
नयी जोति आँखों में
पाला पोसा
बड़ा हुआ
जब लगा धौंकने लौहसारी
ज्ञान जगा
अब्बा बूढ़े
गति पंखों में आयी।

पकड़ सड़ासी कसके
लगा ठोंकने
घन
अंगारे सा लोहा।

उठा वसन्त डालों में
फूल खिले
लहराये
प्यार जगा
जीवन में।
हाथ हुए पीले

गजरे पहनाये
बालों में
दुलहन के।
घर बाहर ध्यान लगाती मन में।

गाम धरमपुर जाना
अल्लादी लुहार है
चढ़वाने को
हल
हँसिया
खुर्पी
कुठार हैं।

अल्लादी शिल्पी है-3

अल्लादी लोहा ढाल रहा है
लौहसारी में
तपा तपा कर
सुर्ख पिण्ड को पीटा
घन से
रूप दिया
जो चाहा
तेज़ धार दी
मन से।
बैठा काल देव
हो रचने को।

आभारी में उसका
दिया रूप
उन भावों को
जो मैंने सँजो धरे
चुपचाप

कभी चयन कर
यों ही
जाने अनजाने
सच्चे मोती बनने को।

समय हुआ
लखते किसान
नहीं किये दाँते पैने
हँसिया में।

फ़सल खड़ी कटने को सिर पै
बोझ काम का
गाज रहा है
ऊपर
मनमाना।

सब की सुन
पी जाता
नहीं अधिक धन पाना
वही छमाही
धौं भर बेझड़।

सड़सी ऊपर नीचे करता
निर्भय
चाहे कोई
कहे
सुने
शिल्पी है
मन का राजा
चाहे जो
धुने बुने।

ऋतुराज की कविताएँ

1. कुल्हाड़ी

कुल्हाड़ी के भीतर छिपा भय है
उसकी धार मेरी अहिंसा का क्षितिज
जहाँ अभी-अभी डूबा है सूरज

पेड़ काटो या आदमी
कुल्हाड़ी तुम्हारी निर्ममता और कायरता की
निशानी है
कन्धे पर ऊँची उठी
फूले बाँसे में फँसी कुल्हाड़ी
बर्बरता का आक्रमण है सभ्यता पर

लेकिन आम के पेड़ ने इस बार
पूरा बौरा कर उसे चुनौती दी है
मज़ाक़ उड़ाया है उसके ओछेपन का
ले काट सके तो काट
तेरी ख़ून से सनी ज़बान को
मैं किसी क्रूर सुन्दरी के होठों की तरह
गुलाबी रस से सराबोर कर दूँगा...

तिरछी मुस्कान है कुल्हाड़ी की
ऐसा बाँकपन जो हर किसी की जान ले ले

पक्के लोहे की सुडौल देह
और कठोर फँसता हुआ बाज़ूबन्द
लकड़ी ने उसकी फ़िगर निखारी
पर वह इतनी कृतघ्न कि लकड़ी की ही
खिल्लियाँ उड़ा दीं

धार कुल्हाड़ी में थी छिपी कोई चन्द्रकिरण
उसने खिड़की से मुझे झपट लिया
छील दिया घास की तरह

तुम्हारे हाथ से तो बहुत पहले ही
छूट गयी है कुल्हाड़ी
इस कुल्हाड़ी के भीतर कभी का मर चुका है
तुम्हारा हाथ
अब पूछते हो किसे काटूँ किसे काटकर बनाऊँ सुन्दर??...

पृथ्वी एक फाँक थी
जो मुझे बँटवारे में मिली
जिसकी छाती पर टिकी थी एक कुल्हाड़ी

मुझसे कहा गया
तू कर इससे वार या ले अपने आप को मार
पहले से ही बनी थी इस कुल्हाड़ी की धार
पहले से ही तिरछी हुई रखी थी
यह पृथ्वी की छाती पर

मेरे मन में जन्म लेने का बहुत बोझ था
और मैं न मरना चाहता था न किसी को मारना
वे लोग आपस में मर-कट के चले गये थे
और मुझे जीवित रहने के लिए

विरासत में दे गये थे एक फाँक पृथ्वी
और उस पर टिकी यह कुल्हाड़ी...

खजूर ने देखा
कुल्हाड़ी उसके पाँव को काटे जा रही थी
बया के घोंसले के झरोखे से देखा नन्हे बच्चों ने
अरे, यह कैसा अन्याय! अभी तो जन्म लिया
और अभी मरने चले!!

लेकिन कुल्हाड़ी को छानी थी
आज ही एक झोंपड़ी खजूर के लट्ठे की
कुल्हाड़ी में इतनी-सी ही तो बुद्धि है
कि ढेर सारे घर उजाड़कर
बनाती है एक घर

एक छोटा-सा घर
जिसके अँधेरे कोने में फाँसी पर चढ़ी होगी
वह हत्यारी कुल्हाड़ी...

2. भूख

काली रात का गूँजता सन्नाटा
और मैं टोपे के भीतर सिमटा
फ़सल की चौकसी कर रहा हूँ

भारी पाँवों के रौंदने की आवाज़ आती है
कई चमकीले तारों की तरह
जलती हुई आँखें दिखाई देती हैं
मैं चीख़ता हूँ अँधेरे में
गहरे स्याह खेत की तरफ़ मुँह करके—
भागो-भागो सारी फ़सल चरे जा रहे हैं जंगली पशु

अगर सब कुछ उन्होंने खा लिया
तो मालिक को क्या हिसाब दूँगा?

मैं अँधेरे में उनकी तरफ़ दौड़ता हूँ
और पास जाने पर देखता हूँ
पशु नहीं आदमी हैं
वे भूख से पगलाये फ़सल नोचकर भकोस रहे हैं...

3. थैला

एक छोटे-से थैले में
इस दुनिया के कुछ सुख
बटोरने की कोशिश की है
अत्यन्त आशावान होकर
मैं इसे हाथ में झुलाता चल दिया बाज़ार

आज इसमें भर लूँगा
अपनी गिरस्ती के लिए
बहुतेरे तोफे नायाब
लेकिन लौटते लौटते जेब बिल्कुल ख़ाली
और थैले का पेट तो क्या
पेंदा भी नहीं छुआ
क्या ख़रीदा था ऐसा
सोना-चाँदी सच्चे मोती
कि बिल्कुल भी भार नहीं भराव नहीं?

साब, शायद इस थैले में छेद हैं अनगिनत
चीज़ों का सत्त रिसकर निकल जाता है
बोफर्स जितने बड़े छेद तो नहीं हैं
फिर कौन चाट जाता है इसका पेंदा?
देश तो नहीं है यह थैला

मेरे वास्ते एक छोटा-सा न्याय है
जेब के आदेश का
मैं कोई न्यायाधीश भी तो नहीं
जो दस हज़ार पगार लेकर ही करूँ
उच्च फ़ैसला
बेहतरीन क़िस्म के हैंडल नहीं लगे हैं इस थैले में
ग्वालियर के राजा की बरात में
तो दिखाना नहीं था
इस थैले के दोनों गालों पर
जड़े नहीं हैं हीरे पन्ने
मेरे कुटुम्ब का छोटा-सा द्वीप है यह
भरे नहीं हैं जिसमें मूँगे
फिर कौन शासक आयेगा इसके भीतर झाँकने?

साब, इस थैले में प्रान्तीय सरकार को
उलटने की खुफ़िया चिट्ठी भी तो नहीं
उलटकर देख लें हेरोइन नहीं है
और न स्विस बैंक के कोड नम्बर हैं इस में

इसे मैं सरेबाज़ार निरापद झुलाता
घूमता रहा
किसी ने नहीं कहा कि बाबू के भेस में
यह किसान चला आया है
कमीशनरी का घेराव करने
शायद सबको ख़बर है
जो पिटे हैं और जिन्होंने पिटवाया है
कि ख़ाली थैला लिए निकलेगा यह
इसे अहसास होना चाहिए—
अभाव की साहसिक यात्रा से गुज़र रहा है देश
अकाल है पर इतना दारुण नहीं

कि वन्यजीवों को देखकर
आनन्दित न हो सकें गुणीजन

शट अप!! थैले में रेत भरकर
क्यों लौटा है इतनी देर??
साब, इतने से रुपयों की रेत बनाने में भी
बहुत मुश्किल हुई
मैं सकुशल थैला लटकाये लौटा हूँ बाज़ार से
मुझे भारत रत्न मिलना चाहिए...

जो लिखा व्यर्थ था, जो नहीं लिखा अनर्थ था

मगध की कविताएँ और मगध पर समीक्षाएँ

भृगुनन्दन त्रिपाठी

सातवें दशक का आरम्भ होते-होते 'कला मूल्यों के लिए संघर्ष' करने वालों का वास्तविक चेहरा स्पष्ट हो चला। 'कला मूल्यों की रक्षा' के नाम पर उन्होंने कविता ही नहीं, साहित्य की दूसरी विधाओं को भी दिग्भ्रमित करने की कोई कोशिश उठा नहीं रखी। ये पतनशील रचनाकार थे। साहित्य सृजन में उत्तरोत्तर बढ़ते यथार्थवादी आग्रह, वस्तून्मुखता, सामाजिक चिन्ता तथा चिन्तन व विचारणा में इतिहास की सीधी दखलन्दाज़ी से उत्पन्न एक नयी नैतिकता और अनुशासन ने इन्हें पस्त कर दिया। इन रचनाकारों की सफ़ेदपोश कला चेतना और निष्प्राण सौन्दर्यबोध लाचार हो चले। इन्हें अपनी व्यक्तिवादी विशिष्टता पर घहरते संकट के रूप में आता ख़तरा दीख पड़ा। वस्तुनिष्ठ यथार्थवाद, व्यापक, गहरे और सघन सामाजिक सरोकार, परम्पराबोध और ऐतिहासिकता—ये विशेषताएँ थीं जो नयी रचनाशीलता में उत्तरोत्तर प्रबल होती गयीं और इस तरह रचना को भीतर से गुणात्मक स्तर पर बदलती व विकसित करती गयीं। इस नयी रचनाशीलता की दुर्निवार चुनौतियाँ थीं जिनके आगे आत्मरक्षा के लिए सुविधा-भोगी मध्यवर्ग के इन रचनाकारों ने एक नया मोर्चा बाँधा। यह संयोग नहीं कि कवि चिन्तक श्री अज्ञेय ने ही एक नये स्तर पर नये सिरे से कालबोध और सनातनता के साथ सांस्कृतिक परम्परा के मूल स्वर, शुद्ध भारतीयता एवं भाषा और अस्मिता जैसे विषयों को उठाया। पीछे विद्यानिवास मिश्र जैसे लेखक भी उनके साथ ही इस ऊहापोह भरे अन्तमंथन में आ जुटे। तब तक यूरोपीय ज्वार पर सवार होकर श्री निर्मल वर्मा नयी साज-सज्जा और अन्तरराष्ट्रीय भाव-भंगिमाओं से लैस आगे आये। इस नये नेता के साथ ताज़ा उत्साह से भरे कई लोग आये।

श्रीकान्त वर्मा, रमेशचन्द्र शाह, अशोक वाजपेयी और दूसरे कई लोग। इनमें चचेरे-मौसेरे-फुफेरे वे तमाम लोग जुड़ते चले गये जो 'अकविता', 'अकहानी' जैसे कई तरह के अकारवाद से छूटकर कहीं किसी बियाबान में कालक्षेप कर रहे थे। धीरे-धीरे अपनी वाममार्गी पिनक, पित्तविकार, कुंठाओं और यौनविकृतियों में अहर्निश डूबे रहने वाले कृष्ण बलदेव वैद और जितेन्द्र कुमार जैसे लेखक भी आ जुटे। 'पूर्वग्रह' इनकी नयी रंगभूमि बनी और 'काल और सृजन', 'जनतन्त्र और आलोचना' जैसे मुद्दों का सिलसिला शुरू हुआ। शाश्वत प्रश्नों के प्रसंग में नयी मनीषिमुद्राएँ उभरीं। संवत्सर बीतने चला। शताब्दी की सान्ध्यवेला आयी। सन्ध्या के रंगीन धुँधलके में चित्र कितना शान्त व उपराम, चीज़ें कितनी सुन्दर व सम्मोहक हो उठती हैं। 'शब्द और स्मृति' के रिश्ते सुलझाते हुए 'कला का जोखिम' उठाये न बना। धुन्ध व कोहरे में चारों ओर यमदूत सरीखे 'कव्वे और काला पानी', 'ढलान से उतरना' पड़ा। उधर 'अपोलो का रथ' 'बीसवीं शताब्दी के अँधेरे' में धँस गया कि फँस ही गया। गलफड़ में दोनों ओर शताब्दियों को दबाये पगुराते और झाग गिराते जिरहबाज अँधेरे के क्षेत्र में बिलबिलाते रहे। सिर्फ़ कुछ ऐतिहासिक संज्ञाओं की बुदबुदाहटें सुनाई पड़ती रहीं—डूबती हुई सी अनाथ—मगध! काशी! अवन्ती? वैशाली! हाय अम्बपाली!

सन् चौरासी में अपनी 'कविता की साल गिरह' मनाते हुए 'मगध' के कवि श्रीकान्त वर्मा लिखते हैं—

'जो लिखा, व्यर्थ था
जो नहीं लिखा,
अनर्थ था'

यह कवि द्वारा अपनी रचना-यात्रा का सिर्फ़ लेखा-जोखा नहीं, बल्कि उसकी सारी कशमकश और मूलभूत पीड़ा है। शीर्षक है 'कविता की सालगिरह' और यह कविता का अंश नहीं, सम्पूर्ण पाठ है। यह बहुत छोटी, पर एक समूची कविता है, शायद ही इस बात से कोई असहमत हो। 'मगध' के कवि की हड़ियल गिरफ़्त से छूटती यह एक आज़ाद कविता है। बौनी, किन्तु बहुव्यापी; मितभाषी, पर गूढ़। स्वभावगत बड़बोलापन, मिज़ाज का कसैलापन, सिनिसिज़्म और ट्रैजिक वीर मुद्रा बिल्कुल कवि के अनुरूप; और कविता ठीक दोपहरी में उसके पैरों के नीचे लिपटती परछाईं-सी लगती है। किन्तु इससे कहीं अधिक यह कविता नेपथ्य के अकेले में आईने के सामने अपने बुढ़ापे के बाल चुनते बड़बड़ाते हुए

ख़ुद से संवाद करते कवि का अक्स है। कविता के रूप में आत्मानुभूति से बिंधे एक क्षण पर टिकी हुई यह रचना एक साथ विश्लेषण और अर्थबोध के कई पटल खोलती हुई 'मगध' के ऐतिहासिक अरण्य में एक फूल की तरह खिलती है। संकलन में यह स्वतन्त्र कविता है। न इसे काशी और उज्जयिनी से मतलब है और न मगध, कोशल, नालन्दा, तक्षशिला इत्यादि से ही कुछ लेना-देना। यह अतीत से आज़ाद वर्तमान की अपनी धरती को फोड़कर निकलती है। इसे उस रसायनी भाषा और अनुभव-संस्कृति से भी कुछ लेना-देना नहीं जिससे संकलन की शेष कविताओं का गहरा सरोकार है। पर इस कविता में एक कचोटते अन्तर्दाह की लपट में झुलसती आत्मानुभूति है जिसके स्वत्व के अपने आत्मगत और वस्तुगत पहलू हैं। फिर दोनों के बीच एक तड़फड़ाता हुआ विडम्बना-पूर्ण जीवन क्षण है। 'जो लिखा' और 'जो नहीं लिखा'—इन दो विशेष्यों के पीछे छिपा हुआ है 'मैं' यानी कवि; तथा 'व्यर्थ' और 'अनर्थ' इन दो विशेषणों के बीच कहीं फँसा और छिपा रह जाता है 'सार्थक'। सार्थक का गुमान न होता तो लिखा हुआ व्यर्थ न लगता और न ही अनलिखे का न लिखा जाना अनर्थ लगता। लिखने और नहीं लिखने वाला मैं छिपा हुआ है और उसके भी पीछे, शायद उसके भीतर की किसी दुर्गम गहराई में छिपी हुई है सार्थक की प्रतोति। पर क्या ये दोनों और दोनों की एकता, यानी 'मैं' और 'सार्थक' तथा कवि श्रीकन्त वर्मा की सार्थकता, छिपी हुई रह सकती है? 'जो लिखा' उसमें 'जो नहीं लिखा' वह भी लिख दिया। कम-से-कम उसका नहीं लिखना लिख दिया। इसलिए वह 'व्यर्थ' क्यों? वह काम की चीज़ है। उसे सूँघकर अनलिखे का सन्धान पाया जा सकता है। इसका प्रमाण भी कि अनलिखे को नहीं लिखने के कारण क्या थे। किन्तु 'जो नहीं लिखा' उसका अपराध और ज़िम्मेदारी तो कवि की अपनी है। उसकी अनर्थता का दंश भी कवि की अपनी सज़ा है जो निश्चय ही बड़े काम की साबित हो सकती है। एक अकृत्रिम और निष्कवच आत्मबोध की भूमि पर निर्मम आत्ममूल्यांकन करती इस संक्षिप्त निर्णयात्मक टिप्पणी की इस छोटी-सी उमेठदार बन्दिश में कवि के मन की फाँस है और उसके रचनात्मक मनोविज्ञान की एक रिसती हुई गाँठ भी। एक वक्तव्य के रूप में इसमें एक विषण्ण आत्मव्यंग्य और एक तरह की ईमानदार आत्मस्वीकृति तो है ही; अपराधबोध, निराशा और पश्चात्ताप को निगलकर पचाती हुई जीवन की अर्थबुभुक्षा तथा सार्थकता की प्रतीति का आत्मविश्वास भी है। क्या इस आत्मविश्वास को 'भविष्य की झलक' कहा जा सकता है?

'मगध' के ब्लर्ब पर कहा गया है कि ये कविताएँ 'अतीत का स्मरण हैं, वर्तमान से मुठभेड़ और भविष्य की झलक!' व्यापक भविष्य की बात छोड़ भी दें तो क्या यह आत्मविश्वास स्वयं कवि के ही भविष्य की झलक है? इस कविता के अतिरिक्त संकलन में कहीं और कोई भविष्य की झलक नहीं है; क्योंकि वर्तमान से 'मुठभेड' भी नहीं है। बिना वर्तमान से मुठभेड़ के भविष्य की झलक कैसी? ब्लर्ब की यह टिप्पणी जो संगति के लोभ में एक फतवे के रूप में उछाली गयी है, 'मगध' की कविताओं के ख़िलाफ़ जा पड़ती है; क्योंकि वे इतिहासबोध के बरअक्स कालबोध को रखती हैं। कवि के अपने आत्मगत वर्तमान से मुठभेड़ भी यहीं इस छोटी कविता में है। अन्यत्र तो अतीत का साम्राज्य है और वह भी 'स्मरण' नहीं 'सुमिरन' के रूप में। 'मगध' संकलन में वर्तमान पर, और उसके सचेत निषेध पर भी, इस सुमिरन का अवगुंठन है। यह अवगुंठन क्यों? किन कारणों से? निराला ने कभी कहा था—

'गहन है यह अन्धकारा
स्वार्थ के अवगुंठनों से हुआ है लुंठन हमारा।'

निराला के यहाँ यह वंचनाशून्य अव्याज आत्मबोध क्रान्तिकारी था, मुक्ति के लिए उसमें कर्मप्रेरणाएँ थीं। एक ओर उन्हें अन्धकारा और उसकी गहनता के साथ ही स्वार्थ के अवगुंठनों की पहचान थी तो दूसरी ओर अबतक के लुंठन की प्रतीति भी। 'मगध' के कवि श्रीकान्त वर्मा के यहाँ ऐसा नहीं है। उन्हें अवगुंठन प्यारे हैं। बल्कि वे स्वयं उन्हें बुनते हैं क्योंकि वे उनकी ज़रूरत हैं। पर कैसी ज़रूरत है अतीत के 'सुमिरन' के अवगुंठन में यहाँ वर्तमान लुंठित है। किन्तु इस लुंठन के सूत्रधार कवि की अन्तरात्मा ही जानती होगी कि यहाँ दुहरे लुंठन का शिकार कौन होता है। अगर जानती न होती तो 'कविता की सालगिरह' क्या यूँ सम्भव होती?

'मगध' की कविताएँ काल की तारीफ़ में कढ़े कसीदे हैं। 'दीवार पर नाम' 'मुठभेड़', 'वापसी', 'मायामृग' इत्यादि कविताएँ यही प्रमाणित करती हैं। दीवार पर नाम मिटा देने वाला काल है। 'मुठभेड़' में ज़रा और मृत्यु से साक्षात्कार और काल की प्रतीति है। 'वापसी' में जय और पराजय के दो सामान्य ऐतिहासिक चित्र आमने-सामने रखकर ध्वनि की भाषा में श्रीकान्त वर्मा किसकी ओर इशारे कर रहे हैं? काल या नियति की ओर। 'मायामृग' में जीवन-सम्मोह व जिजीविषा को कालबोध की पृष्ठभूमि में देखकर कवि क्या कहना चाहता है?

दिलचस्प होगा 'रोहिताश्व' और 'प्रमाण' इन दोनों कविताओं को एकसाथ देखना। एक में विषादपूर्ण स्मृति को काल से भी बलवती, मानवीय महिमा सम्पन्न सिद्ध किया गया है तो दूसरी कविता में 'काल-दृष्टि' से इतिहास की निस्सारता दिखाते हुए महाकाल की स्तुति की गयी है। इस महाकाल के आगे मनुष्य कितना बौना, हतगौरव और तुच्छ है। वास्तव में काल-बोध इन कविताओं का धाता है और ये उसकी पोषिताएँ कालबोध के वटवृक्ष की ही घनी, सुरक्षित और कुलीन छाया में ये कविताएँ पड़ाव डाले मिलती हैं। उकसाने पर ये हमारे साथ एक उदासीनता का स्थायी भाव लिए सुदूर अतीत से समकालीन वर्तमान तक की यात्रा भी करती हैं, निश्चय ही एक अनुभववृद्ध वानप्रस्थी की तरह, और पुनः लौटकर कालबोध की उसी सनातन छाँव में पहुँच जाती हैं।

'मगध' पढ़ते हुए सहज ही कुछ प्रश्न पाठक के मन में घुमड़ते हैं कि क्या इतिहास यहाँ सिर्फ़ भाषा है या 'थीम' भी? क्या कवि के बुनियादी रचनात्मक सरोकारों में इतिहास आता है? और कवि उसका पुनस्सृजन करता है? या बुनियादी सरोकार वर्तमान से ही हैं। नहीं हैं और वे इतने तिर्यक और जटिल हैं कि उससे मुठभेड़ करते या नहीं करते हुए कवच की तरह इतिहास की भाषा कविताओं को पहननी पड़ती है? क्या ये कविताएँ अन्योक्ति शैली में इतिहास का इस्तेमाल करती हैं और ऐसा करके बहुधा वर्तमान की ही संकीर्ण और पिच्छिल भूमि को व्यंजित करती हैं? वास्तव में 'मगध' का कवि वर्तमान के घुटने भर बर्फ़ीले पानी में खड़ा ठिठुरता हुआ विक्षुब्ध स्मृति, संवेदन व चिन्तन से अतीत का आह्वान करता है, मानो स्तोत्र पढ़ रहा हो और काल के कल्पित स्वायत्त महाप्रवाह में वर्तमान को उसकी तात्कालिकता से मुक्त कर प्रवाहित कर देता है। इस तरह वर्तमान का मूलोच्छिन्न मुरझाया हुआ बोध है इन कविताओं में, जैसे कोई पौधा उखाड़ ले हाथों में और उसका डंठल और पत्ते लरुआते चले जायें। शुक्र है, काल के महाप्रवाह में वर्तमान एकदम फ़ना नहीं हो जाता, गुम नहीं हो जाता। पर शुक्रिया कवि को नहीं, वर्तमान को; क्योंकि वह अपनी ही शक्ति से बना रहता है। वर्तमान का छोटा और संक्षिप्त ही सही, स्वतन्त्र वस्तुसत्य कवि के असलियत में ज़ाहिर न होने देने की तमाम कोशिशों के बावजूद काल के अखण्डित महाप्रवाह में एक घुमड़ते-धुँधुवाते अन्तर्दाह की तरह निरन्तर सुलगता रहता है। इतिहास के सुदूरवर्ती युगों तक को अपनी यायावरी की कक्षा में समेटता हुआ भी अपनी लांछित निजता को वह न तो गँवा पाता है और न भुला पाता पर है। इस तरह इतिहास का आसवपान भी वर्तमान के ग़म को न ग़लत

कर पाता है और न पूरी तरह विरूप ही। पर यह भी सही है कि कवि श्रीकान्त वर्मा वर्तमान में अतीत को जीने का नाटक करते हैं और ऐसा करते हुए उनका सारा ध्यान अतीत में वर्तमान को जीने पर टिका रहता है। इन कविताओं में वर्तमान और अतीत के बीच एक दुर्वासनामूलक अन्यथाकरण की प्रक्रिया एक अभिसन्धि के तहत कायम है जिसमें अतीत और वर्तमान दोनों का—प्रत्यक्षतः अतीत और परोक्षतः वर्तमान का, विरूपीकरण होता है। प्रेमचन्द की कहानी 'कफ़न' में घीसू-माधव अलाव से निकलते गर्म आलू को मुँह में डालकर गलफड़ में घुमा-फिराकर उसे निगलने की तैयारी करते हैं और मुँह से गर्म भाप छोड़ते हुए उसे घोंट जाते हैं। भीतर उन्हें ठण्डा करने का काफ़ी सामान है। ठीक इसी तरह वर्तमान को उसकी पूरी प्रयोजन-धर्मिता व अभिप्राय-मूलकता के गर्म तात्कालिक प्रसंगों के साथ यहाँ अतीत के गलफड़ में घुमा-फिराकर ठण्डाया जाता है और फिर उन्हें महाकाल अपने पेट में गटक जाता है जहाँ सब कुछ को ठण्डा करने का सनातन सामान है।

इतिहास को 'मगध' का कवि मिथक की तरह लेता है, कोई सुसंगत, पौर्वापर्यमूलक मानवीय सातत्य या मनुष्य की जिजीविषा और सृजनशीलता के रूप में नहीं। उसके प्रति कवि का दृष्टिकोण वैज्ञानिक नहीं, पौराणिक है। कवि के होठों पर प्राचीन भारतीय इतिहास की, जब वह स्वाधीन व समृद्ध था, कतिपय युगावबोधक भास्वर शिखर संज्ञाओं की आविष्ट बुदबुदाहटें हैं। तने हुए इकहरे निर्णयात्मक वाक्यों में, चाहे ये विधेयात्मक हों या निषेधात्मक, ये संज्ञाएँ चाँपी और चिचियाती हुईं अर्थ के गुरुभार के साथ प्रयुक्त हैं। पर प्रभावों के तल पर ये हमेशा ऐतिहासिक संज्ञाएँ भर नहीं रह जातीं। ये मिथकीय गरिमा के साथ अनुभव होती हैं और विभ्रम व आभास में दिपदिपाती हुई खो जाती हैं। बिल्कुल जुगनुओं की तरह। पल में जब वे चमकती हैं, उत्कट रूप में गूढ़ अर्थों से परिपूर्ण व सांकेतिक लगती हैं; फिर खोते ही पीछे इतिहास-शून्यता या अनैतिहासिकता छोड़ जाती हैं; जैसे जुगनू चमककर अँधेरे को और प्रगाढ़ व भयावना करते हैं या रात के सन्नाटे में रेल की सीटी की टिहकारी खोते ही पीछे सन्नाटे को अधिक मुखर व चुनौतीपूर्ण कर जाती है, ठीक उसी तरह ये कविताएँ इन ऐतिहासिक संज्ञाओं को पीछे इतिहासशून्यता या अनैतिहासिकता के आक्रामक ढंग से उभारने के काम में आती हैं। 'मगध' की कविताएँ इतिहास को उसकी भौतिक वास्तविकता के नाम पर मुँह से गर्म भाप की तरह छोड़ती हैं और इतिहास-शून्यता का कल्पित आतंक ध्वनित करने में चुक जाती हैं।

इतिहास यहाँ अतीत और वर्तमान दोनों रूपों में समिधा की तरह प्रयुक्त है पर समिधा की तरह अतीत व वर्तमान दोनों को जलाकर भी ये कविताएँ किसी भविष्य को व्यंजित नहीं करतीं। कदाचित यह उनका उद्देश्य भी नहीं। वे ऐसा करके काल को व्यंजित करना चाहती हैं।

जहाँ तक काल का प्रश्न है, कहा गया है, लोक में ऐसा कोई प्रत्यय नहीं जिसमें काल न भासित होता हो। पर यह भी सही है कि 'तमारोहन्ति कवयो विपश्चितः' (अथर्ववेद)—विद्वान, कवि उस पर सवारी करते हैं, उसे अपने वश में कर लेते हैं। और यह भी कि काल समस्त भुवनों को खींच लाया। वह सब में व्याप्त हो गया। यद्यपि वह पिता था, तो भी वह इनका पुत्र हो गया। वह संसार का पिता यानी कारण था, पुत्र यानी कार्य हो गया (वही 19.53.4)—इस बात में ही काल की महिमा है। इतिहास काल का पुत्र ही तो है, स्वयं काल ही पुत्र रूप में। 'मगध' के समीक्षक वागीश शुक्ल को शिकायत है कि कविता को 'काल में आयत्त न करके इतिहास में आयत्त' किया जा रहा है। वे काल में कविता को कीलित मानते हैं और उसका उसी रूप में उत्कीलन करना चाहते हैं। काल और इतिहास का फ़र्क़ बतलाते हुए वे कहते हैं—'काल पुनर्जन्म है, इतिहास पुनर्जन्म के अस्वीकार का नाम है, काल आनन्त्य है, इतिहास आनन्त्य के अस्वीकार का नाम है। कविता को स्वीकार करना पुनर्जन्म को स्वीकार करना है।' मोक्ष के बदले पुनर्जन्म चाहने वाले वागीश शुक्ल को पता होना चाहिए कि इतिहास में भी 'पुनर्जन्म' होता है, हाँ, नवजन्म की तरह। जन्मी का कायाकल्प हो जाता है, तभी वस्तुओं की 'हिस्टोरिसिटी' होती है, अतीत और वर्तमान में संवाद होता है। और कहीं ऐसा तो नहीं कि सान्त नहीं सँभलता तो 'अनन्त' पर दृष्टि टिकती है, क्योंकि वहाँ विहरने की छूट है। उसका न तो कोई रूप-रेख है और न ही 'अधर धरो नहीं देह'। वास्तव में एक तरह का सुविधावाद है, यह काल का 'आनन्त्य'। इतिहास 'अनन्त' की बात नहीं करता, 'अन्त' में ही सोते हुए बीज रूप 'अनन्त' को मूर्त व गोचर करता जाता है। यह अतिवादी ज़िद कि कविता को स्वीकार करना पुनर्जन्म को स्वीकार करना है—निश्चय ही इतिहास को स्वीकार करना भी 'पुनर्जन्म' को स्वीकार करना है। जहाँ सृजन है, वहाँ 'पुनर्जन्म' है। मनुष्य की सामासिक सृजनात्मक ऊर्जा की ही अभिव्यक्ति है इतिहास। वह अगर विकासशील है तो इसका यही मतलब है। वागीश शुक्ल 'मगध' की कविताओं की एक बड़ी ख़ूबी बतलाते हैं कि ये 'राग प्रधान' हैं। वस्तुतः इनमें एक निर्वेद और वैराग्य ज़रूर है जिसके पीछे छिपा हुआ है बुढ़ापा,

अवसाद और घनीभूत निराशा। गरुड़ पुराण जैसी प्रयोजनधर्मिता में ये कविताएँ शुरू होती हैं और लय भी होती। अगर यह कालबोध के कारण है तो निश्चय ही आतंकित व रुग्ण कालबोध है इन कविताओं में। काल के बारे में कहा गया है—'कालेन सर्वा नन्दत्यागतेन प्रजा इमाः'—काल के आने पर सब लोग सुखी और आनन्दित होते हैं। 'मगध' का कालबोध निश्चय ही ऐसा नहीं है।

यह संकलन श्री निर्मल वर्मा को समर्पित है। उपयुक्त है यह समर्पण। निर्मल जी ने इतिहास के सम्बन्ध में जो सोच-विचार किया है उससे 'मगध' पर दिलचस्प रोशनी पड़ती है। उन्होंने ह.प्र. द्विवेदी की स्मृति में लिखे अपने निबन्ध 'परम्परा और इतिहासबोध' में इतिहासबोध के बरअक्स परम्परा की चर्चा करते हुए सिमोन वेल का एक उद्धरण दिया है—'भविष्य हमें कुछ नहीं देता, ख़ुद हमें उसका निर्माण करने के लिए अपना सर्वस्व, अपना जीवन तक देना पड़ता है। किन्तु हम कुछ दे सकें इसके लिए ज़रूरी है कि हमारे पास कुछ हो और हमारे पास कोई दूसरा जीवन, कोई सृजन रस नहीं है, सिवा अतीत के उन ख़ज़ानों के, जिन्हें हमने अपने भीतर आत्मसात करके नये रूप में सर्जित किया है। मनुष्य की आत्मा की ज़रूरतों में अतीत की ज़रूरत सबसे अधिक शक्तिशाली है।' यहाँ विचारणीय है कि 'मगध' संकलन में अतीत आत्मा की ऐसी ज़रूरत के रूप में आया है? क्या वह किसी भविष्य के लिए न्योछावर किया जानेवाला ख़ज़ाना या उसे रचने की दिशा में उठाया गया क़दम है?

'मगध' के ब्लर्ब पर संकलन की कविताओं की पहचान बतलाई गयी है कि 'मगध में संगृहीत कविताएँ इतिहास नहीं हैं, इतिहास का सम्मोहन हैं, मायालोक हैं जिनमें नगर एवं गणराज्य धूल में आकार लेते और धूल में निराकार हो जाते हैं।' अब इस कथन को निर्मल के उक्त निबन्ध के निम्नांकित उद्धरण के प्रकाश में देखें—'अतीत का बोध अतीत के प्रति सम्मोहन या नॉस्टॉल्जिया से बहुत भिन्न है। विगत के प्रति सम्मोहन उसी समय उत्पन्न होता है जब हम परम्परा से विगलित हो जाते हैं। नॉस्टॉल्जिया हमेशा उन चीज़ों से होता है जो हमसे टूटकर दूर छिटक गयी हों, स्मृति में हम उसे खोजते हैं जो हमारे भीतर पहले से मौजूद हो। परम्परा का रिश्ता स्मृति से है, नॉस्टॉल्जिया से नहीं। वास्तव में भविष्य के प्रति दास्य-भाव और अतीत के प्रति सम्मोहन ऊपर से अलग दीखने पर भी एक ही सिक्के के दो पहलू हैं...। दोनों के मूल में एक ही अभिशाप है—मनुष्य का स्वयं अपनी आत्मा और समय से निर्वासन। इस आत्मनिर्वासन का यह परिणाम है कि हम कभी भविष्य में अपनी मुक्ति खोजते हैं कभी अतीत

में अपनी खोयी हुई महिमा और गौरव को पाने का स्वप्न देखते हैं।' स्वयं कवि और उनके समीक्षकों ने भी यह बात बार-बार कही है कि इन कविताओं में इतिहास का इस्तेमाल़ हुआ है, ये ऐतिहासिक लगेंगी, वास्तव में हैं नहीं; ये अपने वर्तमान से गहरे जुड़ी हुई हैं। (देखें—'कलावार्ता'—फ़रवरी-मार्च 85 की एक रपट में श्रीकान्त वर्मा और अशोक वाजपेयी के अभिमत और 'पूर्वग्रह' में समीक्षाएँ) अशोक वाजपेयी के अनुसार 'इन कविताओं का सारा दबाव अपने समय के सत्य से जुड़ा हुआ है।' अगर सारा दबाव अपने समय के सत्य से जुड़ा हुआ है तो इतिहास का यह 'माध्यम' क्यों? दरअसल ये कविताएँ, जैसा ब्लर्ब पर कहा गया है, इतिहास का सम्मोहन हैं। नॉस्टॉल्जिया। और यह इतिहास, परम्परा से दूर छिटक जाने, उससे विच्छिन्न हो जाने के कारण है। यह सही है कि आये दिनों इतिहास के पक्ष में एक साम्प्रदायिक उन्माद के साथ बड़े पैमाने पर एक सुनहले भविष्य का स्वप्न देखती जो तथाकथित प्रगतिशील रचनाएँ आ रही हैं, जो वास्तव में सिद्धान्तों के खाज की तरह पैदा होती हैं, उनमें और 'मगध' की कविताओं में कोई मूलभूत गुणात्मक अन्तर नहीं है। इनके मूल में, यह ठीक है कि एक ही अभिशाप है—मनुष्य का स्वयं अपनी आत्मा और समय से निर्वासन।

'मगध' का कवि अपने समय से निर्वासित है इसलिए वह अतीत की ओर मुखातिब है। वह स्वयं अपनी आत्मा से निर्वासित है इसलिए वह इतिहास के महानायकों की ओर नहीं, महाकाल की ओर मुखातिब है। क्योंकि मनुष्य की चरम सम्भावनाओं का दर्प लेकर कवि स्वयं उपस्थित है, वह अपने आगे किसी महानायक को नहीं जानता, नहीं जानना चाहता। इसलिए 'महाकाल' की ओर मुखातिब होने में सुविधा है, क्योंकि इस महाकाल की कोई मानवीय छवि नहीं, कोई बिम्ब नहीं बनता। वह तो एक अपौरुषेय अगोचर देव सत्ता है जो अपनी क्रूर, ठण्डी अनीहता में कहीं बीसवीं और 'इक्कीसवीं' शताब्दी की तकनालॉजी व प्रौद्योगिकी से अधिक दारुण व भयावह रूप में मनुष्य विरोधी है। क्योंकि इस त्रासदी को समझा जा सकता है। यह अपना ही बनाया नरक या दुख है, इसकी जवाबदेही दूसरे पर नहीं अपने पर है। यह महाकाल तो मरीचिका सदृश रहस्यपूर्ण है, अपनी धुन्ध व कोहरे में थका-थका कर मार देने वाला और आत्मा को दीन से दीनतर, दयास्पद से दयास्पद व परवश बनानेवाला। यहाँ दुखों—दुर्घटनाओं और विडम्बनाओं पर इतिहासप्रदत्त आलोचनात्मक विवेक व बोध से सम्पन्न दृष्टि नहीं डाली गयी, बल्कि नियति को खड़ा किया गया है। कवि का प्रतिक्रियावादी स्वरूप यहाँ उजागर होता है।

'मगध' की कविताएँ आत्मनिर्वासन की अभिशप्त कोख से पैदा होती हैं और आत्मपुनर्वास के लिए तड़पती हैं। 'मगध' और 'अवन्ती में अनाम' शीर्षक कविताएँ इस तथ्य का अप्रतिम उदाहरण हैं। किन्तु अपने समय और आत्मा से निर्वासित मनुष्य के लिए तीन लोकों में कहीं ठाँव नहीं। अन्ततः उसे जीने के लिए पुनः वहीं लौटना है, अपने समय और अपनी आत्मा के पास; नये सिरे से उसी का सन्धान, प्रत्यभिज्ञान और प्रतिष्ठा करनी है। इस सच्चाई को हमारी कुछ पौराणिक कहानियाँ रूपकों में बख़ूबी उजागर करती हैं।

ब्लर्ब पर इन कविताओं के प्रभाव के बारे में कहा गया है कि वह 'महाकाव्यात्मक' है। शब्द हैं—'ज़रा, मरण, रोग, शोक, पतन, उत्थान, युद्ध, हत्या, जय, पराजय! मनुष्य की समग्र गाथा में महाकाव्यत्व होता है। ये कविताएँ उसी समग्रता और उसी महाकाव्यत्व को प्रस्तुत करने का एक उपक्रम हैं।'—जीवन और जगत् का विहंगावलोकन शैली में जायज़ा व मूल्यांकन करने वाली यह मुद्रा बाढ़ जैसी भीषण आपदा से ग्रस्त जनता का हंवाई सर्वेक्षण करते राजनेता की याद जगाती है। यह सुविधा कवि को है भी। इसीलिए ज़रा-मरण, रोग-शोक, उत्थान-पतन को एक साथ एक आर्ष संगति में ये देख लेते हैं। किन्तु प्रायः ऐसा होता है कि मनुष्य की प्रत्यक्ष अंश-गाथा को न देखना हो, या उसे न देखं पाने के पाप-अपराध को भुलाना हो तो समग्र गाथा की चर्चा करनी पड़ती है। अंशगाथा जब देखी न जाय, समझ में न आये, सहन करते न बने, सारी दुनिया जब अंशगाथा को समझने, सुलझाने और बखानने में फँसी रहे तब महत्त्वाकांक्षी वामनवीर महागाथा की चर्चा छेड़ता है।

यह गहरी राजनीति है। मनुष्य की लघुता जब पिराने लगे तब उसे महिमान्वित करने के लिए, उसे उसकी संकीर्णताओं से विमुक्त करने के लिए रह-रह कर इस तरह के रचनात्मक आयोजन करना महापुरुषों का धर्म है। इस देश में कांग्रेस यह कार्य करती रही है।

कवि ने कहा है कि 'मैंने इन कविताओं में मनुष्य की आत्मा को, उसकी जयपराजय को, उसकी मृत्यु को एक कालातीत पल में खोजने की कोशिश की है।' (कलावार्ता, वही) मनुष्य की जय-पराजय और मृत्यु होती है काल में और उसे कवि खोजता है कालातीत सत्य में! इस 'कालातीत सत्य' का अमृत पान कराकर क्या वह मनुष्य की जिजीविषा को गुणित करता है? या उसे हतोत्साहित करता है?

कवि कहते हैं—'इन कविताओं में उस परम्परा को खोजने की कोशिश की है जो वाल्मीकि, कालिदास और तुलसीदास में निहित है।'

इस कथन से कवि की काव्य मनीषा और महत्त्वाकांक्षा का पता चलता है। पर 'ज्ञान दूर कुछ क्रिया भिन्न है, इच्छा क्यों पूरी हो मन की।' प्रकाशित महत्त्वाकांक्षा जब सिद्ध व चरितार्थ नहीं होती तो अपनी खिल्ली आप उड़ाती है। ये कविताएँ वर्तमान के बली के समक्ष त्रिविक्रम वामन सी तीनों लोक नापकर फिर उसकी पीठ नापना चाहती हैं। इनमें ऊँचे वृक्ष से उचक-उचक कर फल तोड़ने का अभिलाषी वामन नहीं है। त्रिविक्रम वामन है। इस तरह इनमें पुराण की परम्परा को भले ही देखा जा सके, कालिदास की परम्परा तो यहाँ नहीं दीखती।

ये कविताएँ 'इतिहास का सम्मोहन' हैं और इन पर आयी समीक्षाएँ इनसे विमोहित हैं। कविताएँ 'महाकाल की स्तुतियाँ' बतलाई गयी हैं। सही है। अगर सम्मोहन है तो स्तुति भी होगी ही। वह उसका परिणाम है। कविताएँ महाकाल की स्तुति हैं और समीक्षाएँ कवि की स्तुति। प्रौद्योगिक स्फूर्ति और शब्दावली में लिखी वागीश शुक्ल की समीक्षा में कविताओं की संरचना का अच्छा तकनीकी विश्लेषण है। किन्तु यह सारी तकनीकी दक्षता, सावधानी और सचेतता किसलिए? न तो वागीश शुक्ल स्वयं बता पाते हैं और न कविताओं में दिखा पाते हैं। क्योंकि वागीश शुक्ल के पास मूल्यबोध नहीं, मूल्यदृष्टि नहीं। इसीलिए वे कविताओं को आलू की तरह लेते हैं उन्हें अलग-अलग अजीबोग़रीब शक्लों में चीरने लगते हैं। यहाँ अभियन्त्रण और कम्प्यूटर की अनूदित अननूदित पारिभाषिक शब्दावली के सहारे एक विराट बड़बोलेपन को सुष्ठु आकार देने की कोशिश हुई है। समीक्षक कहते हैं—'छियानबे पृष्ठों और छह वर्षों में दी गयी छप्पन कविताओं को देखने में अगर एक चीज़ सरासर ज़ाहिर होती है तो वह यह कि पिछले दशकों में इतिहास द्वारा काल चेतना के विरुद्ध हिन्दी कविता में जिस अतिचार का आरम्भ किया गया था उसके शान्तिकर्म का काम आरम्भ हो गया है।'

इस शान्तिकर्म के नये पुरोहित हैं वागीश शुक्ल। पर दक्षिणा के लाभ-लोभ में ललकते पण्डित जी को कम-से-कम भारतेन्दु युग से लेकर अब तक की हिन्दी कविता का इतिहास तो मालूम होना चाहिए था। या उसे भी 'कालचेतना' से समझा? जहाँ तक 'पिछले दशकों' की कविता में कालचेतना का प्रश्न है तो सेवा में निवेदन है कि उस महावृक्ष के नीचे ही कालचेतना का अकालपात हो गया।

वागीश शुक्ल अपनी स्तुति शुरू करते हैं कि 'श्रीकान्त वर्मा की कविताएँ एक चरमता लिए हुए हैं।' इस चरमता की स्तुति घोंभू को घोंटकर मिलाती एक दूसरी चरमता से ही सम्भव थी। एक नमूना है–'अगर ये कविताएँ न होतीं तो मौर्य और लिच्छिवी भी न होते, इसी से मिलती-जुलती बात यह कि मौर्यों और लिच्छिवियों के होने का कोई मतलब नहीं था अगर ये कविताएँ नहीं लिखी जानी थीं।'

आगे वे कहते हैं कि ये कविताएँ वैशाली और आम्रपाली को नये सिरे से गढ़ती हैं और यह वैकल्पिक इतिहास नहीं, 'यह एक-दूसरे देश काल में, दूसरे कल्प में, वैशाली और आम्रपाली का शरीरी होना है।'

'किस देश काल में? प्रेत या पितरलोक में? देव या ब्रह्मलोक में?'

समीक्षा के अन्तिम अनुच्छेद में समीक्षक की चरमता अपने ही विडम्बक बिन्दु पर पहुँचती है। लगभग एक स्खलन की दशा में समीक्षक कहता है–'चन्द्रगुप्त क्यों? का जवाब 'मेरी कविता' हो सकता है लेकिन 'कविता क्यों' का सवाल जब तक नहीं उठाया जाता तब तक आख़िरी बेड़ियाँ नहीं उतर सकतीं।' समीक्षक की चरमता का आत्यन्तिक निदर्शी है यह प्रश्न। पर इसमें भी बुनियादी रूप में चरम प्रश्न है, 'यह कविता क्यों?' शायद तब कुछ काम की बात आ पाती। किन्तु तब यह काव्य प्रपंच 'गन्धर्व नगर लेखा' सा उजड़ जो जाता।

राजेन्द्र घोड़पकर ने कहा है–'ये कविताएँ उसी कवि की हो सकती हैं जो किसी भी सुरक्षित विश्वास के अन्दर शरण न लिए हों।' शायद यह सच हो। पर कविता अगर वह सच्ची और खरी के साथ-साथ अर्थपूर्ण और मूल्यवान है तो उसके लिए कोई भी सुरक्षित विश्वास नहीं है। वह किसी रेडीमेड विश्वास में शरण नहीं लेती। वह अपना विश्वास आप गढ़ती है। सुरक्षित विश्वास में शरण लेने वाली कविता कभी महत्त्वपूर्ण नहीं होती पर दूसरी ओर अपनी हर तरह की विश्वासहीनता और मूल्यविभ्रम को छिपाने के लिए इस मान्यता को बतौर सिद्धान्त नहीं ओढ़ा जा सकता। दूसरे शब्दों में किसी भी विश्वास या मूल्य में शरण न लेने को कोई ऐसी काव्यगत अर्हता नहीं माना जा सकता जो स्पृहणीय हो। विश्वास या मूल्य सार्थक व महत्त्वपूर्ण कविता की अपनी कमाई है। कविता वहाँ चरितार्थ होती है। उदाहरण के लिए केदारनाथ सिंह की 'बाघ' कविता या विनोदकुमार शुक्ल की पूर्वग्रह के ऊपर चर्चित अंक में ही जिसमें मगध पर समीक्षाएँ हैं, प्रकाशित कविताएँ किसी सुरक्षित विश्वास में शरण लेने वाली कविताएँ नहीं हैं। यह बात दीगर है कि दूसरी ओर किसी सुरक्षित विश्वास में

शरण न लेने का प्रदर्शन व पाखण्ड करने वाली तथाकथित निर्मम आत्मालोचन करने वाली कविताएँ भी ख़ूब चल रही हैं और इसी एक मध्यवर्गीय सुर्खरू मान्यता पर अपना कारोबार कायम रखती हैं। ऐसी कविताओं का पाखण्ड कायम नहीं रहता। मगध की कविताओं का अपना कोई अर्जित जीवन विश्वास नहीं है, आस्था और मूल्य नहीं जो जीने की कठिन लड़ाई में हमारा सम्बल बन सके। शम, वैराग्य, निर्वेद, आर्ष आधिभौतिकता कोई समकालीन सांस्कृतिक मूल्य नहीं कहे जा सकते।

परिवेश को ख़ामोशी से तीर-तीर कर अभिमन्त्रित संकेतन करने और उन संकेतनों में गुपचुप गूढ़ इशारे करके कोई आस्था या मूल्य सिरजना सम्भव नहीं चाहे वे जीवन मूल्य हों या कला मूल्य। बिना जीवन को मूल्य दिये, बिना उसे नये रूप में मूल्योद्घाटित किये कला मूल्यवान नहीं हो सकती। सो सच यह है कि मगध का कवि सुरक्षित विश्वास के अन्दर शरण नहीं लेता पर वह इतिहास के अपने इस्तेमाल के रूप में सुरक्षित आवास में ज़रूर शरण लेता है। यह उसका नया आवास आश्रम की तरह सुरक्षित है। ऐसा आश्रम जहाँ का जानवर भी 'न हन्तव्यो न हन्तव्यः'। इस तरह साक्षात् बीसवीं शताब्दी की इस ढलती साँझ में ठेठ भारत में मज़े में आश्रम चलाते श्रीकान्त वर्मा सुरक्षित विश्वास तो नहीं, सुरक्षित आवास में ज़रूर शरण ले लेते हैं।

ब्लर्ब से लेकर समीक्षकों तक इस मान्यता की समारोहधर्मी व्याप्ति देखी गयी है कि मगध की कविताएँ श्रीकान्त वर्मा की कविता में, उनकी रचना यात्रा में, एक नया मोड़ हैं। इस मान्यता को पल्लवित करते-करते कुछ ने यहाँ तक पहुँचा दिया कि ये कविताएँ हिन्दी कविता में एक नया मोड़ हैं। इन्हें जैन और बौद्ध दर्शनों का स्मरण दिलाने वाली बतलाया गया है। यह सच है। कुछ तो अपने समय के क्रान्तिकारी धर्मों के इतिहास का स्मरण तद्युगीन प्रसंगों, सन्दर्भों के कारण बरबस होता होगा और बाक़ी अनेकान्तवादी एवं क्षणवादी निहितार्थों, कूटाभिप्रायों की 'पद्म सुगन्ध' इनका स्मरण दिलाती होगी। प्राचीन कुलीन मदिरा जैसी यशस्विता का भाजन यह कविता वास्तव में है, इससे इनकार नहीं किया जा सकता।

विगत महायुद्ध की आतंक छाया में देश के संकटग्रस्त वर्तमान तथा अनिश्चित भविष्य में डोलती निराश और अवसन्न जनता के उबारे के लिए कवि दिनकर ने कभी अतीत का दरवाज़ा खटखटाया था—

'जय हो,' खोलो अजिर-द्वार
मेरे अतीत ओ अभिमानी!
बाहर खड़ी लिए नीराजन
कब से भावों की रानी

सन् एकतालिस में लिखी—'अतीत के द्वार पर' कविता में कवि की 'भावों की रानी' स्वागत की आरती लिए मगध और वैशाली के खँडहरों में भटकती हुई रो-रोकर अतीत को टेरती दिखलाई पड़ती है। कवि दिनकर द्वारा अतीत के इस सीधे आह्वान में उनकी उद्विग्न चिन्ताएँ व्यापक हैं और अतीत से उनकी अपेक्षाएँ काफ़ी बड़ी हैं। ये चिन्ताएँ वर्तमान की और अपेक्षाएँ भी वर्तमान के लिए ही हैं—

वर्तमान का आज निमन्त्रण
देह धरो आगे आओ।

दिनकर के लिए अतीत न तो 'शव' है और न 'पत्थर', वह चैतन्य मूर्ति है, प्रेरणापुंज है, तिमिरनाशक है और अन्ततः हमें देने के लिए एकमात्र उसी के पास कुछ है—ऐसा महादानी है। साम्राज्यवादी पराधीनता के विरुद्ध लड़ती हुई इस देश की जनता में स्फूर्ति व साहस के संचार के लिए आत्मगौरव और नैतिक आत्मविश्वास के लिए और सबसे बढ़कर सांस्कृतिक नवजागरण के लिए दिनकर ने वर्तमान की पुकार पर अतीत को इस कविता में जगाना चाहा है। वे साम्राज्यवाद के आसुरी स्वार्थों की अन्धी दौड़ से विश्व राजनीति की मुक्ति का स्वप्न देखते हुए मनुष्यता के लिए अभय चाहते हैं।

स्वच्छन्दतावाद और राष्ट्रीय भावधारा की कविता का न केवल हिन्दी में कदाचित अन्य भाषाओं में भी अतीत या इतिहास से इस तरह का एक सरोकार रहा है।

कवि श्रीकान्त वर्मा के संकलन 'मगध' की कविताओं का इतिहास से कैसा सरोकार है?

'उज्जयिनी का रास्ता' शीर्षक कविता के अनुसार इतिहास तक जाने के लिए, अतीत तक पहुँचने के लिए दूसरों द्वारा बनाये गये रास्ते काम नहीं आते क्योंकि तब, वहाँ खँडहरों और शवों से साक्षात्कार होता है। जीवित अतीत से सचेतन सम्बन्ध हर पीढ़ी को अपने ही ढंग से बनाना होता है। हर युग में

अतीत को अपने लिए नये सिरे से पुनराविष्कृत करना होता है। उक्त कविता यही बतलाती है कि वर्तमान ही नहीं अतीत को भी वर्तमान की तरह सजीव, संवादी व 'समकालीन' रूप में उपलब्ध करने के लिए उस तक पहुँचने का अपना रास्ता स्वयं बनाना होगा, वह रास्ता काम नहीं आ सकता जिससे पुनरुत्थानवादी, स्वच्छन्दतावादी और राष्ट्रीय भावधारा के रचनाकार पहुँचे।

तब इन पूर्वज रचनाकारों में श्रीकान्त वर्मा का रास्ता किन मायनों में अलग है?

कवि केदारनाथ सिंह की एक कविता है—'आज की धूप में'

क्या तुम विश्वास करोगे
कि आज की धूप में
अगली सदी के किसी शनिवार की गर्मी है

कि इस समय
तुम्हारे शहर के सारे पौधे
अपनी खुराक ले रहे हैं
आठवीं सदी की किसी मिट्टी में दबी
किसी हरी खाद से
कि अभी अभी
तुम्हारे नल से
टपक रहा था जो पानी
वह अड़तीसवीं सदी के
किसी कुएँ से आ रहा था

हम जानते हैं कि यह सुलभ और सुरक्षित विश्वास नहीं है। इस विश्वास के पीछे सामने उपस्थित वर्तमान 'आज की धूप में' की जटिल बहुस्तरीय और शतघ्रभेदी अनुभूति है। यह भी एक कालदर्शन और इतिहास-बोध है, व्यापकता और गहराई एक साथ। ऐसा कालबोध जो इतिहास से विच्छिन्न नहीं और ऐसा इतिहासबोध जो कालबोध से ग़ाफ़िल नहीं, जिसकी संवेद्यता व प्रतीति की सारी जड़ें वर्तमान में ही अभिनिविष्ट हैं, वर्तमान की ही हैं, इतिहासबोध का सारा उत्ताप झेलती और जज़्ब करती हुई। यह कविता कविता होने के लिए आत्मनिर्भर है किसी 'इतिहास रस' की मोहताज नहीं।

वागीश शुक्ल के शब्दों में यह कविता भी 'सदिश' है किन्तु व्यग्र 'सदिश' : कुछ इच्छा शून्य ठस 'सदिश' नहीं—क्योंकि यह 'शम प्रधान' नहीं है, निर्वेद में लय नहीं होती, कोई शान्ति पाठ नहीं करती। अपनी अन्तःसक्रिय 'कर्म सम्पत्ति' से अपने अभियोजकों को मिटाकर, झुठलाकर समूची कविता एक सदिश ही तो रह जाती है—एक हेत्वाभासी तटस्थ 'सदिश' नहीं, साभिप्राय मानवीय 'सदिश', जो दुर्निवार है। इस कविता में भी पाठक को अपनी वांछित दिशा में अर्थानुसन्धान के लिए चलने के लिए छूट है किन्तु यहाँ अर्थ का अनेकान्तवाद नहीं—मानववाद है और यह श्रीकान्त वर्मा और केदारनाथ सिंह का फ़र्क़ है।

मगध महज़ एक विशेष काव्य शिल्प है या एक विशेष प्रकार की अनिवार्यता भी? क्या ये कविताएँ वर्तमान की यथास्थिति की जड़िमा को तोड़ने की आकुलता में अतीत का आश्रय लेती हैं?

क्या यह एक साहसिक सर्जनात्मक स्फुरण है?

अगर मगध की कविताएँ कविता होने की दृष्टि से विफल हैं तो विफलता का कारण काव्य शिल्प में नहीं, जैसा कि मलयज ने मायादर्पण पर विचार करते हुए कहा था, यहाँ भी कवि की सर्जनात्मक प्रेरणा में ही फाँक है, खीज है, छीजन है। एक अनुपस्थिति बोध ग़ाफ़िल आदत की तरह है वर्तमान का बोध इन कविताओं में, जो सचेत इच्छा की तरह नहीं बल्कि मेकानिकी स्वयंचालन की तरह सक्रिय है।

मायादर्पण पर विचार करते हुए मलयज ने उसकी खण्ड-खण्ड की सर्जनात्मकता को एक प्रयोग बतलाया था। यथास्थिति को तोड़ने का एक महत्त्वपूर्ण प्रयोग। वे इस आशंका से भी इनकार न कर सके थे कि इस खण्ड-खण्ड में बहुत कुछ पाखण्ड के भी शामिल होने और एक स्तर पर ऐसी सच्ची सर्जनात्मक चेष्टा का चालाकी पूर्ण कलाबाज़ी में बदल जाने का ख़तरा भी बना रहता है। उनका मानना था कि 'प्रयोग की सार्थकता किसी उपलब्धि को हस्तगत कर लेने में नहीं आँकी जानी चाहिए बल्कि इस बात में आँकी जानी चाहिए कि वह प्रयोगकर्त्ता की सर्जनात्मकता को किस हद तक एक तनाव की स्थिति में रख सकने में समर्थ है, क्योंकि इसी तरह एक रचनाकार अपने जीवनबोध की जमती हुई फफूँद से अपने को मुक्त रख सकता है और कला अनुभव के नये-नये जल के साथ बहता रह सकता है।

किन्तु जब जीवनबोध पर स्वयं इतिहास की काई-सेवार या फफूँद की तरह बैठने लगे तब ऐसे प्रयोग-वैचित्र्य का कोई क्या करे?

'हस्तक्षेप' शीर्षक कविता के साक्ष्य पर निष्कर्ष रूप में कहा जा सकता है कि श्रीकान्त वर्मा की कविता पर एक राजमद गर्वित निरंकुश सत्ता का आतंक छाया रहता है और अपने समकालीन समय में हस्तक्षेप का स्वप्न भी। वे एक भाषा विकसित करते हैं, एक ख़ूबरसूरत आड़ या रूपोश की तरह एक शिल्प रचते हैं। यह एक गहरी राजनीति है, कविता की राजनीति। श्रीकान्त वर्मा की इन कविताओं का समकालीन राजनीति से गहरा सरोकार है। आत्मव्यंग्य, आत्मबिडम्वना, क्रूरतापूर्ण आत्मनिर्ममता की मुद्रा और अन्ततः आत्मदया का निर्वेद। यहाँ से वहाँ तक राजनीति की ही अन्तःकथा है। समकालीन भारतीय सत्ताधारी राजनीति की। जो भाषा वे रचते हैं उसमें कहीं-न-कहीं अपना 'जस्टिफिकेशन' स्पष्टीकरण भी है जो ज्ञानवृद्धता की आभा से दीपित सन्त की मुद्रा कवि को देता है। अपनी इस राजनीति के चपेटे में यह कविता कैसे ले सकती है इसका ख़ासा उदाहरण हैं—अब तक आयी समीक्षाएँ। कहा गया इन कविताओं का असर जादुई है। सचमुच! और यह जादू का सर पर चढ़कर बोलना है।।

ग्राम्शी के साहित्य व संस्कृति सम्बन्धी विचारों की रूपरेखा

श्रीप्रकाश मिश्र

ग्राम्शी ने तत्कालीन यूरोपीय उदारवाद को पूँजीवादी व्यवस्था की स्वाभाविक दार्शनिक परिणति के रूप में लिया और उनकी शक्ति के कारणों को विश्लेषित कर उन रास्तों को सुझाना चाहा, जिससे पुरानी सत्ता के जर्जर होने से पहले ही मानवीय इच्छा-शक्ति और विचार से साम्यवादी क्रान्ति सम्भव बनाई जा सके। ज़ाहिर है कि यह ऐतिहासिक भौतिकवाद की एक ऐसी नयी व्याख्या की माँग करता था जिसमें इतिहास-प्रक्रिया के पूर्व निर्धारित होने के बावजूद प्रबुद्ध लोगों की भूमिका के लिए गुंजाइश बनी रहे। इसकी पूर्ति वह मूलाधार और अधिरचना के सम्बन्धों पर नये सिरे से विचारते हुए करता है। ग्राम्शी साफ़-साफ़ लिखता है कि मूलाधार की प्राथमिकता के कारण अधिरचना इतनी गौण नहीं हो जाती कि वह हमेशा ही मूलाधार के पीछे-पीछे चले। बल्कि द्वन्द्वात्मक सम्बन्धों के कारण दोनों एक-दूसरे को प्रभावित करते हुए विकासमान रहते हैं, क्योंकि मूलाधार और अधिरचना का सम्बन्ध कार्य-कारण का न होकर निर्धारण का होता है। इसलिए ऐसे सन्दर्भ हो सकते हैं जहाँ राजनीति आर्थिक ढाँचे के आगे-आगे चले और स्वयं अधिरचना में चिन्तन, साहित्य व कला, राजनीति तथा विधान के आगे-आगे चलें। उसकी इस मान्यता की परिणति दोमुँही है। एक तो यह कि उसकी निगाह में शासक वर्ग सत्ता में मात्र इसलिए नहीं रहता कि उसके पास उत्पादन के साधनों और वितरण की प्रणाली पर नियन्त्रण से उपजी शक्ति होती है; वह इसलिए भी रहता है कि सत्ताधारी वर्ग अपने विचारों और विश्वासों को लोगों से मनवा लेने के साथ-साथ सर्वहारा वर्ग को अपनी सामाजिक, सांस्कृतिक

और नैतिक संस्थाओं का भागीदार बना लेता है। वह लोगों के मन में भर देता है कि जगत् में जो कुछ भी है वह उचित है। यह बात शासन से इतर होती है। शासन तो सीधे राजनैतिक होता है, जिसकी उपस्थिति का भान नियम-भंग के समय होता है : जब या तो नियम तोड़ने वालों को सज़ा देनी होती है, या फिर नियम का अनुसरण करने के लिए पूरे समुदाय को ऊपर से बाध्य करना होता है। यानि शासन का बोध आपात काल में होता है। किन्तु अपनी संस्थाओं में भागीदार बना लेने की प्रवृत्ति तो क्रियाशील राजनैतिक, सामाजिक व सांस्कृतिक शक्तियों को अन्तर्ग्रंथित कर सामान्य काल में जीवन चलाने में संलग्न रहती है।

इसकी एक स्वाभाविक परिणति यह होती है कि सत्ताधारी वर्ग का चिन्तन, कला व साहित्य उसके भोग को गौरवान्वित करने के साथ-साथ उसकी जीवन-पद्धति को ऐसे आदर्श के रूप में प्रस्तुत करता है, जिसका सामान्य जन अनुकरण करें। जो ऐसा करने में सक्षम न हों वे अपनी स्थिति को नियति मानकर इससे मुक्ति के लिए ईश्वर की कृपा या शासक के परोपकार में आस्था रखें। इसलिए वह परोपकार विश्वास, परलोक, नरक, अभिजात-जीवन शैली, पिता, गुरु, शासक, वग़ैरह की इच्छा के प्रति पूर्ण समर्पण की स्थापना करने वाला होता है।

इस तरह की विचारधारा निर्मित करने वाले कुछ थोड़े से प्रबुद्ध लोगों का एक तबका (जिसमें धर्मवेत्ता, विधिवेत्ता, राजनैतिक-दार्शनिक, कलाविद्, साहित्यकार, कलाकार वग़ैरह आते हैं) सदा ही सक्रिय रहता है, चाहे वह किसी भी विकास-दशा का समाज क्यों न हो। रोमन चर्च की शक्ति को देखते हुए ग्राम्शी ने इसके लम्बे इतिहास को विश्लेषित कर दर्शाया कि वहाँ हमेशा ही ऐसे चुनिन्दा लोगों का घटक रहा है, जिसने सत्ताधारी वर्ग के हितरक्षण के लिए धर्म के अनुसरण में शिक्षित और अशिक्षित लोगों के बीच की दूरी को पाटा है और इस तरह आदमी की चेतना पर बहुत कारगर नियन्त्रण रखा है।

किन्तु चूँकि हर वाद का प्रतिवाद उसी में निहित होता है, इसलिए बुर्जुआ संस्कृति में ही उसके विनाश के बीज भी छुपे होते हैं, पददलितों की अपनी संस्कृति व मूल्य-विधान के अविकसित रूप में। ये बुर्जुआ संस्कृति के समानान्तर चल रहे होते हैं। सर्वहारा वर्ग के बुद्धिजीवियों का काम उनको पूर्णतः विकसित कर उनकी तार्किक परिणति तक उकेरना होता है, जिससे कि श्रमजीवी वर्ग सुसंगठित व चेतन हो सके। यह क्रान्ति के लिए माहौल बनाना होता है। दूसरे चूँकि ग्राम्शी किसी प्रकार आश्वस्त हो गया था कि निकट भविष्य में पूरी दुनिया में साम्यवाद की स्थापना की सम्भावना बलवती हो गयी है और एक समाज से

दूसरे समाज में संक्रमण के लिए श्रमजीवियों को एक नयी संस्कृति, कला, भाषा, दर्शन और सामाजिक आदत वग़ैरह की आवश्यकता होने लगी है, उसे लगा कि सर्वहारा का बुद्धिजीवी तबका एक नयी संस्कृति बनाने के लिए आमादा हो गया है, जिसमें वह बुर्जुआ मिथकों, पूर्वाग्रहों आदि को विनष्ट कर एक सच्चे सर्वव्यापी मूल्य की स्थापना इतिहास में पहली बार करेगा। यह दीगर बात है कि ग्राम्शी यह स्पष्ट नहीं कर पाता कि यह संस्कृति पुरानी संस्कृति से कितनी भिन्न होगी या इसके नये रूप का प्रारूप क्या होगा? वह कर भी नहीं सकता, क्योंकि उसके विचार में जगत् में जो कुछ भी है वह ऐतिहासिक रूप से सापेक्ष है, वह जीवन की अनुभूतियों और आवश्यकताओं से अपना रूप ग्रहण करता है। ख़ैर, यह सांस्कृतिक कार्यक्रम जो समयानुसार स्थायी क्रान्ति की जगह लेगा, जिसमें 'माडर्न प्रिंस' जन की चेतना में धीरे-धीरे सुधार कर 'निष्क्रय क्रान्ति' की स्थिति में अपनी संघर्षशील भूमिका निभाएगा—ग्राम्शी के मूलाधार और अधिरचना के सम्बन्ध की परिणति का दूसरा मुख है।

इन दोनों परिणतियों के समुच्चय को वह 'हेगमनी' यानि एकाधिकार या एकक्षत्रता के सिद्धान्त का नाम देता है। इस एकक्षत्रता के दो पक्ष हैं। जो सत्ताधारी वर्ग के पक्ष का है, उसे वह तन्त्र की एकक्षत्रता कहता है। जो सर्वहारा के पक्ष का है उसे नागरिक एकक्षत्रता कहता है। अपने दोमुखी समुच्चय में यह एकक्षत्रता, संस्कृति से भी विशद होती है। क्योंकि संस्कृति जहाँ मूल्यों को जीवन में उतारने तक सीमित होती है, एकक्षत्रता एक तरफ़ सत्ताधारी वर्ग के मूल्यों को अक्षुण्ण रखना चाहती है तो दूसरी तरफ़ सर्वहारा वर्ग के उभर रहे मूल्यों की संवर्धना भी करती है। यानी इसका दबदबा शक्ति के वितरण और प्रभाव के सन्दर्भ में पूरी सामाजिक प्रक्रिया पर होता है। इसी सम्पूर्णता पर तरजीह के कारण, संस्कृति जहाँ वर्ग विशेष के मूल्यों, विश्वासों, वर्ग-दृष्टि और विश्व-दृष्टि की औपचारिक संरचना की द्योतक होती है और दबंग तथा दबे हुए दोनों ही तरह के लोगों के विचार का अमूर्तन होती है, एकक्षत्रता पूरे जीवित सामाजिक प्रक्रिया के संगठन से सम्बद्ध होती है। यह सिर्फ़ विचारधारा की कृत्रिम ऊपरी पर्त एवं विचारों में तोड़-फोड़ की चालाकी तथा मतारोपण द्वारा निर्मित नियन्त्रण न होकर आदमी की वास्तविक ज़िन्दगी के साथ-साथ उसकी आशा, चाहत, शक्ति सभी को समेटे होती है। इसीलिए यह लोगों में मूर्त यथार्थ का काम करती है—एक ऐसी सम्पूर्णता का जिसकी परिधि से बाहर निकलना बहुत मुश्किल होता है। बढ़िया साहित्य और कला इसी सम्पूर्णता का चित्रण करना चाहेगी पूरी

शक्ति व विस्तार के साथ, जो पाठक को समय काटने के बजाय अपने समय को समझने में मदद देगी। सर्वहारा द्वारा निर्माणाधीन स्थानापन्न संस्कृति को विदित करने वाला साहित्य संघर्ष के मुद्दों को उजागर करने में वास्तविक क्रान्ति से बड़ा काम करेगा। इस सन्दर्भ में सांस्कृतिक कर्म मात्र अधिरचना का रूप न होकर, परम्पराओं और प्रचलनों के रूप में सामाजिक जीवन में बहुत गहरे जड़ जमाये होने के कारण मूलाधार का ही एक रूप हो जायेगा, स्वयं निर्माण की एक प्रक्रिया होने के कारण। ऐसे में साहित्य व कला किसी दूसरी कोटि की चीज़ होने के बजाय स्वयं ही एक स्वतन्त्र कोटि होगी।

ग्राम्शी सर्वहारा के पक्ष में कार्यरत एकक्षत्रता पर थोड़ा और विस्तार से बात करते हुए कहता है कि इसकी स्थापना में दो चरण होते हैं और उनकी अवधि काफ़ी लम्बी हो सकती है। पहले चरण में प्रबुद्ध तबका क्रान्तिकारी माहौल के निर्माण के लिए संघर्ष करता है, जो एक प्रदीर्घ तैयारी की वांछा रखता है। इसमें सत्ताधारी वर्ग की हावी एकक्षत्रता को धीरे-धीरे खोखला कर वे अपनी एकक्षत्रता की राह प्रशस्त करते हैं। दल की नीति के स्तर पर ग्राम्शी सुझाता है कि सर्वहारा वर्ग के लिए काम कर रहा दल (यानि साम्यवादी दल) सत्ताधारी वर्ग की एकक्षत्रता को खोखला कर रहे अन्य दलों के साथ इसके लिए सहयोग कर सकता है। ज़रूरत पड़े तो उन्हें कुछ छूट दे कर भी। दूसरे चरण में प्रबुद्धों का काम इस हो रहे परिवर्तन की उपलब्धियों को एक नयी सामूहिक राष्ट्रीय इच्छा में रूपान्तरित करना होता। यह काम वे पूरे वर्ग को शिक्षित कर ही कर सकते हैं। ऐसा करने के लिए उन्हें इन बातों को उसी प्रकार समझना होगा, जिस प्रकार जन समुदाय समझता है, और उसी भाषा में व्यक्त करना होगा, जिसे जन इस्तेमाल करता है। इसी स्थापना को साहित्य के क्षेत्र में आरोपित करते हुए वह लिखता है कि वही साहित्य कारगर होगा, जो जन मनोवृत्तियों के अनुरूप रचा जायेगा और उनकी आकांक्षाओं को व्यक्त करने में सक्षम होगा। वह ऐसी भाषा व विधा में रचा जाना चाहिए जिससे वांछित असर डाला जा सके। इसके लिए रचनाकार को जनता के पास जाना होगा। कथ्य, रूप एवं भाषा, तीनों के लिए।

यह अलग से ग़ौर करने की बात है कि नयी संस्कृति के निर्माण में ग्राम्शी प्रबुद्ध तबके की चेतन भूमिका को बहुत महत्त्वपूर्ण और अनिवार्य मानता है। उसकी स्पष्ट राय है कि सर्वहारा वर्ग मानसिक रूप से चाहे कितना ही संस्कृति-चैतन्य क्यों न हो जाय वह स्वयं किसी संस्कृति का निर्माण नहीं कर सकता। (प्रति तर्क से बुर्जुआ सत्ताधारी वर्ग भी स्वयं किसी संस्कृति का निर्माण

नहीं करता। इसके लिए अलग प्रबुद्ध तबके की आवश्यकता उन्हें भी पड़ती ही है। अन्तर बस इतना है कि चूँकि उन्हें प्रभु वर्ग का एक बना बनाया माहौल मिला होता है, इसलिए हावी रहने वाले मूल्यों की बहुत अलग से कल्पना नहीं करनी पड़ती, जिसके लिए सर्वहारा वर्ग के प्रबुद्धों को अलग से कोशिश करनी पड़ेगी।) यह प्रबुद्ध तबका दूसरे लोगों से इस मामले में भिन्न होता है कि वह पूरी ऐतिहासिक प्रणाली और स्थिति पर समग्र दृष्टि डालने में सक्षम होता है। इसी से वह यह तय कर पाता है कि कर्म करने की कितनी सम्भावना व कितना मौक़ा उसे प्राप्त है। इसे जानकर ही वह आदमी और उसके माहौल के विकास में कुछ योग दे सकता है।

दिक़्क़त तब होती है, जब हम ग्राम्शी को प्रबुद्धों को तीन अर्थों में प्रयुक्त करते हुए पाते हैं। एक तो प्रबुद्ध वे लोग हैं, जो उत्पादन व रोज़ी कमाने में शारीरिक श्रम की जगह मानसिक श्रम करते हैं। इन्हें वह बृहत्तर अर्थ में संस्कृति का संवाहक मानता है पर निर्माता नहीं। दूसरे वह हर आदमी को प्रबुद्ध मानता है—हर व्यक्ति को अपना दार्शनिक। क्योंकि दर्शन वह चिन्तन या विचारणा होता है, जिसका जीवनयापन में उपयोग हो सके और दार्शनिक वह होता है, जो इसका उपयोग करता है। चूंकि हर आदमी अपनी यथाप्राप्त परिष्कृत रुचि के अनुसार एक कलाकार की भाँति अपनी मानसिक क्रिया, कार्य कुशलता, भाषा-ज्ञान, सोच वग़ैरह के माध्यम से जगत् के बृहत्तर क्रियाकलाप में हिस्सा लेता है, इसलिए वह दार्शनिक होता है। वह अपने नैतिक कर्म के प्रति चेतन होने के कारण जगत् की अवधारणा में सुधार करता चलता है, एक नयी विचार पद्धति को स्थापित करता हुआ। वह तकनीकी अर्थ में दार्शनिक से सिर्फ़ इस मानी में भिन्न होता है कि वह अपनी कारगुजारी को स्पष्ट तार्किक जाल में बाँध नहीं सकता, इस तरह के कर्म में पारंगत न होने के कारण। यहाँ ग्राम्शी एक और भी बड़े मार्के की बात कहता है। यह दार्शनिक सामान्य व्यक्ति सोचता या कहता तो एक बात है; पर कभी-कभी करता है, बिल्कुल दूसरी बात। तो दोनों में सही बात कौन है? ग्राम्शी कहता है कि जहाँ तक सिद्धान्त की बात है, सही वह है जो वह सोचता या कहता है—जो उसकी धारणा है, दृढ़ विश्वास है। जहाँ तक व्यवहार की बात है, सही वह है जिसे वह करता है। दोनों में अन्तर बाह्य परिस्थितियों से उबर न पाने के कारण आता है। अब चूँकि सिद्धान्त ही व्यवहार की आधारशिला होता है, इसलिए उसकी धारणा ही अन्ततः उचित मानी जायेगी। (तब सवाल उठता है कि क्या ग्राम्शी आगमनवादी विचारक है?) ख़ैर, यह दार्शनिक सामान्य आदमी,

तकनीकी अर्थ में दार्शनिक से इस मामले में भी भिन्न होता है कि तकनीकी अर्थ में दार्शनिक समाज में प्रबुद्ध का विशिष्ट कर्म करता है संस्कृति के निर्माण में। एक रूपक लें तो जैसे सभी लोग मौक़ा बेमौक़ा सूई से कपड़ा सी लेते हैं, या खाना बना लेते हैं, पर इसी नाते से दर्ज़ी या रसोइया नहीं बन जाते हैं। दर्ज़ी या रसोइया वह होता है, जो यह विशिष्ट कर्म करता है। यही तीसरी कोटि के प्रबुद्ध क्रान्तिकारी कर्म के लिए सर्वहारा को सचेष्ट करेंगे और क्रान्ति हो जाने पर नयी संस्कृति का निर्माण करेंगे।

अपनी वर्गनिष्ठा के कारण इन तकनीकी अर्थ में प्रबुद्धों के दो गोल होते हैं परम्परागत और अवयवी। परम्परागत प्रबुद्ध वे होते हैं जो दिये गये समाज की हावी परम्परागत चेतना को अक्षुण्ण बनाये रखना चाहते हैं और इस तरह सत्ताधारी दल की एकक्षत्रता कायम रखने में तल्लीन रहते हैं और इसके लिए अपने को आसन्न परिवर्तन या क्रान्ति से काट कर रखते हैं। इसके ठीक विपरीत अवयवी प्रबुद्ध सर्वहारा वर्ग की दबी चेतना को विकसित कर, क्रान्ति द्वारा सत्ताधारी दल की एकक्षत्रता उखाड़ फेंकने के लिए इतिहास की दिशा को संचारित करते हैं। इसीलिए अवयवी प्रबुद्ध अपनी भूमिका को अंजाम देने के लिए क्रान्तिकारी दल का सदस्य होगा ही। यह ग़ौर करने की बात है कि ग्राम्शी यह ज़रूरी नहीं मानता है कि अवयवी प्रबुद्ध ख़ामख़ा सर्वहारा वर्ग में ही पैदा होगा। इतिहास की सही दिशा जानने वाला व्यक्ति किसी भी वर्ग में पैदा हो सकता है। निर्णायक बात यह है कि उसकी कार्रवाई किसके पक्ष में जा रही है। दूसरे सर्वहारा के राज्य की स्थापना हो जाने पर अवयवी प्रबुद्ध की भूमिका समाप्त नहीं हो जायेगी, बल्कि वह पूरे समाज के लिए नयी संस्कृति की रचना तेज़ी से करने लगेगा। यानि जदानोव के फ़ॉर्मूले के ठीक विपरीत वह दल की जय-जयकार करने की जगह और भी बड़ी ज़िम्मेदारी से अपनी भूमिका निभाने लगेगा।

यह अवयवी प्रबुद्ध तबका सामाजिक जीवन को निरपेक्ष होकर बाहर से निरीक्षित कर उसे तथाकथित वैज्ञानिक सूत्रों में व्यक्त करने के बजाय, संस्कृति की शब्दावली में सही अनुभवों और संवेदनाओं को प्रस्तुत करेगा, जिसे जनसमुदाय इस कर्म में प्रवीण न होने के कारण स्वयं नहीं कर पाता। यह प्रस्तुति भी जन की भावनाओं के अनुरूप जन की भाषा में होगी। किन्तु इसके नाते किसी कलाकृति को न तो भाषा के स्तर से अलग करना होगा, न ही कलात्मक निर्मिति के स्तर से। क्योंकि कलाकार का काम जन को शिक्षित करना है—

उसके बोध के स्तर को ऊँचा उठाना है जिससे कि वह पूरे सांस्कृतिक-कलाप का पूरा का पूरा आनन्द ले सके। इसलिए ग्राम्शी हर कलाकृति में रूप और कथ्य की मुकम्मिल सम्पृक्ति चाहता है। वह स्पष्ट लिखता है कि 'कोई भी कलाकृति अपनी नैतिक या राजनैतिक विषयवस्तु के कारण नहीं, अपने उस रूप के कारण कलाकृति होगी जो उस विषयवस्तु की पहचान कराता है। इसी प्रकार, प्रकारान्तर से कोई कलाकृति मात्र इसलिए कलाकृति नहीं बन जायेगी कि उसमें कलाकार का कोई अतिरिक्त या विशिष्ट कलात्मक इरादा झलकता है। उसमें जन यानि सर्वहारा के जीवन और मूल्य की सही विवेचना होनी ही चाहिए।' वह आगे कहता है कि सर्वहारा वर्ग की मूल्य चेतना को उजागर करने के लिए साहित्यकार या कलाकार को अपने वर्ग और दल का भोंपू बनकर प्रचार-साहित्य लिखने के बजाय जीवन को पूरी गहराई से उसकी सारी जटिलताओं के साथ उकेरना होता है। प्रचार-साहित्य का उपयोग तात्कालिक होता है, जो स्थितियों के बदलते ही अप्रासंगिक हो जाता है, जबकि साहित्य मूल्यों की विवेचना प्रस्तुत करने के कारण देश-काल की सीमा पार कर मानवता को बड़ी गहराई से प्रभावित करता है। रचनाओं की इसी विभिन्नता के कारण दांते, मायकोवस्की से इतना भिन्न पड़ता है कि दोनों की तुलना करना तक हास्यास्पद लगता है।

इन सारी बातों को वह 'क्रियाकलाप के सिद्धान्त' (थियरी ऑफ प्रॉक्सीस) के अन्तर्गत रखता है। इस सिद्धान्त का खुलासा प्रस्तुत करते हुए वह कहता है, 'आदमी के ज्ञान की प्रासंगिकता उसकी व्यवहृति में है। इसलिए ज्ञान निरपेक्ष न होकर विशिष्ट ऐतिहासिक कारगुजारी की अनिवार्य व सम्पृक्त अभिव्यक्ति होता है, जो देश-काल के अनुसार बदलता रहता है। सर्वहारा वर्ग के सन्दर्भ में यह पुराण पन्थिता के प्रतिवाद की तरह होता है, जो ज़िन्दगी में सहज या आपयायित है उसे त्यागने के बजाय उसे जीवन की ऊँची अवधारणा से जोड़ता है। यहीं वह प्रबुद्धों के समाज के निचले तबके से जुड़ाव को न केवल उचित ठहराता है उसे सम्भव भी बनाता है। अपने दोतरफ़ा कर्मों (यानि क्रान्ति के लिए माहौल बनाना और क्रान्ति हो जाने पर नयी जीवन पद्धति, मूल्य वग़ैरह रचना) में वह एक पूरे सामाजिक अभियन्त्रण का काम करता है; एक स्पष्ट सांस्कृतिक भविष्योन्मुखी कार्यक्रम के अनुरूप ऐसा करने में वह एक ऐसे बौद्धिक-नैतिक ब्लाक का निर्माण करता है, जो न केवल एक छोटे शिक्षित तबके का बल्कि सम्पूर्ण जन का राजनैतिक रूप से बौद्धिक विकास सम्भव कर सके।'

किन्तु अपनी इन विशिष्टताओं के कारण सर्वहारा वर्ग का प्रबुद्ध तबका समाज में कोई स्वायत्त स्थान नहीं प्राप्त कर लेता है। कारण यह है कि ऐतिहासिक प्रक्रिया स्वयं एक एकल प्रक्रिया है, जिसमें किसी भी चीज़ को कोई अलग से महत्त्व प्राप्त नहीं। यह ऐतिहासिक प्रक्रिया की एकल सम्पूर्णता थोड़ा खुलासे की अपेक्षा रखती है। ग्राम्शी मार्क्सवादियों के बीच उन थोड़े से विचारकों में से हैं, जिन्होंने ऐतिहासिकवाद (हिस्टारिसिज़्म) को अनुभवातीतवाद (ट्रेसेंडेंटलिज़्म) के बरअक्स रख कर देखा है। ग्राम्शी में इसकी परिणति यह है कि उसके अनुसार मानव व्यवहार और मानवीय क्रिया के प्रत्येक उत्पाद (जिसमें दर्शन व विज्ञान जैसे बौद्धिक कर्म भी शामिल हैं) का अर्थ और युक्ति (रेशनेलिटी) विश्वव्यापी ऐतिहासिक प्रक्रिया के सम्बन्ध में ही गोचर होती है, जिसका वे स्वयं ही अंग हैं। दूसरे शब्दों में, दर्शन या विज्ञान का 'सत्य' सामाजिक परिणाममूलक अर्थ में ही 'सत्य' होता है। वही सत्य है जो एक विशिष्ट ऐतिहासिक स्थिति में, उस स्थिति की वास्तविक संवर्धनात्मक प्रवृत्ति को व्यक्त करता है। मार्क्सवाद भी इसी ऐतिहासिक अर्थ में ही सत्य है, जो अपने समय का 'सत्य' दूसरे सिद्धान्तों की तुलना में थोड़े बेहतर रूप से प्रस्तुत करता है। दर्शन व विज्ञान का मूल्यांकन करने वाला मानदण्ड सामाजिक संस्थाओं, धार्मिक विश्वासों व संवेगों या राजनैतिक आन्दोलनों का मूल्यांकन करने वाले मानदण्ड से भिन्न नहीं हो सकता। इसलिए 'वैज्ञानिक दर्शन' (जिसका अर्थ लेनिन समेत अधिकांश मार्क्सवादी उस दर्शन से लगाते हैं जो वास्तविकता को वैसा ही चित्रित करता है, जैसा कि वह है—चाहे हम जानें या न जानें) या वैज्ञानिक विज्ञान (यानि आदमी की सापेक्षता से इतर जगत् का दिग्दर्शन) जैसे शब्द निरर्थक हैं। विचारों को उनके ऐतिहासिक और सामाजिक सन्दर्भों से विरत करके नहीं जाना जा सकता, उनकी भूमिका या उत्पत्ति के स्रोत चाहे जो भी हों। उसका कहना है कि 'अगर हमें 'अहं मात्रवाद' (जिसके अनुसार सारा भौतिकज्ञान मिथ्या है) और यान्त्रिक संज्ञप्तियों (जिसके अनुसार विचारमात्र संग्राहक व क्रमविधाई कलाप है) की जकड़ से बचना है तो हमें हर प्रश्न को ऐतिहासिक रूप से उठाना होगा और उसका उत्तर 'इच्छा' की भूमिका पर आधारित करना होगा। एक ऐसी इच्छा पर, जो स्वेच्छाचारी न होकर विवेकसम्मत हो, जो वस्तुगत ऐतिहासिक ज़रूरत के मुताबिक काम करे, यानि जो वैश्विक इतिहास के क्रमागत मूर्तन के अनुरूप हो।' इस इच्छा का प्रतिनिधित्व अगर एक भी आदमी करता है तो वह अन्ततः

जगत् का रिक्थ बन जाती है। यानि किसी विचार और क्रियाकलाप का औचित्य उसके जगत् में स्थापित हो जाने से ही प्रमाणित होता है।

थोड़ा विषयान्तर तो होगा, पर यह जानना बेमतलब नहीं होगा कि ग्राम्शी अपनी इसी ऐतिहासिक प्रक्रिया की एकल सम्पूर्णता की बदौलत बुखारिन के द्वन्द्वात्मक भौतिकवाद की आलोचना तीन आधारों पर करता है। बुखारिन ने इतिहास और समाजशास्त्र में विभेद कर मार्क्सवाद को एक सामाजिक सिद्धान्त बताया था। ग्राम्शी इसे ग़लत करार देता है। दूसरे उसने समस्त वैचारिक अध्ययन को 19वीं सदी के प्रत्ययवादी वस्तुवादियों के द्वारा प्रस्तुत प्राकृतिक विज्ञान के अध्ययन के सदृश्य बना देने की बुखारिन की कोशिश का विरोध किया। उसका तर्क था कि जगत् और विचार को आदमी से अलग कर नहीं जाना जा सकता। इसका एक परिणाम यह है कि विज्ञान भी अधिरचना से बाहर की चीज़ नहीं हो सकता। तीसरे उसने बुखारिन द्वारा किये जा रहे द्वन्द्ववाद के यान्त्रिक प्रयोग को भी नापसन्द किया। क्योंकि इससे आदमी की स्थिति सांख्यिकी की एक इकाई तक सीमित हो जा रही थी, जब कि ग्राम्शी का इरादा उसे एक पूरा .व्यक्तित्व देना था, जिससे कि वह अपनी इच्छा शक्ति से क्रान्ति के लिए बहुत कुछ कर सके। क्रियाकलाप के सिद्धान्त को अंजाम देने के लिए इस तरह के व्यक्तित्व वाले आदमी की बहुत सख़्त ज़रूरत थी, न केवल मनोवैज्ञानिक दृष्टि से, बल्कि समाज की प्रगति के लिए राजनैतिक दृष्टि से भी।

ग्राम्शी के अनुसार यह व्यक्तित्व आदमी को तीन तरह से उजागर करता है—

1. अपनी जीवन्त इच्छा को मूर्त (यानि राष्ट्रीय) दिशा देते हुए एक विशिष्ट व्यक्तित्व बना कर।
2. उन साधनों को पहचान कर जो इस इच्छा को मूर्त और विशिष्ट बनाएँगे, मनमौजी नहीं।
3. अपनी सीमाओं और सामर्थ्य के अन्तर्गत इस इच्छा का परिणाम हासिल करने के लिए मौजूदा परिस्थितियों में सुधार हेतु यथाशक्ति योगदान देकर।

ग्राम्शी आगे कहता है कि आदमी को यह व्यक्तित्व तभी प्रदान किया जा सकता है, जब उसे ऐतिहासिक ठूस या साँचे (हिस्टारिकल ब्लाक) के रूप में समझा जाये। ऐतिहासिक ब्लाक से उसका मतलब उस स्थिति या क्षण से है जिसमें वस्तुगत और आत्मगत दोनों ही शक्तियाँ मिल कर क्रान्तिकारी परिवर्तन

की स्थिति बनाती हैं। इसमें एक तरफ़ पुराने तन्त्र का आर्थिक ढाँचा टूट रहा होता है, तो दूसरी तरफ़ इसका फ़ायदा सर्वहारा के पक्ष में मोड़ने के लिए कुछ लोग आमादा हो जाते हैं, जो दूरदृष्टिसम्पन्न होते हैं और दृढ़ इच्छाशक्ति रखते हैं। साहित्य और कला की कोशिश होनी चाहिए कि वह लोगों में इस दूर दृष्टि, दृढ़ इच्छा शक्ति का संचार कर हर आदमी को उपर्युक्त पूर्ण व्यक्तित्व प्रदान करे।

अपनी मान्यताओं को पुष्ट करने के लिए ग्राम्शी द्वन्द्ववाद के सम्भावित अर्थों पर गहराई से विचार कर स्पष्ट करता है कि इसके तीन अर्थ हैं। अपने सरलतम रूप में यह दो वस्तुओं के बीच एक-दूसरे पर अन्तःप्रवाह है। जैसे दल के नेताओं और दल के अनुयाइयों या सामान्य जन के बीच। इसी बात के मद्देनज़र रखकर वह लेनिन की इस धारणा को ग़लत मानता है कि जन का नेतृत्व वोल्शेविक दल करता है और उस दल का नेतृत्व बड़े पदासीन नेता। होना तो यह चाहिए कि जन ही दल का नेतृत्व करे, क्योंकि ऐतिहासिक प्रक्रिया एक समग्र एकल इकाई होने के कारण दल का अपने आप में कोई स्वायत्त महत्त्व नहीं हो सकता। हाँ चूँकि क्रान्ति किसी एक व्यक्ति द्वारा नहीं की जा सकती, इसलिए दल का काम एक नयी राजनैतिक इच्छा का निर्माण करना है, जिससे कि क्रान्ति में सभी भागीदार हो सकें। क्रान्ति कोई ऐसी चीज़ नहीं है, जिस पर चन्द लोग घात लगाये बैठे रहें और मौक़ा मिलते ही अवसर का फ़ायदा उठा व्यवस्था बदल दें। सही क्रान्ति वह है जिसमें वर्ग पूर्णतः हिस्सा ले (इंवाल्व क्लास एज ए होल)। दूसरे ग्राम्शी द्वन्द्ववाद का प्रयोग शुद्ध हिगेलियन अर्थ में करता है—वाद, परिवाद, समवाद के त्रिक के अर्थ में—जिसमें निषेध का निषेध परिलक्षित होता है। यही क्रियाकलाप को दिशा देता है इसी से ग्राम्शी वह तीसरा अर्थ निकालता है, जो उसका अभीष्ट है। चूँकि मात्रात्मक वृद्धि से गुणात्मक परिवर्तन होता है, इसलिए भौतिक स्थितियों में थोड़े से परिवर्तन से चेतना में ऐसा परिवर्तन हो जाता है कि वह आर्थिक सम्बन्धों की स्थितियों में आमूल परिवर्तन के लिए अग्रसर हो सके। यानि चेतना में परिवर्तन कर बृहत्तर भौतिक परिवर्तन किया जा सकता है। यही मान्यता ग्राम्शी के दर्शन को अधिक मानवीय बनाती है। इसी के आधार पर वह अन्ततः अधिरचना और मूलाधार के विभाजन को ही अस्वीकार कर देता है। चूँकि जगत् में जो कुछ भी है वह मानव का बदलता क्रियाकलाप ही है—उसी से निःसृत और उसी से सम्बद्ध—इसलिए मूलाधार व अधिरचना में से कोई प्राथमिक नहीं हो सकता। इसलिए क्रोचे की यह मान्यता ग़लत है कि अधिरचना मूलाधार की छायामात्र है। क्रोचे ने मान्यता रखी थी

कि हिगेल के अनुसार निषेध के निषेध की परिणति एक-दूसरे को पूर्णतः विनष्ट कर एकदम नये एक तीसरे की उत्पत्ति करना है। चूँकि मार्क्स ने इसे अपनाया और लिखा कि 'कोई ऐतिहासिक तन्त्र तब तक विनष्ट नहीं होता जब तक कि उन समस्त उत्पादक शक्तियों का पूर्ण विकास नहीं हो जाता, जो उस तन्त्र में गुंफित हैं। उत्पादन के नये और ऊँचे सम्बन्ध तब तक गोचर नहीं होते, जब तक कि उनकी भौतिक स्थितियाँ पुराने समाज में प्रौढ़ नहीं हो जातीं।' इसलिए वह अन्ततः हिगेलियन ही रहा और उसे 'मॉडर्न मैकियावेली' की संज्ञा दी जानी चाहिए, नये सिरे से संप्रभु राज्य के गठन की योजना प्रस्तुत करने के कारण ा। हालाँकि ग्राम्शी भी मार्क्स को आधुनिक मैकियावेली ही मानना चाहता है और कारण भी मार्क्स की उपरोद्धृत मान्यता ही है, फिर भी वह क्रोचे के द्वन्द्व को मात्र क्रिया और प्रतिक्रिया या चुनौती और अनुक्रिया तक सीमित कर देना स्वीकार नहीं कर पाता, जिसमें एक क्रमदशा के निषेध पर अगली क्रमदशा एक अदुःखदायी सुधार का रूप ले लेती है और विचारधारा का काम राजनैतिक संघर्ष के लिए मात्र रूप और साधन जुटाना रह जाता है। ग्राम्शी यूँ तो विचारधारा की इस भूमिका को स्वीकार करता है, पर इससे आगे बढ़ कर वह यह भी कहता है, इस संघर्ष से प्राप्त नयी ज़िन्दगी को भरने के लिए, उसको पूर्णतः जीने के लिए भी विचारधारा की अपनी भूमिका होती है। क्रोचे के मन्तव्यों की परिणति क्षण की व स्वायत्त में होती है। ग्राम्शी इसे अपने चिन्तन के तर्कों के कारण स्वीकार नहीं कर सकता था। इसलिए इससे बचने के लिए उसने स्पष्ट लिखा कि निषेध या विनष्टि का आवेग निर्माण का आवेग भी है, जो कोई आसान रास्ता नहीं है। इसलिए पुराना तन्त्र तब तक विनष्ट नहीं किया जा सकता या किया जाना चाहिए, जब तक कि नया तन्त्र विनष्ट तन्त्र की जगह लेने के लिए तैयार न हो जाये। इसीलिए उसने मार्क्सवाद को उन लाइनों पर विकसित करने की बात कही, जिन लाइनों पर बुर्जुआ संस्थाएँ काम कर रही थीं—उनका समुचित स्थानापन्न बनाने के लिए। इस पूर्ति का रूप क्या होगा, वह स्पष्ट नहीं कर पाता और कहता है कि पहले से ही उनका ख़ाका खींचना बेकार होगा क्योंकि ऐतिहासिक प्रक्रिया एक समन्वित एकल प्रक्रिया है जो विकास के दौर में अपना रूप धरती चलती। ग्राम्शी ने क्रोचे से यह तो सीखा था कि इतिहास ऐसी बौद्धिक या प्रबुद्ध क्रियाशीलता है जो दूसरी कारगुजारियों जैसे नैतिक, राजनैतिक, कलात्मक वग़ैरह पर हावी रहती है, उन्हें अपने में समेटे रहती है और अतीत को वर्तमान से तथा वर्तमान को भविष्य से जोड़े रहती है। पर यह न सीख पाया कि

इसका आधार चिदात्मा (स्पिरिट) है। उसने क्रियाकलाप के दर्शन को ही इसका आधार माना। कला और साहित्य के दर्शन पर इसका असर यह पड़ा कि जहाँ क्रोचे अपने विविक्तों (डिस्टिंक्ट्स) के दर्शन से कला को कलाकार, कलाकृति और सहृदय के दृष्टिकोण से तात्विक विश्लेषण, सहजानुभूति एवं अभिव्यंजना तक सीमित कर सिर्फ़ 'एप्रिशिएट' करने के लिए छोड़ दिया, ग्राम्शी ने आदमी की अस्मिता श्रम में व्यक्त होती पा कला और साहित्य को उसकी सामाजिक विषयवस्तु व सामाजिक भूमिका के आधार पर आलोच्य बनाया। वैसे वह भी फार्म को वही महत्त्व देता है, जो क्रोचे ने दिया था, पर क्रियाकलाप के सिद्धान्त के चलते वह उसे स्वायत्त नहीं होने देता।

संहारकर्त्ता

स्वयंप्रकाश

वह दफ़्तर की दीवार से टिका सिगरेट पी रहा था और दूर किसी रेडियो से आती मेहँदी हसन की आवाज़ कानों से लपकने की कोशिश कर रहा था।

यूनियन सेक्रेट्री इसी समय उधर से गुज़रा, उसे देखकर मुस्कराया और नजदीक आकर खड़ा हो गया। मुस्कराकर बोला—आप ही बन जाइये।

वह चुपचाप सिगरेट पीता रहा। हाँ मेहँदी भाई...

सेक्रेट्री बहुत खुशमिज़ाज और सज्जन था। वह कभी-कभी ही चिन्ता में पड़ा दिखाई देता था—जैसे अभी—और ऐसे में वह इतना तनहा और मासूम लगता था कि उसकी मदद करने की इच्छा होने लगती थी।

—वैसे हम लोग सोचते हैं कि अब बागडोर आपके हाथ में आनी चाहिए।

वह फिर भी चुपचाप सिगरेट पीता रहा। हाँ मेहँदी भाई...इरशाद...

आख़िर सिगरेट ख़त्म हो गयी और मेहँदी भाई भी ख़ामोश।

उसने कहा कि वह आर्ट और कल्चर के फील्ड का आदमी है यूनियन का काम उसने कभी किया नहीं, नियम से चन्दा देता है और वफादारी से यूनियन के सभी कार्यक्रमों में शिरकत करता है, इतना ही बहुत है।

अब लेकिन सेक्रेट्री यह बताने लगा कि इस छोटे-से क़स्बे में यूनियन की शाखा है भी या नहीं, इसकी किसी को परवाह नहीं है, प्रान्तीय महासचिव तक को भी नहीं, और कि उसने बड़ी मेहनत से यहाँ शाखा बनायी और अपनी अकल से इसे तीन साल से चला रहा है, पर कई बार ऐसे मौक़े आये जब उसे लगा कि कोई 'गाइडेंस' देने वाला हो, और उसने शास्त्रीजी को लिखा और शास्त्रीजी न आज तक खुद आये न कभी चिट्ठी का जवाब दिया। शास्त्रीजी यानी यूनियन के प्रान्तीय महासचिव।

अब सेक्रेट्री तनहा और मासूम ही नहीं, उदास भी लग रहा था। कोई भी—जिसमें ज़रा-सी भी इन्सानियत होती—उसका भार बँटाना चाहने लगता। पर यहाँ सवाल यूनियन चलाने का था।

उसने कहा—मिश्राजी, आप कहो जो कर दूँ मैं आपके लिए, लेकिन यह काम करने को आप मत कहो। क्योंकि बुनियादी बात यह है कि मैं यूनियन का मेम्बर ज़रूर हूँ, और सबको होना भी चाहिए—पर पर्सनली ऐसी मिडिल क्लास और खालेड़ यूनियन में मेरी आस्था एकदम नहीं है।

यूनियन सेक्रेट्री मिश्रा चौंका। और ये आदमी जिसने अपना माँ-बाप का दिया नाम सेवाराम बदलकर सत्यकान्त कर लिया है, उसके लिए दिलचस्प हो गया। ये आदमी सत्यकान्त जो अभी-अभी तबादलित होकर यहाँ आया है, जो न किसी से ज़्यादा बोलता-चालता है न किसी के सुख-दुख में दिलचस्पी लेता है बस या तो अकेले में खड़े-खड़े सिगरेट फूँकता रहता है या किताब पढ़ता रहता है या भीड़ में दिलचस्प लतीफ़े सुनाता रहता है और पेड़हिलाऊ पंछीडटाऊ ठहाके लगाता रहता है—ये आदमी मिश्राजी के लिए कुछ और दिलचस्प हो गया इस एक बात से और अब वे ब्रांच की चिन्ता से थोड़ा ऊपर उठकर कुछ सिद्धान्तों की बहस के लिए तैयार हो गये। एकदम जैसे बौद्धिक।

—क्यों-क्यों?

नहीं थे मेहँदी हसन अब कहीं। सत्यकान्त ने फ़ाइलें समेटने की अदा में ख़ूब सारी साँस फेफड़ों में खींची, त्यौरियाँ भींचीं और आक्रामक कटुता के साथ बोला—क्यों लड़ते हैं आप? क्यों चलाते हैं यूनियन? कुछ सुविधाओं के लिए? तबादले करवाने और रुकवाने के लिए? वेतन और भत्ते बढ़वाने के लिए? क्यों बढ़ना चाहिए वेतन? आप बताइये मुझे? क्यों बढ़ना चाहिए वेतन? ऐसा क्या तीर मार रहे हैं हम लोग? और वेतन बढ़ने से होगा क्या? क्या आप ज़्यादा सुखी हो जायेंगे? उन्नीस सौ पचहत्तर में मेरी बेसिक पे डेढ़ सौ रुपये थी। मैं ठाठ से गुज़ारा चलाता था, अच्छा घी खाता था और दस-पाँच किताबें भी ख़रीद लेता था। अब सात सौ पाता हूँ और तीस रुपये चन्दा नहीं भेज पा रहा इस पत्रिका का। वार्षिक। जो नो प्रॉफिट नो लॉस पर निकलती है। नहीं, नो लॉस नहीं। लॉस तो हुई। और आपका अनुभव क्या मुझसे अलग है? सरकार और बाज़ार यहाँ आमने-सामने हैं। और दोनों एक सम्मिलित साज़िश में शरीक। सरकार बढ़ाएगी आपके बीस रुपये। आप ख़ुश। और बाज़ार खसोटेगा पचास रुपये। वह भी ख़ुश। बन गये न आप?

—हाँ...यह बात तो है, लेकिन यह भी नहीं बढ़ता तो...

—बढ़ा कहाँ? रुपये की क्या औक़ात रह गयी है भाईजान? बढ़े तो चलो आप ख़ुश भी हो जाओ। सन् पचास में सोने का, गेहूँ का, ज़मीन का क्या भाव था?

आपकी तनखा दिनोदिन बढ़ रही है या घट रही है? एक ज़माना था जब कोई सरकारी नौकरी पा गया तो समझो उम्र भर को बेफ़िक्र हो गया। अब सरकारी नौकरी में सिर्फ़ वो आते हैं जो बिज़नेस नहीं कर सकते। या जो नौकरी में भी बिज़नेस करते रह सकते हैं।

—लेकिन...

—मिनिमम वेज़ेस। जानते हैं आप? यूनियन की डिमांड होना चाहिए वेज़ फ्रीज़। हमें सरकार से कहना चाहिए कि तनखा बढ़ाई हमारी तो हम हड़ताल कर देंगे।

—क्या मतलब? सत्यकान्त भाई...

—और प्राइस फ्रीज़। ख़ूब भोंका जाता है रात-दिन कि इतना उत्पादन बढ़ा। बढ़ा तो गया कहाँ? चीज़ों के दाम बाँधने में सरकार को डर लगता है क्या?

—पर सत्यकान्त भाई उससे तो काला बाज़ारी बढ़ेगी। माल दबा लिया जायेगा और लोग मुँहमाँगे दामों पर ज़रूरतमन्द लोगों को तरसा-तरसाकर मार देंगे। व्यापारी और ट्रेचरस हो जायेगा। उपभोक्ता और निरीह। डिमांड एण्ड सप्लाई...

—डिमांड एंड सप्लाय!! सत्यकान्त कड़वा-सा मुस्कराया। दाहिनी तरफ़ दूर तक शून्य में देखा और जेब से सिगरेट निकालकर सुलगायी। कुछ देर बाद बोला—आप फ्री हैं?

—बिल्कुल! मिश्राजी ने मुँह से भी कहा, हाथों से भी। आँखों से भी।

—तो चलिए, चाय पीते हैं।

दोनों दफ़्तर कम्पाउंड से निकलकर बाहर खड़े जबरसिंह के चाय के ठेले पर आये और मूढ़ियाँ खींचकर बैठ गये।

जबरसिंह इसी विभाग का भूतपूर्व कर्मचारी है। गाँव का है। मैट्रिक पास है। किसी बात पर जूनियर इंजीनियर से झगड़ा हो गया। उसने इसे अंग्रेज़ी में गाली दी, इसने उसे देसी भाषा में झापड़ मार दिया। सस्पेंड हो गया। जूनियर इंजीनियर—जिसे जँचा रखा गया था कि वह कर्मचारी नहीं, अधिकारी है, इस बात पर तुल गया कि वह जबरसिंह को गुज़ारा भत्ता भी नहीं मिलने देगा। जबरसिंह थोड़े दिन चक्कर लगाता रहा, दारू पीकर गुबार निकालता रहा और हताश होकर उसने यह चाय का ठेला लगा लिया। सारे जान-पहचान के थे, यार-दोस्त थे। काम चल निकला। बाद में बहाली हुई तो भी ड्यूटी पर नहीं चढ़ा। और तबसे चाय ही पिला रहा है। पता नहीं ओनली विमल, लिम्का आफ्टर

रागा, हीरो होंडा, गरवारे और भला उसकी क़मीज़ मेरी क़मीज़ से सफ़ेद क्यों जैसे उद्घोषों का उसके दिल पर क्या असर पड़ता है, लेकिन इतना तो सब देखते हैं कि जबरसिंह दो अख़बार रोज़ लेता है, छाछ या मक्खन से रोटी खाता है, कान में सोने की मुंगरी पहनता है, मूँछों पर मलाई लगाता है और कुत्ते को खुरचन खिलाता है। आड़े वक़्त पर कर्मचारी भाइयों को सौ-दो सौ की मदद भी उसी से मिलती है।

—सरकार काम के बदले अनाज योजना चलाती है। हर साल हमें फूड ग्रेप अलाउंस देकर बाज़ार भेज देती है। क्या वह बाज़ार पर हमारी निर्भरता कम नहीं कर सकती? क्या पार्टली हमें वस्तुओं के रूप में वेतन नहीं दिया जा सकता? अनाज-दलहन, बच्चों की कॉपी-किताब, साइकिल-घड़ी। हमारे कोऑपरेटिव स्टोर्स हैं, यूनियनें हैं, हम आदमी एम्प्लॉय कर सकते हैं—...सरकार के पास वितरण की ईमानदार मशीनरी न सही, हम ख़ुद कर लेंगे। क्या यूनियन लेगी ये ज़िम्मा? सरकार से कहेगी? ये भी एक तरह का आन्दोलन ही है...

—सरकारी कर्मचारी तो देश की आबादी का बहुत छोटा हिस्सा हैं।

—तब तो और भी आसान है। लेकिन आप कहेंगे नहीं। और कहेंगे भी तो सरकार मानेगी नहीं। और मान भी गयी तो यह सफल होगा नहीं। हमारे यहाँ उत्पादन मुनाफ़े के लिए होता है, समाज की ज़रूरतों के लिए नहीं। प्लास्टिक बन रहा है तो सब प्लास्टिक में ही घुसे जा रहे हैं। टीवी चला तो सब टीवी-टीवी। इलेक्ट्रोनिक्स आया तो घुसा हर अढ़ाती इलेक्ट्रानिक्स में। सरकार उत्पादन पर क़ाबू नहीं रख सकती तो वितरण पर क्या रखेगी?

—अच्छा, यूनियन किसी का ट्रांसफर कराती है तो इसमें क्या ग़लत है?

—नहीं, पहले ओटी। आप ओटी देने और ओवरटाइम की रेट बढ़ाने को क्यों कहते हैं?

—नहीं कहना चाहिए?

सत्यकान्त ने देखा जबरसिंह सिर्फ़ चाय नहीं बना रहा, उसकी बातें भी ध्यान से सुन रहा है। और भी दो-चार, जो आसपास बैठे हैं। वह सकुचा गया। और चुप हो गया। और चाय आने तक चुप ही रहा। फिर सफ़र धीमा करके बोला—ओवरटाइम क्यों दिया जाता है? ओवरटाइम की फिलॉसफ़ी क्या है? ओवरटाइम वेकेंट पोस्ट के अगेन्स्ट में ही दिया जाता है न? काम ज़्यादा है और आदमी कम हैं। काम दस आदमियों का है—उनके हिसाब से और आदमी हैं सात। इसीलिए ओटी दिया जाता है न?

—बिल्कुल।

—क्यों? बाक़ी तीन आदमी कहाँ हैं? क्या कर रहे हैं? क्या वे भूखे नहीं बैठे हैं? उन्हें नौकरी क्यों नहीं दी जाती? क्या इस पढ़े-लिखे बेरोज़गारों के मुल्क में ओटी करना, भूखे के हिस्से की रोटी खाना नहीं है?

कुछ नहीं बोल पाये मिश्राजी इस बार।

—इसमें भी एक साज़िश है। ओटी देकर काम कराने में कोई लफड़ा नहीं है। तीन आदमी रखोगे तो उनके लिए अलग मेज़-कुर्सी, फ़ाइल-लॉकर-क्वाटर-प्रमोशन-ट्रांसफर-बीमा-पेन्शन-ग्रेच्युटी-छुट्टी-दवा-दारू सब करना पड़ेगा। ख़ाली पोस्ट क्या माँगेगी? दिन भर के थके-हारे कर्मचारी के मुँह पर पैसे मारकर चार घण्टे और काम करा लिया जायेगा। और छुट्टी।

—ओटी कोई शौक़ से थोड़ी करता है। तनखा में गुज़ारा चलेगा तो क्यों करेंगे?

—इस अहसास को ओटी कुछ हद तक कुन्द नहीं करता? बाबू दिन भर काम नहीं करेगा, ताकि ओटी मिले, और ओटी में नौकरी ने जो समय खाया वह किसका खाया? बाबू का? नहीं। उसके परिवार का। खेल का। बच्चों को पढ़ाने का। घरवाली से गपशप का। शाम की सैर का। उसकी सामाजिकता का। ये कितना बड़ा अन्याय है जो कर्मचारियों के साथ हो रहा है। क्या हमें इसका विरोध नहीं करना चाहिए? कर्मचारियों को साफ़ कहना चाहिए कि ओटी बन्द करो। पूरे आदमी काम पर रखो। उन्हें रोज़गार दो। लीव रिज़र्व रखो। हमें ओटी दिया... तो हम तुम्हारा मुँह तोड़ देंगे।

मिश्राजी हँसने लगे। बच्चों जैसी निर्मल हँसी। जबरसिंह भी। वह एक बेंच पर उकड़ूँ बैठने के लिए धोती समेट रहा था। एक हाथ में बीड़ी थी। दूसरे में माचिस। पीले-पीले दाँत दिखाकर हँसा जब सत्यकान्त से नज़र मिली। मज़ेदार हँसी। कौतुक वाली।

—तो कैसे निभेगी मिश्राजी? सिगरेट सुलगाता हुआ सत्यकान्त बोला। मैं कहूँगा तनखा मत बढ़ाओ, यूनियन कहेगी तनखा बढ़ाओ। मैं कहूँगा, ओटी बन्द करो, यूनियन कहेगी सबको ओटी दो। मैं कहूँगा तबादले के बारे में यूनियन कुछ न बोले, यूनियन ज़रूर बोलेगी। मैं कहूँगा बदमाश और भ्रष्ट कर्मचारियों को यूनियन ख़ुद सज़ा दिलवाये, यूनियन उन्हें डिफेंड करेगी...

—तबादले के लिए यूनियन को क्यों नहीं बोलना चाहिए? अपने घर के पास कौन नहीं रहना चाहता? किसी को कोई प्रॉब्लम है किसी को कोई।

आप उठा के किसी अंटसंट जगह फेंक दोगे तो यूनियन होती किसलिए है? आदमी यूनियन का मेम्बर क्यों बनता है? इसीलिए न कि उसे देर-सबेर अपनी मनपसन्द जगह मिलेगी और उसके साथ कोई अन्याय हुआ तो यूनियन उसकी रक्षा करेगी! अब जहाँ तक फेसिलिटीज़ की बात है, अफ़सर कुछ सुनते नहीं, देखते नहीं तो कर्मचारियों का दबाव बनाने के लिए यूनियन होती है। अब आप जानते नहीं, पहले यहाँ लोगों के पास बैठने के लिए कुर्सियाँ तक नहीं थीं। लोग जंजीर से बाँधकर रखते थे अपनी कुर्सियाँ। न रेस्टरूम में कोई खटिया-वटिया थीं। जोशीजी के टाइम की बात है। अरे और तो और लेटरीन में डिब्बा तक नहीं था। और ये बात ठेठ डिवीजनल कान्फ्रेंस तक गयी। तो ऐसा तो नहीं है कि यूनियन कुछ नहीं करती या यूनियन ने कुछ नहीं किया। आज आप देख लीजिए। बाकायदा फ़र्नीचर है, रेस्टरूम है। रिक्रीएशन की फेसिलिटीज़ हैं। कैरम बोर्ड तक है। ट्रांसफर की हर एप्लीकेशन हमने फॉरवर्ड करवाई है और बाकायदा ट्रांसफर भी करवाये हैं। आख़िर...

मिश्राजी उत्तेजित हो गये। पर यह उत्तेजना दिखावटी ज़्यादा थी। वह भाषण नहीं दे रहे थे। सिर्फ़ सत्यकान्त को उकसा रहे थे। ताकि वह यह न समझे कि वह दीवार से बात कर रहा है।

मिश्राजी आप तो यूनियन की उपयोगिता पर भाषण देने लगे।

मिश्राजी हँस दिये। जबरसिंह दूसरे लोग भी। एकदम खुली-खिली और दोस्ताना हँसी। और फिर सब उसकी तरफ़ उत्सुक निगाहों से देखने लगे। सत्यकान्त को थोड़ी झेंप लगी। बहुत लोगों के आकर्षण के केन्द्र में आना उसे स्वभावतः पसन्द नहीं। पीछे बैठना, कोने में खड़े रहना, नेपथ्य में रहना ही उसे अच्छा लगता है। लेकिन अभी वह कमिट हो चुका था। उसका कोना ही केन्द्र बन चुका था। भागना अच्छा नहीं लगता।

बोला—मैंने सुना है सोवियत संघ में जब किसी कर्मचारी का तबादला होता है, तो उससे कहा जाता है—ये लीजिए आपका ट्रांसफर ऑर्डर, नये शहर के लिए आपके टिकट, नये स्कूल में आपके बच्चों के दाख़िले, नये फनिश्ड मकान की चाभियाँ और रिलीज ऑर्डर। शाम को आपके घर ट्रक पहुँच जायेगा। और आदमी।

सुननेवालों के मुँह गोल-गोल खुल गये। आधे उत्साह में आधे अविश्वास में।

और इसके बाद एक मज़ेदार बात यह हुई कि मिश्राजी उठ खड़े हुए और जबरसिंह बोला—आज की चाय के पैसे मिसराजी से हम नहीं लेगा। आज की

चाय जबरसिंह की तरफ़ से। रेडीफेंट सण्ड सेलूट। और हँस दिया। उसके और ग्राहक समझे गये जबरया आज ख़ूब ख़ुश है

दूसरे दिन जबरसिंह ने सत्यकान्त से पूछा—आप माटसाब थे क्या पेले? उसने कहा—नहीं तो। जबरसिंह बोला—आप इतनी सारी बातें जानते हो, पर किसी से जादा बतलाते नहीं हो। चुपचाप किताबाँ पढ़ते हो, सिगरेटाँ धूँकते हो और घर चले जाते हो। क्या बात है? आपको किसी से बतलाना अच्छा नहीं लगता?

सत्यकान्त मुस्कराकर रह गया।

और तीसरे दिन सत्यकान्त के लाख हुज्जत करने, भागने, बचने, छिपने और अड़ने के बावजूद उसे सबने मिलकर यूनियन का नया शाखा सचिव बना दिया।

चौथे दिन उसने किसी से सुना, जबरसिंह किसी से कह रहा था माटसाब का यूनियन में खटाव नहीं होगा। फालतू बना दिया उनको सिकेटरी।

सत्यकान्त ने यूनियन के सैद्धान्तिक पक्ष को मज़बूत बनाने का प्रयास आरम्भ किया। नौकरी की सेवा शर्तें, नियम-उपनियम, प्रशासनिक विधान, दण्ड व्यवस्था, सुविधाओं के प्रावधान आदि। उसने विभागीय, ट्रेडयूनियन सम्बन्धी और वामपन्थी राजनीति की पत्रिकाएँ-पुस्तिकाएँ और समाचार-पत्र मँगाना चालू किया। ख़ुद पढ़ना और दूसरों को पढ़ने के लिए उकसाना चालू किया और इस चक्कर में कई राज़ खुले। पता चला सेवानियम वही चल रहे हैं जो उन्नीसवीं सदी में अंग्रेज़ों ने बनाये थे, उसमें संशोधन पर संशोधन ख़ूब हुए हैं, उसे नये सिरे से लिखा नहीं गया है। स्थायी और पूरक नियम ऊपर से नीचे तक किसी दफ़्तर में उपलब्ध ही नहीं हैं। उन्हें एक भूतपूर्व कर्मचारी ने किताब की शक्ल में छाप रखा है, और सारे दफ़्तर उसी को प्रमाण मानकर काम चला रहे हैं। जैसे-जैसे सत्यकान्त इस सबके बारे में लम्बे समय से उलझे मामलों, अधिकारी कर्मचारी और यूनियन के परस्पर सम्बन्धों आदि के बारे में परिचय पाता गया, वैसे-वैसे उसका आत्मविश्वास कम होता गया। और जैसे-जैसे उसका आत्मविश्वास कम होता गया, वैसे-वैसे यूनियन में उसकी इज़्ज़त बढ़ती गयी। लोग उसे माटसाब और गुरुजी कहने लगे। यह सुनना उसे ख़ूब अच्छा लगता। और जितना अच्छा लगता उतना ही वह आशंकित होता जाता कि वह फिसल रहा है...पर्सनाल्टी कल्ट में। आत्ममुग्धता में। व्यक्तिवाद में। मध्यवर्गीय आदर्शवाद में।

इन्हीं दिनों एक उच्चाधिकारी दौरे पर आये। परिपाटी थी कि स्थानीय समस्याओं को लेकर यूनियनवाले भी उनसे मिलने जायेंगे। वह नर्वस हो गया। मिश्राजी को उसने साथ ले लिया। मुलाक़ात के लिए निश्चित समय पर उन्हें बुलाया गया। स्थानीय अधिकारी भी थे। वह नर्वस भी था और झुँझलाया हुआ भी। उसने लड़ने की मुद्रा अख़्तियार की और उच्चाधिकारी द्वारा झिड़क दिया गया। मिश्राजी ने बात सम्हाली। वह अकेला होता तो यक़ीनन उठकर आ जाता, चाय भी छोड़कर आ जाता। मिश्राजी बेबात हँस रहे थे—हक़ के लिए भी गिड़गिड़ा रहे थे और दयनीयता की मुद्रा में महामहिम की मेहरबानी चाह रहे थे। इससे महामहिम का अहं ख़ूब तुष्ट हुआ। वह मिश्राजी से ही मुख़ातिब रहा। और उसने—मानो सत्यकान्त को सबक सिखाने के लिए—स्थानीय यूनियन की आधी से भी ज़्यादा माँगें फ़ौरन मान लीं, बाक़ी पर शीघ्र एक्शन लेने का वादा कर, उन्हें डायरी में नोट करके ले गया, और जाते-जाते यूनियनवालों से हाथ भी मिला गया।

मुलाक़ात अत्यन्त सफल रही। सब कर्मचारी ख़ुश हो गये। सेहरा सत्यकान्त के ही सिर बँधा। सिर्फ़ उसी से मिश्राजी ने कहा—आप बुरा मत मानिएगा। मैंने थोड़ी व्यावहारिकता से काम ले लिया। इन गधों को फुसलाकर कुछ भी ले लो। लड़कर भी ले सकते हैं, पर अभी अपनी स्ट्रेंग्थ इतनी नहीं है।

यहाँ असफल होने के बाद वे यूनियन के क्षेत्रीय सम्मेलन में गये, जहाँ सत्यकान्त के ओजस्वी भाषण ने सबको 'फ़्लैट' कर दिया। उसने जबकि पूरी यूनियन को लताड़ा था कि वे संघर्ष की नहीं, समझौते की भाषा बोलने लगे हैं। छीनने की नहीं, माँगने की संस्कृति विकसित कर रहे हैं, उन्होंने श्रमिकों के आत्म-सम्मान को अफ़सरों के क़दमों में कालीन की तरह बिछा दिया है, आदि-आदि। और सबने ख़ूब ज़ोर से तालियाँ बजायीं और उसे संगठन सचिव चुन लिया। सर्वसम्मति से। बल्कि ज़बर्दस्ती।

उसे रुककर सोचना चाहिए था कि ऐसा क्यों हो रहा है? वह जिन्हें गाली दे रहा है वे गाली खाकर ख़ुश क्यों हो रहे हैं? क्या वह एक बुर्ज़ुआ, आरामतलब और यथास्थितिवादी यूनियन द्वारा इस्तेमाल किया जा रहा है? क्योंकि वह अपने थोड़े-बहुत अध्ययन और लच्छेदार भाषा के बूते पर इस यूनियन को एक क्रान्तिकारी छवि दे सकता है? या वह वर्तमान नेतृत्व के लिए परिवर्तनकारी सोच के ख़िलाफ़ किसी सेफ़्टी वॉल्व का काम कर रहा है? लेकिन उसने ऐसा नहीं किया। वह आत्ममुग्धता की चपेट में आ गया और आम मध्यवर्गीय लल्लुओं की

तरह जय-जयकार और फूलमाला-गुलाल-ज़िन्दाबाद के सुरूर में रपटकर सचमुच ख़ुद को वैसा ही समझने लगा, जैसा दूसरे उसको बता रहे थे। उसकी चाल में महत्त्वपूर्ण होने की ठसक आ गयी और बातों में उपदेशक का लहजा। ऐसा एक दिन में नहीं हुआ, लेकिन हो गया। अब वह किसी की तबादले की अर्ज़ी लिख रहा था, किसी का ओटी लगवा रहा था और किसी के वेज़ रिवीजन के तर्क गढ़ रहा था। और समझ रहा था कि वह बड़ी भारी जनसेवा कर रहा है। उसका पढ़ना भी कम हो गया। टाइम कहाँ था? और धीरे-धीरे असफलता-अस्वीकार असहमति और अपमान को विचारपूर्वक झेलने-सहन करने के उसके स्नायु कड़े और नाकारा पड़ने लगे और सरल शब्दों में कहें तो उसे नेतागिरी की लत पड़ने लगी।

धीरे-धीरे जबरसिंह की होटल उसकी स्थायी बैठक हो गयी। वह चाय पर चाय पीता, सिगरेट पर सिगरेट फूँकता और इस-उस के छोटे-छोटे सवालों के बड़े-बड़े जवाब देते-देते ख़ुद को थका डालता, और सोचता बड़ा अच्छा काम कर रहा है। शाम होते-होते लेकिन एकदम ख़ाली हो जाता, और उदास, और तनहा। उसे श्रोताओं की लत पड़ रही थी और उसने सारे स्टाफ पर, बल्कि कुछ अधिकारियों तक पर एक क़िस्म का बौद्धिक आतंक जमा दिया था। लोग फ़ुर्सत में वहाँ आ बैठते, चाय के पैसे उसे कभी नहीं देने देते और उसकी बातें ग़ौर से, मज़े से सुनते। वह लोकप्रियता के नये शिखर छूने लगा और धीरे-धीरे अपने ही साथियों से उसकी दूरी बढ़ने लगी। लोग उसका लिहाज़ करते, उसके सामने गाली नहीं देते, लड़की नहीं छेड़ते, सिनेमा के गाने नहीं गाते, सेक्स या रिश्वत की बातें नहीं करते, ऐसी-वैसी किताब पढ़ रहे होते तो छिपा लेते, क़मीज़ का ऊपर का बटन बन्द रखते, उबासी आने पर मुँह भींच लेते और उसे चाय-पान को पूछते रहते। दफ़्तर में यह लिहाज़ और भी ज़्यादा था। लोग उसके हिस्से का काम मिल—बाँटकर निबटा देते और अफ़सरों की ख़ामोश रज़ामन्दी से पूरा वक़्त यूनियन के काम के लिए छुट्टा छोड़ देते।

सिर्फ़ जबरसिंह ऐसा था जो उसका भक्त या श्रोता नहीं था। वह चुपचाप अपना काम करता रहता, दोपहर होने पर धीरे-से पूछता—रोटी खायी माटसाब? ज़ाहिर है इस सवाल का जवाब सत्यकान्त के पास नहीं होता। वह इस सवाल से मानो असुविधा में पड़ जाता। 'जाऊँगा यार होटल' या 'छोड़ो यार, शाम को ही बना लूँगा कुछ एक साथ' जैसा कुछ बुदबुदाकर वह एक सिगरेट और सुलगा लेता और बेंच पर ही लेट जाता। जबरसिंह चुपचाप एक प्लेट में मलाई

भरकर, उस पर शक्कर डाल उसे पकड़ा देता, या किसी जान-पहचान के स्कूटर-मोटरसाइकिल को रोककर उस पर 'माटसाब' को ज़बर्दस्ती बैठ कर होटल भिजवा देता। या कभी-कभी ऐसा भी होता कि वह कहता 'आओ, अपन भेले ही ठोक लेते हैं एक-एक सोगरा' और अपनी मैली पोटली खोल, उसमें से सुबह का बनाया बाजरी का सोगरा और उस पर मिर्च की चटनी, छाछ के गिलास के साथ उसे पकड़ा देता, लेकिन इस पर कभी ज़ोर नहीं देता। इस मुद्दे पर दोनों की दुविधा दर्शनीय थी। जबरसिंह सोचता, पता नहीं हम ग़रीबों का खाना माटसाब को पसन्द आयेगा या नहीं, और सत्यकान्त सोचता इसके हिस्से का आधा खाना मैं खा लूँगा तो यह भूखा रह जायेगा।

उस साल के प्रान्तीय अधिवेशन में सत्यकान्त की शास्त्रीजी से पहली बार भेंट हुई। शास्त्रीजी एक गाँधीवादी क़िस्म के अधेड़ आदमी थे। उन्हें ज़्यादा भाषण-वाषण देना नहीं आता था। उनके स्मृति भण्डार में दस से भी कम लतीफ़े थे जो पिछले बीस साल से हर जगह सुनाये जा रहे थे और सबको रटे पड़े थे। शास्त्री जी को ट्रेड यूनियन की फिलॉसफ़ी से कुछ लेना-देना नहीं था। वे यूनियन के संस्थापक सदस्यों में से थे और जनसेवा की भावना से हरेक का काम कर देना उनकी आदत थी। बल्कि धर्म था। इस धर्म को वे अत्यन्त विनम्रतापूर्वक और व्यावसायिक कुशलता से निभाते थे। उनकी स्मरण शक्ति लाजवाब थी और वे किसी से चाय तक नहीं पीते थे। उल्टे दूर-दूर से आनेवाले कर्मचारियों को ख़ुद चाय पिलाते थे, परिचितों को खाना खिलाते थे और मित्रों को घर ठहराते भी थे। उनके घर पर शायद ही किसी दिन अचानक यह घोषणा न हुई हो कि सुनोजी! चार आदमी या दो आदमी या तीन आदमी और खायेंगे। और शायद ही किसी दिन बच्चों से यह नहीं कहा गया हो—बेटे, तुम उस कमरे में पढ़ लो, या आज मम्मी के कमरे में सो जाओ। कुल मिलाकर, शास्त्री बड़े देवता क़िस्म के आदमी थे। और उनके इस देवतापने ने यूनियन के जुझारूपन का भट्ठा बैठाकर रख दिया था।

शास्त्रीजी को हर समय लोग घेरे रहते थे। उनके साथ के अधिकांश लोग अफ़सर बनते गये थे; और वे यूनियन की ख़ातिर लगातार पदोन्नति ठुकराते रहे थे इसलिए ये अफ़सर छोटी-छोटी बातों के लिए शास्त्रीजी की बात टाल नहीं सकते थे। इसी लिहाज़दारी के चलते शास्त्रीजी, जैसे भी हो, हरेक का काम करा

देते थे। लेकिन उनसे ही काम निकालकर लोग अपने-अपने शहरों में जाते और दूसरी यूनियन खोल लेते। उनसे कितनी ही बार कहा गया कि सिर्फ़ उनका काम कराइये जो अपना मेम्बर हो, लगातार चन्दा देता हो और ब्रांच सेक्रेट्री का पत्र साथ लाये। लेकिन उन पर इसका कोई असर नहीं। इस महकमे में एटक-सीटू बीएमएस, इंटक, हिन्द मज़दूर आदि सब रंग की यूनियनें थीं, कैडरवाइज़ यूनियनें भी अलग-अलग थीं। चार-पाँच तो महासंघ थे और बीस-पच्चीस महासचिव। स्थिति यह थी कि कई जगह तो हर चौथा कर्मचारी यूनियन का पदाधिकारी था। जिसे स्थानान्तरित होकर दूर-दराज देहात में फेंके जाने का डर होता वही यूनियन का पदाधिकारी बन जाता और उस अवधि के लिए तबादले के डर से मुक्त हो जाता। ऐसा भी देखने में आता कि कल तक जो आदमी शास्त्रीजी का दाहिना हाथ माना जाता था, आज उन्हें धता बताकर दूसरी यूनियन का महासचिव या मण्डल सचिव बन गया है और इसी आधार पर राजधानी में चिमटा गाड़कर बैठ गया है, और अब अनन्तकाल तक यहीं रहने का जुगाड़ बैठा रहा है, ताकि इस बीच अपना मकान का काम पूरा करवा सके या बैंक लोन लेकर भाई के नाम से ऑटोरिक्शा चलवा सके या वाइफ को बीएड करवा सके।

प्रबन्धन को इस सब में ख़ूब मज़ा आता था। क्योंकि इस तरह कर्मचारी इतने छोटे-छोटे टुकड़ों और मनसबदारियों में बँट जाते थे कि उन्हें किसी से भी डरने की ज़रूरत नहीं रह जाती थी। पिछले दस साल से विभाग में कोई बड़ी हड़ताल नहीं हुई थी और आगे दस साल तक होने की कोई आशंका भी नहीं थी। ख़ुद शास्त्रीजी की सेहत पर इससे कोई फ़र्क़ नहीं पड़ता था। क्योंकि उनका देवत्व सुरक्षित था। कोई लाख महासचिव बन जाये, अपने काम करवाने के लिए उसे अब भी शास्त्रीजी के पास ही आना पड़ता था। शास्त्रीजी की यूनियन में हालाँकि दर्जनों ऐसे लोग थे जो इस सबका मतलब समझते थे और शास्त्रीजी से दुखी भी रहते थे, बल्कि उनके विरोधी भी थे, लेकिन इस 'अपनी' यूनियन के प्रति धार्मिक क़िस्म की निष्ठा के चलते वे न तो इस यूनियन को छोड़कर जाते थे न उन्हें शास्त्रीजी का कोई विकल्प नज़र आता था।

सत्यकान्त ने अपने पहले ही भाषण में इस विरोध को विस्फोट में बदल दिया। उसने—पुराने कवियों के अन्दाज़ में कहें तो—शब्द और वाक्य नहीं, लपट और शोले उगले। उसने परम्परागत लिहाज़वादी नेतागिरी की धज्जियाँ उड़ा दीं। उसने नौजवान कर्मचारियों का आह्वान किया कि वे इस कचरे के ढेर में आग लगा दें। उसने साफ़ कहा कि यह ट्रेड यूनियन नहीं, शुद्ध अर्थवाद है...प्योर एंड सिम्पल।

जो अनन्तकाल तक लड़ाई का भ्रमजाल खड़ा करके वर्तमान व्यवस्था के पैने नाख़ूनों की हिफ़ाज़त करता रहेगा। उसने लताड़ते हुए कहा कि ये लीडर नेता नहीं, वकील हैं, चतुर वकील, बल्कि दल्ले, जो मुवक्किलों की मूर्खता खाकर ही जीवित रहते हैं, आदि-आदि।

लोग गद्‌गद हो गये। लोगों के बदन में फुरफुरी छूटने लगी। सब सबसे उसके बारे में पूछने लगे। वह जहाँ जाता भीड़ लग जाती। बहुत अर्से बाद शास्त्रीजी ने आपा खोया। लोग सत्यकान्त को 'शास्त्रीजी के बाद कौन' का भावी उत्तर मान भी चुके। सबने सबसे कहा कि प्रान्तीय अधिवेशन में कई साल बाद इतना मज़ा आया। और इस सबका परिणाम यह निकला कि वह प्रान्तीय परिषद में संयुक्त सचिव के रूप में ज़बर्दस्ती और सर्वसम्मति से चुन लिया गया। माला, गुलाल, ज़िन्दाबाद, अख़बार में फ़ोटो... शास्त्रीजी के दरबार का एक और रतन।

सत्यकान्त ने माथा कूट लिया। सर पीट लिया। क्या यही... क्या यही वह पाना-करना चाहता था? क्या उसने ओटी, अन्तरिम राहत, प्रमोशन, पे कमीशन, पिटीशन रिप्रेजेंटेशन और आर्बिट्रेशन की नक़ली और वाहियात माँगों की दलदल में लोट रहे इन मध्यवर्गियों के सोच को ज़रा भी हिलाया? क्या वह भी वैसा ही नहीं हो गया जैसाकि वह नहीं है? क्या वह ख़ुद को चुपचाप शास्त्रीजी बन जाने देगा? एक स्वतन्त्र व्यक्ति की विचार चेतना का इससे बड़ा अपमान और क्या हो सकता है? क्या वह अभी, इसी वक़्त इस्तीफ़ा दे दे? लेकिन फिर? क्या यह क़िला अभेद्य है? या दुर्भेद्य? इसे कहाँ से और कैसे तोड़ा जाये?

उसे मालूम था कि संयुक्त सचिव मात्र शोभा की चीज़ है। सम्मेलन के बाद हुई कार्यकारिणी की बैठक में यह सिद्ध भी हो गया। उसने कुछ सुझाव रखे, जिनका किसी ने विरोध नहीं किया, लेकिन समर्थन भी नहीं किया, वे उसे सुनने के फ़ौरन बाद सबके बीच में मसनद के टेके से पसरे शास्त्रीजी की तरफ़ देखने लगे जो माचिस की तीली से दाँत कुरेद रहे थे। दाँत में फँसा कुछ साम्ने ही थूककर उन्होंने फर्माया कि सुझाव कॉमरेड के अच्छे हैं, लेकिन प्रेक्टिकल नहीं हैं। हो नहीं सकता।

सत्यकान्त आधे घण्टे तक शराफ़त से हुज्जत करता रहा, जानना चाहता रहा कि उसके सुझाव व्यावहारिक क्यों नहीं हैं? फिर तैश में आ गया। जवाब में शास्त्री जी के एक पुराने चमचे ने चिढ़कर उसे डपट दिया—आप बच्चे हैं अभी। आपने देखा क्या है अभी? तीस साल से यूनियन चला रहे हैं। जितनी आपकी उम्र नहीं हुई उतनी हमारी सर्विस हो गयी। ये कोई स्टेज पर लच्छेदार

भाषण देने का काम नहीं है। आधे घण्टे से मीटिंग को हेल्ड अप कर रखा है। हाँ नहीं तो...क्या नाम से शास्त्रीजी ने उसे रोका और कहा कि हमें नये लोगों के विचारों को भी सुनना चाहिए।

बैठक के फ़ौरन बाद शास्त्रीजी ने सत्यकान्त के सामने सुझाव रखा कि अगले महीने वे राज्य की सभी शाखाओं का दौरा करने निकल रहे हैं, सत्यकान्त चाहे तो साथ चले, घूम-देख भी लेगा सभी शाखाएँ और दूसरा यह कि इस उम्र में शास्त्रीजी के लिए अकेले यात्रा करना भी आसान नहीं, कोई साथ रहे तो गपशप भी रहेगी और यह भी कि भई ज़रा स्टेशन पर उतरकर पानी ला दिया, चाय ले आये, बिस्तरा लगवा दिया, टिकट ख़रीद लाये...जीव को जीव का सहारा। एक से भले दो। वैसे भी वह संयुक्त सचिव है... 'वह चाहे तो शास्त्रीजी उसके रिलीज़ के लिए बात करें? एक तरफ़ का किराया ब्रांचें देंगी, एक तरफ़ का सीईसी से दिलवा देंगे। और सत्कार तो होगा ही हर जगह। क्यों?

बग़ैर सोचे-समझे सत्यकान्त ने मना कर दिया। साले की हिम्मत तो देखो!

सत्यकान्त को समझ में आया कि चुनौती बहुत बड़ी है। उसके अन्दाज़े से हज़ार गुना ज़्यादा बड़ी। शास्त्रीजी एक साँचा हैं, जो अपने इर्द-गिर्द सैकड़ों छोटे-छोटे शास्त्री ढाल देते हैं। शास्त्रीजी एक मानसिकता हैं जिसकी जड़ें मध्यवर्गीय आदर्शवाद में से फूटती हैं और तमाम परिवर्तनकारी सोच को ढँक लेती हैं। हर पीढ़ी एक कल्ले की तरह फूटती है और हर बार मौक़ा ताड़कर यह फफूँद उसे शास्त्रीजी बना डालती है। लेकिन समस्या सांस्कृतिक है या सामाजिक? या आर्थिक? या राजनैतिक? कहाँ से इस क़िले में पलीता भरा जाय? आसान और सीधा विकल्प है इस यूनियन को छोड़कर दूसरी में चले जाना, या कोई नयी यूनियन बना लेना। लेकिन क्या यह सही विकल्प है? क्या यह कोई विकल्प भी है? यूनियन छोड़कर भागने और घर छोड़कर भागने और देश छोड़कर भागने में क्या बुनियादी फ़र्क़ है? सबसे बड़ी यूनियन यही है। ओटी, डीए, इन्टरिम रिलीफ़ और ट्रांसफर की सुविधापरस्त, रतौंधियायी, लिहाज़वादी राजनीति के विरोध में क्या वह अकेला खड़ा होगा? वह अकेला खड़ा होकर क्या करेगा? शहीद होना क्या अच्छी बात है? कर्मचारियों की मानसिकता वह कैसे बदलेगा? जबकि यह सारा ढाँचा सत्ता और यूनियनों ने मिलकर खड़ा किया है। पैसा इतना हरामी और बाज़ार इतना हरजाई क्यों है? उपभोक्तावाद सिर्फ़ पश्चिम का रोग है क्या?

शास्त्रीजी ने अपनी ड्यूटी कितने सालों से नहीं की है? अगर महासचिव न रहें, सामान्य कर्मचारी की तरह ड्यूटी करनी पड़े, तो कर पायेंगे? इन शास्त्रियों का क्या इलाज है? उसके पास।

इस उच्छ्वासपूर्ण भावुक सोच में बहने की बजाय ठीक इसी मुकाम पर सोचना चाहिए था सत्यकान्त को कि आख़िर कहीं तो होंगे उसके भी हमख़याल! इसी महकमे में। कम ही सही। अकेले और अजनबी और गुमसुम ही सही। और निकल पड़ना था उन्हें ढूँढ़ने। लेकिन चूक गया। यह बात उसके दिमाग़ में आयी ही नहीं।

इसलिए जब अधिवेशन से लौटकर वापस अपने शहर आये, तो सब ख़ुश थे, बल्कि गौरवान्वित, कि इस बार प्रान्तीय कार्यकारिणी में उनके यहाँ का भी कोई आदमी लेना पड़ा शास्त्रीजी को। मानो वह चुनाव नहीं जीता हो, शास्त्रीजी ने उसे मनोनीत किया हो। और सब उसे घेरे हुए थे कि कब वह मुस्कराये तो वे ठहाका लगा दें और कब वह भौंहें सिकोड़े तो वे आग बबूला हो जायें। सिर्फ़ एक आदमी दुखी था, और उदास और तनहा, और वह सत्यकान्त ख़ुद था, जिसे दिन भर जबर सिंह की होटल पर पड़े-पड़े कुछ सोचते या सिगरेट फूँकते या जबरसिंह के छोटे-से टेपरेकॉर्डर पर मेहँदी हसन को चींथते देखा जा सकता था।

सत्यकान्त के प्रान्तीय संयुक्त सचिव बनने के बाद कर्मचारियों की उससे अपेक्षाएँ भी बढ़ गयीं। अब स्थानीय ही नहीं, आसपास के शाखा कार्यालयों से भी लोग उससे मिलने आने लगे, इस आशा से कि वह शास्त्रीजी से कहकर उनका तबादला, प्रमोशन, पेफिक्सेशन, कन्फर्मेशन, लोन सेटलमेंट आदि-आदि करवा देगा। हर केस उसे जेनुइन नज़र आता, हर आदमी की तकलीफ़ सुनकर उसे लगता उसका इस पर हक़ बनता है...हर बार राजधानी जाने से पहले उसके पास ऐसे कामों की एक लिस्ट होती; और इस लिस्ट में कर्मचारियों के ही नहीं, कई बार कुछ अधिकारियों के भी नाम होते। यदि वह कहता कि वह ये काम नहीं कर सकता या कराना ठीक नहीं समझता, तो लोग दुखी हो जाते या इसे मज़ाक़ समझकर हँस पड़ते। हर बार वह यह देखकर तड़प उठता कि अपनी मेहनत की रोटी खाने वाले ये लोग अपने हक़ की बात के लिए; अपनी जायज़ माँग के लिए भी कैसे अपने ही साथ वाले एक कर्मचारी की भी चमचागिरी करने लगते हैं। क्यों? क्यों और किसने उन्हें इसके लिए विवश कर दिया? बल्कि कभी-कभी तो उसे लगता कि यदि वह किसी की रुकी हुई तनखा दिलाने, या पेंशन चालू करवाने या ऐसे लोन की कटौती रुकवाने जो अगले ने लिया ही नहीं,

या मेडिकल बिल पास करवाने आदि के लिए सौ-दो सौ रुपये ख़र्च पानी के लिए भी माँगने लगे तो कोई इनकार नहीं करेगा। सरकार के बाज़ाप्ता कर्मचारियों की ऐसी दुर्दशा देखकर उसे हैरानी भी होती, दुख भी, ग़ुस्सा भी आता और पछतावा भी होता। ये लोग! ये भोले लोग! इनकी क्या ग़लती है? नौकरी में लेते समय सरकार ने इनसे कुछ वादे किये थे। सरकार तरह-तरह के बहाने बनाकर उनसे मुकरती है। इनके दिये बिल गाय खा जाती है, इनके तबादले की अर्ज़ी बिना वज़न हवा में उड़ जाती है, इनकी भविष्यनिधि फ़ाइलें बाढ़ में डूब जाती हैं... इनसे दस-दस घण्टे ओटी करा लिया जाता है और दस-दस महीने तक इसकी जा चुकी मज़दूरी का भुगतान नहीं किया जाता। उजरत माँगने पर इन्हें टरकाया जाता है, या लॉटरी के बीस टिकट ख़रीदने को या नसबन्दी के दो केस लाने को कहा जाता है! इन्हें कुर्सी-पंखे-औज़ार-पीने का पानी और साइकिल स्टैंड के लिए भी यूनियन की मारफ़त चीखना-चिल्लाना पड़ता है। क्या ये ज़बर्दस्ती गले पड़े लोग हैं। क्या इनके बग़ैर महकमा चल सकता है? क्या इनसे सिद्धान्तों की बातें करना सम्भव भी है?

लेकिन शास्त्री की काट भी शास्त्री ही हो सकती थी। और शास्त्री बनना भी आसान नहीं था। बल्कि एक शास्त्री के रहते दूसरा शास्त्री बनना सम्भव ही नहीं था। और एक शास्त्री को हटाकर दूसरे किसी का मुख्य शास्त्री होना तभी सम्भव था जब इतिहास पीछे मुड़कर भागना शुरू कर दे और रनिवासों-तलवारों-विषकन्याओं और षड्यन्त्रों से भरे राजमहलों में पहुँच जाये। अपने साल भर के संगठनात्मक अनुभव के बाद सत्यकान्त इसी नतीजे पर पहुँचा कि कर्मचारी ताली तो उसके भाषण पर ज़्यादा बजाते हैं लेकिन पीछे शास्त्रीजी के ही लगे रहते हैं—क्योंकि उन्हें मालूम है कि उनके बरसों के अटके काम सत्यकान्त नहीं, शास्त्रीजी ही करा सकते हैं। उसे शास्त्रीजी ने सिर्फ़ इसलिए रख रक्खा है कि वह भाषण अच्छे दे लेता है और उसके बहाने मीटिंग ज़रा अच्छी जम जाती है। प्रान्तीय कार्यकारिणी में भी मानो एक षड्यन्त्र के तहत उसकी बात बड़ी शान्ति और धैर्य से सुनी जाती, लेकिन मानी कभी नहीं जाती। इसकी प्रशंसा तो ख़ूब की जाती लेकिन यह भी कहा जाता कि उसे और व्यावहारिक होना चाहिए। वे कर्मचारियों को कर्मचारी नहीं, 'मास' कहते, और 'मास' से पार्टीसिपेशन नहीं, 'फॉलोइंग' चाहते। उनकी सारी नीतियाँ इसी मुद्दे के गिर्द बनतीं कि 'मास' क्या चाहता है। न कि ये कि मास को क्या चाहना चाहिए। शास्त्रीजी कोई भोले आदमी नहीं थे, जिनसे जो चाहे कुछ भी करवा ले।

उन्होंने उल्टी-सीधी, जायज़-नाजायज़ माँगें मनवाकर कर्मचारियों की एक बड़ी संख्या को मुट्ठी में कस रखा था, ख़ासकर बड़े शहरों में बरसों से जमे धन्धेबाज़ कर्मचारियों को, और वे जानते थे कि शास्त्रीजी भला करवा सकते हैं तो बुरा भी करवा सकते हैं। कुल मिलाकर वे अपने देवत्व की बहुत मुस्तैदी से चौकसी कर रहे थे और जिस परिमाण में सत्यकान्त उनसे अपनी तरफ़ के कर्मचारियों के काम करवाता, उसी परिमाण में शास्त्रीजी के सामने उसकी चुनौती ढीली पड़ती जाती थी।

धीरे-धीरे सत्यकान्त की चाल-ढाल में कुछ और परिवर्तन भी दिखाई देने लगे। अब वह कर्मचारियों की पूरी बात सुनने से पहले ही उन्हें मिश्राजी के पास भेज देता। उसी को केस समझाना चाहने वाले कर्मचारी से संक्षेप में और 'टु द पॉइंट' बात करने को कहता और पूरे काग़ज़ साथ नहीं होने या पूरी तारीख़ें याद न होने पर कर्मचारियों को डाँट भी देता। मिश्राजी पर भी वह अक्सर झुँझला जाता और जबरसिंह की रोटी अनुग्रह नहीं, अधिकार समझकर खा जाता। चार आदमियों के जुटते ही वह कोई ऐसी बात सोचकर बोलता जिस पर ठहाका लगे, और कोई उसकी चाय के पैसे दे देता या कोई उसके लिए पान या सिगरेट ले आता तो इसमें वह दिखाने के लिए भी कोई संकोच नहीं करता। स्थानीय प्रबन्धन पर वह शास्त्रीजी के अपने अन्तरंग सम्बन्धों की झूठी धौंस मारकर अपने 'मास' के सारे काम करवा लेता और अन्त में यह पूछने में भी नहीं शरमाता कि अमुक तारीख़ को वह शास्त्रीजी से मिलने राजधानी जा रहा है—कोई काम हो तो निस्संकोच हुकुम करें।

कभी-कभी अकेले में उसे अपने सिद्धान्त, यूनियन की अपनी आदर्श कल्पना और कर्मचारी परिवार को लेकर देखे गये सपने भी याद आते। वह एकदम उदास हो जाता। बल्कि कुण्ठित। उसके मुँह का ज़ायक़ा बिगड़ जाता। वह कूदकर इस नतीजे पर पहुँच जाता कि वह एक सुविधाजीवी, पेटी बुर्ज़ुआ वर्ग की यूनियन में है और इन नाशुकरों से तो कोई उम्मीद करना ही बेवक़ूफ़ी है। ये किसी करम के नहीं हैं। इनके लिए तो जितना करो उतना ही कम है। और जब ऐसे कोसनों से भी तसल्ली नहीं मिलती, मन की छटपटाहट और आत्मा की बेचैनी कम नहीं होती, तो...किसी के साथ पीने बैठ जाता। मरो सालो! फूटे करम तुम्हारे। जब कुएँ में ही भाँग पड़ी है तो...

लेकिन कभी-कभी तकलीफ़ भी होती। सच्ची और व्यक्तिगत तकलीफ़। वह किस निरर्थक-बेसूद-बेस्वाद चक्कर में फँस गया है। यह दिन-ब-दिन फलती-फूलती

बलवती होती भ्रष्ट शास्त्रीपन्थी हमें कहाँ ले जायेगी? इसका संहारकर्त्ता अगर कहीं है तो कहाँ है! कहाँ है??

ऐसी ही एक मूड लहर में एक दिन सत्यकान्त जबरसिंह की होटल पर बैठा रोटी खा रहा था कि कार्यालय का एक नौजवान लाइनमेन जगदीश उसके पास आया और नमस्ते करके पास बैठ गया। जबरसिंह कहीं चाय देने गया हुआ था। उसकी अनुपस्थिति में सत्यकान्त ने खुद ही रोटी निकाल ली थी। जगदीश बोला—साहब बहादुर! शाम को थोड़ा टैम होगा क्या ख़ाली?!

—क्यों? क्या काम है? सत्यकान्त भरे मुँह से बोला।

—कुछ नहीं। वैसेई। सोचा आपको अपणे घर ले चलना है।

—कुछ काम है?

—काम तो अपणा हम खुद ही कर लेते हैं। बात ऐसी है कि आज बच्चे के झंटूले उतरवाये हैं...क्या बोलते हो आप...मुण्डन...यो यार-दोस्त बोले के ढूँढ़ होणी चइये। तो अब आप तो अपनी हैसियत जानते ही हो। तो हमने सोचा कि चलो थोड़ी पार्टी-शार्टी कर देते हैं। दाल-बाटी-चूरमे का प्रोग्राम। तो सब लोग बोले के भई नेताजी को भी बुलाणा चइये। तो आपसे अरज है के आप पधारजो। मैं लेने आ जाऊँगा आठ-साढ़े आठ बजे आप कहो तो।

अटक-अटककर जगदीश ने अपनी बात पूरी की और हाथ जोड़े ठिठोली की मुद्रा में मुस्कराते हुए उसकी तरफ़ देखता रहा।

सत्यकान्त उँगलियाँ चाट रहा था। एक-एक कर चारों उँगलियाँ चाटने के बाद उसने हस्बमामूल बग़ैर जगदीश की तरफ़ देखे पहले तो अन्धविश्वासों और रूढ़ियों के ख़िलाफ़ एक संक्षिप्त भाषण दिया और फिर आने के लिए सहमत भी हो गया।

जगदीश के कच्चे मकान में औरतों की चहल-पहल थी। बाहर गोबर से लिपा काफ़ी बड़ा अहाता था जिसमें सात-आठ फोल्डिंग कुर्सियाँ रखी हुई थीं। उन पर दफ़्तर के चपरासी लाइनमेन और कुछ और लोग—जिन्हें सत्यकान्त नहीं जानता—जमे थे। मकान की बाहरी दीवार पर एक साठ वाट का लट्टू टाँग दिया गया था, जो कुर्सियों से फिर भी काफ़ी दूर था। अहाते के दोनों तरफ़ नीम के बड़े-बड़े पेड़ थे, जिनसे कुछ चाँदनी छनकर आ रही थी। सत्यकान्त को देखते ही सब उठ खड़े हुए। पहले जगदीश ने उससे हाथ मिलाया,

फिर उसने एक-एक करके सबसे, और एक ख़ाली कुर्सी पर आ बैठा। सबके हाथ में पीतल-काँच-स्टील के गिलास थे। कुर्सियों के बीच एक औंधा खोका रखा था जिस पर केसर कस्तूरी की एक बोतल और एक प्लेट में प्याज़ के टुकड़े और कुछ नमकीन रखा था। नीम अँधेरे में अल्प परिचितों के बीच पीने-पिलाने का यह माहौल काफ़ी कुछ रोमांटिक और ज़रा-ज़रा रोमांचक भी लग रहा था।

जगदीश ने एक गिलास पूरा भरकर, दोनों हाथों से पकड़, बड़े अदब से उसे पेश किया।

शराब बेहतरीन थी। दो-चार घूँट में ही सत्यकान्त मूड में आ गया और यूनियन की बातें करने लगा। बल्कि भाषण देने लगा। जैसा कि लोग कहते थे—लाइनमेन पहले ध्यान से सुनने लगे, मुस्कराने लगे, हँसे भी, और जैसा कि सत्यकान्त महसूस करता था—सत्यकान्त ने महसूस किया कि उसने रंग जमा दिया है।

अचानक बीच में उसकी बात काटकर जगदीश बोला—तो ये बताओ वकील साब...। हँसा। दूसरों की तरफ़ देखा। सब चुप थे। उसकी तरफ़ किसी ने नहीं देखा। सत्यकान्त चौंका।...तो ये बताओ वकील साब! के जब आप इस सबको ग़लत समझते हो, शास्त्रीजी को, यूनियन को, तो इससे अलग क्यों नहीं हो जाते? अस्तीफा क्यों नहीं दे देते? मिश्राजी बेचारे जैसे भी चला रहे थे, उसे गाली तो नहीं दे रहे थे कम-से-कम। आपकी ज़्यादा समझदारी है तो दे दो मिश्राजी को सारा राजपाट!

सत्यकान्त सुट्ट रह गया। उससे कुछ बोलते नहीं बना। एक कौंध की तरह उसे याद आया कि वह यूनियन के जलसे में नहीं, जगदीश के घर में बैठा है, जगदीश के निमन्त्रण पर, उसके बच्चे के मुण्डन पर आयोजित सहभोज में। और देखो! बच्चे के लिए कुछ लाना तो दूर रहा, उसने बच्चे को गोद में भी नहीं लिया है। बल्कि बच्चे का नाम तक नहीं पूछा है। उसे अपना आचरण असंगत ही नहीं अनर्गल भी लगा। यह उसके हाव-भाव से प्रगट भी हो गया होगा क्योंकि उसने खिसियाकर शास्त्रीजी सम्बन्धी कोई लतीफ़ा छोड़ने की और इस बहाने बात बदलने की कोशिश भी की। लेकिन अब दूसरे बात बदलना नहीं चाहते थे। बात शुरू हो ही गयी है तो हो ही जाये।

बालकिशन नाम का एक लाइनमेन बोला—नहीं, किसी की अच्छी बात हो तो माननी भी चाहिए, उसमें ऐसा कुछ नहीं है, और अपन ने मानी भी है, अब जैसे ओटी करना अपन ने छोड़ दिया के नहीं? चाहे कित्ताई लालच दे कोई।

सोच लिया सबने के नहीं करना तो नहीं करना बस। लेकिन जिस थाली में खाना खाना उसी में हगना...ये बात ज़रा...बॉस...

—या डब्बेवाली बात ही ले लो। एक दूसरा बोला। माँगीलाल नाम का। अब जगदीस उस्ताद ने बोला के गुरुजी को पसन्द नईं। छोड़ दो। तो भैया अपसर लोग चाहे जित्ताई पदा लें, नहीं उठाणा तो नहीं उठाणा बस।

—डब्बा क्या? सत्यकान्त ने पूछा।

—नाज का डिब्बा जी। अफ़सर लोगों को खाणें में शर्म नहीं आती, नाज-पिसाणे में शर्म आती है। इसलिए लाइनमेन जाये कन्धे पर डिब्बा रख के चक्की। क्यों जाये? जगदीश ने समझाया और हँसा।

सत्यकान्त चुपचाप इस हैरानी में डूब गया कि यह कब हो गया? इतनी बड़ी बात हो गयी और उसे पता भी नहीं चला? मिश्राजी ने तो उसे कुछ नहीं बताया। तभी जैसे उसकी आत्मा में से किसी ने पूछा—सत्यकान्त! तुम कितने दिन से दफ़्तर के भीतर नहीं गये हो?

—नहीं, आप बुरा मत मानना। मैं ऑफ़िस में नहीं कह रहा हूँ कोई बात। वहाँ हम लाइनमेन हैं आप साब लोग हैं। और घर में साथ बैठकर कह रहा हूँ। बुरा लगे तो छोटा भाई समझकर माफ़ कर देना। पर आप ही बताओ वकील साब। हममें से कोई सस्पेंड हो जायेगा, चार्जशीट मिलेगी, तो आप साब लोगों में से कौन बचाने आयेगा? आप तो दिलवाओगे उल्टा।

—क्या मतलब?

—मतलब? हँसा। जगदीश फिर हँसा। नाज पिसाणे में अपसर लोगों को ही शर्म नहीं आती, बाबू लोगों को भी आती है वकील साब। जबसे हमने उनका नाज पिसाणा बन्द किया वो धमकी ठोक रहे हैं के जगदीश को सस्पेंड कराके छोड़ेंगे।

अचानक सत्यकान्त को बहुत कुछ समझ में आ गया। जबरसिंह की होटल से पिछले कुछ दिनों से अपने साथियों की अनुपस्थिति और माहौल में फैला एक घुटा हुआ तनाव। जगदीश के घर ढूँढ के बहाने इस पार्टी का आयोजन और इसमें उसके किसी साथी का न होना। मिश्राजी की तरफ़दारी करनेवाले जगदीश द्वारा मिश्राजी को नहीं, सिर्फ़ उसको बुलाना...अच्छा... अच्छा—तो यह बात है...यहाँ भी राजनीति है...

कोई फिर गिलास भर गया।

वह कुटिल हो जाना चाहता था, चौकन्ना तो ज़रूर ही। लेकिन अवसाद ने कुटिल नहीं होने दिया...और नशे ने चौकन्ना नहीं।

अचानक उसने सुना कि वह ख़ुद कह रहा है—तुम मुझे बार-बार वकील साब क्यों कह रहे हो जगदीश?

—क्योंकि...दल्ला कहना नहीं चाहते। वह बोलकर ज़ोर से हँसा। दूसरे भी। शायद जगदीश को चढ़ गयी थी। शायद इन सबकी कोई मिलीभगत है। अच्छा...तो उसे घेरकर लाया गया है सुनाने के लिए...।

—आप बुरा मत मानना वकील साब। बुरा लगे तो छोटा भाई समझकर माफ़ कर देना...पर आपकी बात आप पर ही पड़ रही है। आप सबको गाली देते हो। पर इनमें और आप में क्या फ़र्क़ है? हैं? आप बतलाओ। शास्त्रीजी में और आप में क्या फ़र्क़ है? वो भी पब्लिक को चूतिया बणा रहे हैं और आप भी बणा रहे हो। फिर हँसा।

—कैसे-कैसे? आश्चर्य की बात है कि सत्यकान्त ने बड़ी नर्मी से ख़ुद को पूछते पाया। जबकि उसके कान जल रहे थे और कनपटी की हड्डी ऊपर-नीचे क़दमताल कर रही थी। उसने गिलास फ़र्श पर रखकर प्याज़ का एक टुकड़ा उठाया, उसे मुँह में डाला और जेब से सिगरेट-माचिस निकालकर, सिगरेट सुलगा, चप्पल उतार, एक पैर को दूसरे पर चढ़ाकर आराम से बैठ गया। हो जगदीश...

लेकिन वे हँस रहे थे। मुस्कराते हुए एक-दूसरे की तरफ़ देख रहे थे और नशे का फ़ायदा उठाकर उसकी ठीक गत बना देना चाहते थे। सारी धूल झाड़कर एकदम औक़ात पर ले आना।

मारो पत्थर दोस्तो! पत्थर मारो! बहुत दिनों से दोस्तों के पत्थर नहीं खाये। सत्यकान्त के भीतर कोई बोला। लेकिन क्यों? उसे गुस्सा आने लगा। क्या बत्तमीजी है! घर बुलाकर अपमानित करना!

बालकिशन बोला—साब! हम तो मजूर आदमी हैं। आपकी तरह पढ़े-लिखे तो हैं नहीं। किसान के बेटे हैं। हमारे हाथ-पाँव में आज भी भगवान की दया से ख़ूब गिरीस है। मोटा खाते हैं मोटा पहनते हैं। थोड़ा बहुत नसा-पत्ता ज़रूर करते हैं पर वो भी लिमिट में रखते हैं। हम न तो ट्रांसफर से डरते हैं न सस्पेंड से न टर्मिनेशन से। दो हाथ हैं। थोड़ा-बहुत भेजा भी है। जहाँ भी जायेंगे दाल-रोटी तो काढ़ ही लेंगे। तो हमारे मतलब की बात क्या है?

—भई तुम यह क्यों और कैसे मान रहे हो के मैं तुम्हें सस्पेंशन करवाने की धमकी ठोकने वालों की तरफ़ हूँ? सत्यकान्त बोला।

—भोले बाश्शा! घुटने तो पेट की तरफ़ ही मुड़ेंगे! जगदीश बोला। कहो क़ुर्बान जाऊँ आपकी सादगी पर...क्या...जैसे कि वो कहते हैं न...

—तुम नशे में बोल रहे हो या जैसे भी बोल रहे हो पर समझ भी रहे हो कि क्या बोल रहे हो? सत्यकान्त बोला। सब चुप हो गये। तुम कहते हो मैं दूसरों को बेवक़ूफ़ बना रहा हूँ। बताओ मुझे कि कैसे मैं किसको बेवक़ूफ़ बना रहा हूँ? रात-दिन खटने का यह नतीजा है! यूनियन कैसे चलायी जाती है तुम्हें मालूम है? तुम कराकर लाओ किसी का एक भी काम! बताओ मुझे, किसका काम नहीं कराया मैंने? क्या अपने फ़ायदे के लिए मैं यूनियन में आया? और क्या आज तक मैंने किसी से कुछ भी लिया उसका काम करने के बदले?

...यह आख़री बात पता नहीं कैसे सत्यकान्त के मुँह से निकल गयी। ऐसी बात तो न वह सोचता था न बोलना चाहता था।

जगदीश भी गिलास रखकर आगे झुक आया। हाथ जोड़कर बोला—साहब बहादुर! वकील साब! गुरु जी! आप बुरा मत मानना। और बुरा लगे तो छोटा भाई समझकर माफ़ कर देना। या चार जूते मार लेना सबके सामने। लेकिन... उँगली पर गिनाते हुए बोला... पहली बात तो ये कि आप रात-दिन खटते हो। तो रात का तो अपणे को मालूम नहीं, पर दिन भर तो आप जबरया के होटल की बेंचा तोड़ते दिखाई देते हो। और दफ़्तर में आपके हिस्से का काम करते हैं रावत साहब और पालीवाल बाउजी। अब वो बापड़े अपणा काम भी करें, आपका भी करें और कोई कसर रह जाये तो चौहान साब की डाँट भी खायें...

—क्यों? चौहान साहब को मालूम नहीं है क्या कि...

—अपसर लोगों ने आपको जान बूझकर छूट दी हुई है। क्योंकि आप उनका काम करा देते हो...जैसे शास्त्रीजी कराते फिरते हैं अपसर लोगों का काम। लीडर तो उनके हुए फिर आप...। कोई तीसरा बोला।

—दूसरी बात...अब जगदीश का सफ़र भी तेज़ हो गया। दूसरी बात के आपणे किससे क्या लिया? तो बुरा मत मानना वकील साब...कोई हाथी की लीद खाता है, कोई बकरी की मींगनी ही खाकर खुस हो जाता है। आपका छै महीने का चा-पानी-पान-सिगरेट का खर्चा कौन चुका रहा है? पता है आपको? और तो और आपने तो जबरसिंह तक को नहीं छोड़ा। रोज़ की रोज़ उसकी रोटी ठोक जाओगे तो अब वो भी मजूर आदमी है। उस बेचारे के पास भी कोई खत्ती तो गड़ी नहीं है। क्या?

—और अपसर लोग बग़ैर काम लिए हाजरी मान रहे हैं, जबरसिंह की होटल पर पड़े-पड़े दिन पूरा करने की भी तनखा दे रहे हैं, ये भी तो एक तरह की रिश्वत ही है। बालकिशन बोला।

सत्यकान्त तैश में आ गया और उठकर खड़ा हो गया। रिश्वत! तुमने मुझे समझ क्या रखा है? तुम मुझे घण्टे भर से जाने क्या-क्या बक रहे हो! वकील साब! शास्त्रीजी! रिश्वत! तुम उस हरामखोर शास्त्री से मेरी बराबरी करते हो? अरे, तुम्हें नहीं पसन्द है मेरे काम करने का तरीक़ा तो मुझे हटा क्यों नहीं देते? मैं कोई हाथ जोड़ने आया था तुम्हारे पास? के मुझे सेक्रेटरी बना लो? पूछो किसी से कौन मुझे ज़बर्दस्ती पकड़कर ले गया था। तुम्हारे मिश्राजी।

सत्यकान्त बोल चुका। हकलाने लगा। लड़खड़ाने लगा। नशे में और ग़ुस्से में। लेकिन कोई हंगामा नहीं हुआ। कोई अपनी कुर्सी से नहीं उठा। सब चुप रहे। कोई बोला तक नहीं।

सत्यकान्त कसमसाकर रह गया। कोई कुछ बोले। हाथापाई ही करे। थककर कटे पेड़ की तरह अपनी कुर्सी में गिर गया और काँपते हाथों से गिलास उठाकर उसमें की पूरी शराब एक साथ गटक ली।

सब चुप थे। जैसे एक ज़रूरी युद्ध अभी-अभी होकर चुका हो। जैसे एक आवश्यक वध अभी-अभी सम्पन्न किया गया हो। थोड़ी देर पहले वहाँ आवाज़ें थीं—लपकती और लपलपाती हुईं। अब चाँदनी थी और नीम की पत्तियों की हल्की सरसराहट। एक निःशब्द करुण विलाप की तरह।

एक बच्चा आया और जगदीश को बुलाकर भीतर ले गया। लोगों ने बैठकें बदलीं, गिलास ख़ाली किये और बीड़ियाँ सुलगा लीं।

सत्यकान्त कचरे का ढेर हो चुका था। एक नेता का सारा दर्प, एक बुद्धिमान का सारा वैभव पिचका हुआ कनस्तर हो चुका था। सत्यकान्त के कान बुरी तरह जल रहे थे। नशा हिरन हो गया था। जबरसिंह। जबर सिंह की रोटी। और भाई लोगों के चाय-पान। वह कौन-सा हलक चीरे कि यह सब साबुत निकल आये! कितना सुखी था वह साल-डेढ़ साल पहले! और कितना मूर्ख! सिर्फ़ साल-डेढ़ साल ने उस बात बहादुर की सारी कलई खोल दी। आज वह, जिसे गुरुजी कहा जाता है और दल्ला समझा जाता है, मेहनतकशों की चौपाल में नंगा खड़ा है और हर दिशा से उसके अन्तर्विरोध एक भुतहा अट्टहास कर रहे हैं। साला सेवाराम! मिनी शास्त्री!

अँधेरे में न जाने कितनी देर बैठा रहा सत्यकान्त। लोग अपनी भाषा में अपने छोटे-छोटे दुख-सुखों की बातें करते रहे। अचानक उठा सत्यकान्त। सिगरेट-माचिस जेब में डाली और बाहर की तरफ़ चल पड़ा।

जब कुछ देर में किसी का ध्यान गया कि वह जा रहा है तो उसने जगदीश को आवाज़ दी। जगदीश भीतर से लपका-लपका आया और कन्धे पकड़कर उसने सत्यकान्त को रोका। हाथ जोड़े...पाँव भी छूने लगा। सत्यकान्त ने जगदीश के दोनों हाथ पकड़ लिए और उसकी आँखों में आँखें डालकर मन-ही-मन कहा, 'मैंने अपना कन्फेशन कर लिया है दोस्त!' और जगदीश के हाथ को धीरे-से दबाकर बाहर सड़क पर आ गया।

कोई साढ़े ग्यारह बजे होंगे। सूनी सड़क पर चाँदनी पसरी हुई थी। सड़क के दोनों तरफ़ नीम के पेड़ थे जो हल्की हवा में सरगोशियाँ कर रहे थे सत्यकान्त का चेहरा आँसुओं से भीगा हुआ था। एक कातर-सी, कोमल-सी ख़ुशी उसे अपनी रगों में सनसनाती महसूस हो रही थी। बहुत हल्का-हल्का लग रहा था। पता नहीं कब अपने डगमगाते-सम्हलते क़दमों की मस्ती में मुग्ध वह मेहँदी हसन की एक भूली-बिसरी ग़ज़ल गुनगुनाने लगा।

पखेरू

रामलाल

किसी व्यक्ति से एक अर्से के बाद अचानक मिल जाने से अचम्भा तो होता ही है लेकिन ईवा ब्राउन से चूँकि फिर कभी मिलने की कोई सम्भावना नहीं थी इसलिए भारत से हज़ारों मील दूर स्टाकहोम की एक उपनगरीय लाइब्रेरी में उसे देखकर मैं हैरान-सा रह गया।

यह घटना 4 सितम्बर 1985 की है।

उससे मेरी पहली मुलाक़ात तेरह वर्ष पूर्व शिमला के टूरिस्ट लाज में हुई थी। अब वह सिग्तूना कम्यून की पब्लिक लाइब्रेरी में पुस्तकों के एक रेक के पास उकड़ूँ बैठी थी। उसके पास से गुज़रते वक़्त मैंने उसकी ओर अधिक ध्यान नहीं दिया था। इसलिए कि वह पीठ से स्वयेडन की उन हज़ारों गोरी चिट्टी लड़कियों जैसी ही नज़र आयी थी, जिनके सुनहरे या रेतीले बाल अगर 'बाब्ड' नहीं होते तो वह उनकी पीठ पर या गरदन के दोनों और अवश्य झूल रहे होते हैं।

मैंने वलीद मीर की डॉक्टर पत्नी शअना मीर से कहा था, 'स्वयेडन की लड़कियाँ योरुप के अन्य देशों की लड़कियों की भाँति दिलकश नहीं लगीं मुझे। जैसी सुन्दर लड़कियाँ मुझे विशेष रूप से नॉर्वे में देखने को मिली थीं।'

कुछ ही देर पहले डॉ. शअना मीर मुझे अपनी गाड़ी में उसी लाइब्रेरी के गेट पर छोड़ गयी थी। उसने जवाब में कहा था, 'अभी आपने यहाँ का देखा ही क्या है? नॉर्वे की लड़कियाँ अगर वाक़ई ख़ूबसूरत होतीं तो आपका दिल अभी तक आपके पास कैसे होता?'

उसने बड़े ज़ोर का एक क़हक़हा भी लगाया था। पंजाब की अत्यन्त प्रसन्नचित्त औरतों की तरह। वह लाहौर की रहने वाली थी। अब पाकिस्तान की नागरिकता छोड़ कर स्वयेडन की नागरिक बन चुकी थी।

उसके पति ने जो मेरे साथ ही कार की पिछली सीट पर बैठे थे और एक स्वेडिश अख़बार पढ़ते-पढ़ते हमारी बातें भी सुनते जा रहे थे, एक नये राष्ट्रीय गर्व के साथ मेरे उस मनोभाव को ग़लत करार देने के लिए कहा—

'अभी आपने यहाँ का देखा ही क्या है मियाँ? ख़ुदा करे, आप यहाँ से सही व सलामत अपनी बीवी के पास वापस जायें।'

यों मेरी बात हँसी मज़ाक़ में उड़ा दी गयी थी। और यह सब मुझे अच्छा ही लगा था। बहुत ही अच्छा। मैं उन्हीं के पास ठहरा हुआ था।

सहसा ही ऊपर के रेक से कई मैगज़ीनें फिसलकर नीचे आ गिरीं। ठीक उसी जगह पर जहाँ ईवा ब्राउन बैठी थी। वह घबराकर चीख़-सी पड़ी और मैं जाते-जाते पलट कर भागता हुआ सा उसके पास जा पहुँचा। दो ईरानी लड़के भी एक मेज़ पर बैठकर पढ़ते-पढ़ते उठकर खड़े हो गये, पर चूँकि मैं उसकी सहायता करने के लिए उसके पास जा चुका था वे फिर से अपने अध्ययन में विलीन हो गये।

मैंने फ़र्श पर गिरकर बिखरी हुई मैगज़ीनें समेट कर ईवा की ओर देखा तो उसकी ओर देखता-सा रह गया। वह भी उसी प्रकार हैरानी से मुझे ताक रही थी।

स्मृति के कम्प्यूटर अतीत तथा वर्तमान के कई फ़ासले आनन फानन तै कर लेने के बाद जब गतिविहीन हो गये तो हम दोनों बेअख़्तियार हँस दिये। मैंने बड़ी बेतकल्लुफ़ी से उसे उसके 'निक-नेम' से सम्बोधित करते हुए कहा—

'तुम ईवा ट्वेंटी-थ्री हो न?'

उसने मेरे साथ हाथ मिलाते हुए कहा, 'बेशक ईवा ट्वेंथी-थ्री। और मुझे वह मुलाक़ात भी अच्छी तरह याद है जब इंडिया में मेरे ट्रेवलिंग चेक चोरी हो गये थे। लेकिन अफ़सोस, तुम्हारा नाम याद नहीं रहा। शायद तुम—!'

फिर वह शर्मिन्दा सी होकर हँस पड़ी।

'आई एम सो सॉरी। मेरी स्मरणशक्ति कितनी कमज़ोर होने लगी है। यद्यपि बुढ़ापा अभी बहुत दूर है मुझसे। क्या नहीं?'

मैंने उसके चेहरे का गहरी नज़र से जायज़ा लिया। वह अब पच्चीस वर्ष की सुर्ख व शादाब लड़की नहीं रह गयी थी जैसा कि उसे मैंने पहली बार अपने देश में देखा था। लेकिन चालीस के क़रीब पहुँचकर भी वह एक स्वस्थ आकर्षक व्यक्तित्व थी। और मुझे सहसा ही यह भी याद आ गया कि वह स्वेयडिश नहीं थी। बल्कि एक पैदायशी स्विस ईसाई थी और जिसके माँ-बाप पेरिस में रहते थे और वह बड़े फर्राटे से फ्रांसीसी बोल सकती थी। अंग्रेज़ी कम जानती थी।

मैंने उसे कई सूचनायें उसके पास रखी रहने वाली पूरे विश्व की एक कामचलाऊ जेबी डिक्शनरी की मदद से मुहैया की थीं। वह जयशंकर को शै शंकर कहती थी और उसके ग़लत उच्चारण का मैं ख़ूब मज़ाक़ उड़ाया करता था। और वह कोशिश करने पर भी 'ज' का शुद्ध स्वर अपने कण्ठ से नहीं निकाल पाती थी।

मैंने उसे अपने नाम का पहला अक्षर बताया तो उसे मेरा पूरा नाम तुरन्त याद आ गया। फिर वह मेरे हाथों से मैगज़ीन ले लेकर उन्हें उनके स्थान पर रखती हुई बोली—'ज़रा इस काम से मैं निपट लूँ तो तुम मुझे एक रेस्तोरों में ले चलो जो बहुत क़रीब है। पोस्ट ऑफ़िस और बैंक के बीच में। गो कि बहुत भरा रहता है। लेकिन हम अपनी-अपनी बियर लेकर बाहर किसी बेंच पर जा बैठेंगे। तुम्हें कहीं और तो नहीं जाना है? सॉरी, यह पूछना तो भूल ही गयी, तुम मुझे कितना वक़्त दे पाओगे!'

मेरे जवाब देने से पहले ही वह अपने काम से फ़ुरसत पा गयी। अपने पर्स में से काग़ज़ का एक रूमाल निकाल कर नाक साफ़ करती हुई बोली, 'चलो, अब मैं तुमसे तुम्हारे बारे में बहुत-सी बातें पूछूँगी।'

रेस्तोरों के भीतर वाक़ई बड़ी भीड़ थी, जैसा कि उसने कहा था। लेकिन हमने अपने बैठने के लिए बाहर पार्क में एक बेंच तलाश कर ही ली। उस पर सिर्फ़ एक सुर्ख चेहरे तथा काले बालों वाली बल्गारिन जिप्सी औरत बैठी अपने बच्चे को आइसक्रीम खिला रही थी। हमें आता देखकर वह एक कोने में खिसक गयी। ऊपर स्वच्छ नीले आकाश पर उड़ते हुए बादलों के छोटे-बड़े टुकड़े आँखों को बहुत भले मालूम हुए।

मैंने कहा, 'ईवा ट्वेंटी-थ्री, यहाँ मैं अपनी एक पुस्तक के एक प्रकाशक के निमन्त्रण पर आया हुआ हूँ। उस पुस्तक के विमोचन समारोह की तारीख़ अभी निश्चित नहीं हुई है। इसलिए अभी कई दिन और ठहर सकता हूँ। लेकिन यहाँ तुमसे मिल जाने की कतअन कोई उम्मीद नहीं थी।'

'इस दुनिया में अब सब कुछ सम्भव है।' उसने मेरी हर्ष तथा आश्चर्य को मिलीजुली मनोस्थिति की उपेक्षा करते हुए कहा जिसमें मैं अभी तक ग्रस्त था।

'अच्छा, यह बताओ, तुम मुझे अभी तक ईवा ट्वेंटी-थ्री क्यों कहते हो। गोकि मुझे अच्छी तरह याद है मैं शिमला में लाज के तेईस नम्बर के कमरे में ठहरी हुई थी। उसी लाज के एक कमरे में तुम भी ठहरे हुए थे। हाँ, याद आ गया, यह तो मैं ही थी जो चेकों के चोरी हो जाने के बाद तुम्हारे सामने रो-रोकर यह कहा करती थी कि मेरा रूम नम्बर 23 ही बड़ा मनहूस है। और तुमने उसी

वक़्त से मेरा यही निक-नेम रख दिया था। तुम्हारे मुँह से हर वक़्त ईवा ट्वेंटी थ्री, ईवा ट्वेंटी-थ्री सुनते हुए मेरा दुख कुछ कम हो गया था। और मुझे यह भी याद है कि तुमने मुझे थोड़ा-सा क़र्ज़ भी दिया। उसी से मैं न्यू दिल्ली पहुँच पायी थी। लेकिन अब उस घटना का मेरे लिए कोई महत्त्व नहीं रह गया है। ऐसा हो भी क्यों? हम दूसरी बातें क्यों न करें?'

उस घटना की अब वाक़ई कोई अहमियत नहीं रह गयी थी। लेकिन उसी के कारण हम एक-दूसरे को याद रखने के योग्य हो सके थे।

मैंने पार्क के एक-दूसरे बेंच पर एक नीग्रो को एक गोरी चिट्टी लड़की को अपनी गोद में बिठा कर उसे बेतहाशा चूमते हुए देखकर सोचा, जयशंकर नाम के जिस पहाड़ी लड़के के साथ उसने चरस पीने का शुग़ल अपना रखा था। वही उसके पर्स में से पाँच सौ डालरों के मूल्य के ट्रेवलर्ज चेक उड़ा कर ग़ायब हो गया था। ईवा ने अपने बैंक को टेलेक्स द्वारा सूचना भेजकर नयी दिल्ली में स्थित फ्रांसीसी दूतावास के पते पर एक अर्जेंट ड्राफ़्ट मँगा लिया था और दिल्ली से ही मुझसे उधार ली हुई रकम मनीआर्डर द्वारा मुझे लौटाकर भिजवा दी थी। दो अपरिचित व्यक्तियों की इतनी-सी मुलाक़ात की भी कोई अहमियत नहीं थी। लेकिन चूँकि हमने एक-दूसरे को याद रखा था, उसी का महत्त्व मान कर हम फिर से साथ-साथ बैठे बातें कर रहे थे।

'लेकिन तुम यहाँ पर कैसे? क्या अपना देश छोड़ चुकी हो?'

'नहीं नहीं। मैं अपने प्यारे देश को कैसे तज सकती हूँ भला। मर नहीं जाऊँगी अगर ऐसा कभी करूँगी? मैं अपने पैरिस को तो अपना महबूब समझकर उसके साथ इश्क़ करती हूँ। बाज़ लोग तो उसे देखे बिना ही उस पर फ़िदा हैं। जबकि मेरी रग-रग में उसी का ख़ून दौड़ता फिरता है। डॉ. यह अलग बात है कि मैं अपनी सैलानी प्रकृति के कारण देश-विदेश भटकती रहती हूँ। और इसमें बड़ी खुशी भी महसूस करती हूँ। दरअसल मुझे दुनिया भर के लोगों को देखने और उन्हें समझने का जुनून-सा है। अब तक जहाँ-जहाँ गयी हूँ, एक नये एड्वेंचर का ही अनुभव हुआ है। लोग सब जगह अच्छे नहीं हैं पर सब जगह बुरे भी हरगिज नहीं हैं। जैसे मेरे अपने देश में हैं। लेकिन जो अवसर पश्चिम में कई-कई महीने टिक कर काम करने के भी मिल जाते हैं वैसे पूर्व में नहीं मिलते। मैं जानती हूँ यह देश बेहद पिछड़े हुए हैं। जब वह अपने यहाँ के करोड़ों लोगों को रोज़गार नहीं दे पाते तो वह हम जैसे यात्रिक पखेरुओं को क्यों कर प्रदान कर सकेंगे। वह भी अस्थायी जॉब! क्यों दें? मुझे इस बात की शिकायत नहीं है। यह तो मैंने

वैसे ही कह दिया है। बुरा मत मानना। मैं पूरब से कई दूसरे कारणों से प्यार करती हूँ। और उसे कभी भूल नहीं पाती।'

वह बहुत ही भावुक हो उठी और उन क्षणों में बेहद ख़ूबसूरत भी लग रही थी। उसकी नीली आँखों के समुद्र में ज्वार-भाटा का आवेग अपनी ओर देख कर मैंने उसका हाथ अपने हाथ में ले लिया और पूछा—

'अच्छा, यह बताओ, तुम कितने दिनों तक यहाँ और हो?'

'कह नहीं सकती।' उसने सिर उठाकर आकाश में नज़रें गाड़ लीं। अचानक कहीं से पानी से भरी हुई एक बदली ऐन हमारे ऊपर आकर जैसे तन गयी थी। उसमें से हल्की फुहार पड़ने लगी थी। पर हम वहाँ से हिले नहीं। थोड़ा-थोड़ा भीग जाना अच्छा ही लगा।

मैंने पूछा, 'कोई जॉब भी कर रहीं कि नहीं?'

'फ़िलहाल मेरे पास एक महीने के लिए काम है। सोशल डिपार्टमेंट की एक लड़की लम्बी छुट्टी पर गयी है। उसी के स्थान पर काम करते हुए दो महीने बीत चुके हैं। तुम्हारा निवास कहाँ है? वहाँ का पता, फ़ोन नम्बर लिखवा दो मुझे। क्या मैं तुम्हें फ़ोन कर सकती हूँ! तुम भी मेरा नम्बर नोट कर लो। मैं एक ब्वाय फ्रेंड के साथ रह रही हूँ। वह आजकल अपनी माँ के पास एक जज़ीरे पर गया हुआ है। बेचारी बुढ़िया। पिछली सर्दियों में बर्फ़ पर फिसल गयो थी अभी तक लँगड़ा कर चलती है। फ्रेड्डी उसी को देखने गया है। कल उसका फ़ोन आया था। अगले हफ़्ते लौटेगा। अब यहाँ से उठें? अगर मेरा साथ दो तो स्टोर से भी हो लूँ। मुझे कुछ खाने-पीने की चीज़ें ख़रीदनी हैं। क्या तुम मेरी मदद नहीं करना चाहोगे?'

वह इसी तरह जल्दी-जल्दी बातें करने की आदी थी जो मन को लुभाती थीं। उसके व्यक्तित्व का एक विशेष गुण यह भी था कि वह दूसरों को अपनी मदद करने के लिए विवश कर देती थी। यों भी मैं अभी उसके साथ रहना चाहता था। मुझे कई दिनों के बाद अपने आतिथ्यकर्त्ता के गाँव वाले घर से निकलने का मौक़ा मिला था और बाहर आते ही इत्तिफ़ाक से ईवा ब्राउन से मुलाक़ात हो गयी थी। वह भी मेरे साथ रहने से बोर नहीं हो रही थी। दो घण्टों के बाद इसी लाईब्रेरी में मुझे एक जानने वाले रहमान राजा आकर मिलने वाले थे। वह जब अपने दोनों हाथों में प्लास्टिक के भरे हुए थैले उठाये बस पकड़ने के लिए जल्दी-जल्दी सड़क की ओर चल दी तो मैं उसी स्थान पर वापस आ गया। बहुत ही प्रसन्नचित्त।

रहमान राजा पेशावर में एक रेस्तराँ का मालिक था। कुछ साल पहले अलजुलफ़िकार नामी एक स्यासी गिरोह द्वारा एक हवाई जहाज़ हाईजेक कर लिए जाने के फलस्वरूप उसे भी कई दर्जन पाकिस्तानियों के साथ इसी देश में राजनीतिक शरण दे दी गयी थी। लेकिन मैं उसे भूलकर अब खुले आकाश के नीचे उसी बेंच पर बैठा ईवा के ही बारे में सोच रहा था।

शिमला से रवाना होने से पहले उसने मुझसे भारत के कुछ और देखने योग्य स्थानों के बारे में जानकारी चाही थी। मैंने उसे बिहार में स्थित नालन्दा के खँडहरों और महाराष्ट्र की सदियों पुरानी अजन्ता तथा एलोरा की गुफाओं के बारे में विस्तार से बताने के अलावा उन स्थानों तक पहुँचने के लिए उसकी डायरी में रेल तथा रोड के नक़्शे तक बना दिये थे। अचानक ट्रेन चल पड़ी तो वह वेटिंग रूम से भागकर अपने कम्पार्टमेंट में जा चढ़ी थी। घबराहट में वह अपनी डायरी मेज़ पर ही भूल गयी थी जिस पर मेरी नज़र गाड़ी छूट जाने के बाद ही पड़ी थी। उसकी डायरी में से मैंने उसका पता तलाश करना चाहा लेकिन उसने तो कहीं अपना नाम तक नहीं लिखा था। उसके अधिकतर पृष्ठों पर उसने फ्रेंच भाषा में बहुत कुछ लिख रखा था। किसी-किसी जगह उसने अपने क़लम से स्केच भी बना रखे थे। डायरी के दो पृष्ठों पर फैला कर बनाया हुआ एक 'पेनोरामा' भी था जिसमें इन्सानी खोपड़ियाँ, मन्दिर, बुद्ध की मूर्ति, मेज़ पर रखी हुई शराब की बोतलें तथा गिलास, बेशुमार बेचेहरा लोगों की भीड़ सी और हाथी, पंगूड़े और मज़ारों के अलावा दो इन्सानी स्केच भी शामिल थे जिनमें से एक तो उसका अपना ही था। खुले झूलते हुए केश और हैरतज़दा आँखें। दूसरा स्केच शायद उसके किसी ब्वॉय फ्रेंड का था जिसके चेहरे पर सिर्फ़ दाढ़ी थी। उसकी मूँछें नहीं थीं।

बहुत अर्सा के बाद एक फ्रेंच जानने वाले मित्र से मैंने उसकी तहरीरें पढ़वाई तो पता चला, वह योरुप से बाहर तुर्की, कुवेत, अफ़ग़ानिस्तान, और नेपाल तक घूम आयी थी। उसके मनोभाव पढ़कर एक भावुक पश्चिमी लड़की का ज़हन समझने में बड़ी मदद मिली जो आर्टिस्ट होने के साथ-साथ कवयित्री थी।

एक आदमी देखा जो बिलकुल पहाड़ जैसा है
उसे नाम ले लेकर पुकार रहा है
उसे विश्वास है वह उसकी आवाज़ सुन पाती है
तीन हज़ार मील की दूरी से वह फिर पुकारता है

वह उसे अपने पास देखना चाहता है
उसके बिना उदास है
पर वह अपनी आज़ादी सुरक्षित रखना चाहती है
गोकि उसका मन भरा हुआ है लेकिन वह खोखला है
कैक्टस की तरह
वह भी अपनी आज़ादी बरकरार रखना चाहता है।

इस्तम्बोल पहुँचने के लिए पहले तो एक नाव पर, फिर एक लारी में लिफ़्ट मिल गयी। अन्तरराष्ट्रीय व्यापारिक मेले की वजह से किसी होटल में स्थान प्राप्त करना मुश्किल हो गया। आख़िर एक विक्टोरियन सराय नुमा होटल में खुद को धाँसना पड़ा। सेलून के पर्दे गहरे रंग के थे और सोफ़े लम्बे-लम्बे और क़तारों में रखे हुए। किराये में 'ब्रेक-फास्ट' शामिल था। 'ड्रिंक्स' के लिए ख़र्च अपना-अपना। 'शावर' गर्म था, बेड आरामदेह। मार्किट में मटर गश्ती करने निकली तो तुर्की का बाज़ार देखते ही उस पर आशिक़ हो गयी। तंग व अँधेरी गलियाँ, जूते मरम्मत करने वाले, स्यामी बिल्लियाँ, समुन्दर का दिलकश 'बीच'—वापस आते ही टूट कर सोयी।

अगले रोज़ एक बस द्वारा सफ़र जो पहले तो एक ग़लत सड़क पर हो ली। फिर वापस आकर ठीक दिशा में रवाना हुई। मेरे दो हमसफ़र फ्रांसीसी थे। जेकोब और सोजाने। वे कुवेत जा रहे थे। लारी का ड्राइवर अंग्रेज़ी में फ्रांसीसियों को कोस रहा था। जब उसे मालूम हुआ, हम फ्रांसीसी हैं तो उसने खेद प्रकट किया। मैंने ग़ुस्से से कहा, 'मैं तुम्हारा खेद स्वीकार नहीं करूँगी। इसलिए कि तुम्हें किसी कारण वाक़ई दुःख पहुँचा होगा। उसके बाद हम दोस्त बन गये। उससे मैंने एक 'लोकल' सिग्रेट भी क़ुबूल कर ली।

क़स्बे की एक मेन स्ट्रीट-एक ढलवान सड़क पर बनी हुई दुकानें। तरह-तरह का सामान, प्लास्टिक के जूते, टोपियाँ, बेल्ट, फल—क्या मैं एक पूर्ण रूप से स्वतन्त्र स्त्री नहीं हूँ? शायद नहीं। कम-से-कम इन मायनों में हरगिज नहीं जिन मायनों में बुद्ध या कोई सन्त होता है। अपने अपराध का स्वीकरण अक्सर मौलिक कारणों को मानकर किया जाता है। मिसाल के तौर पर सेक्स की तीव्र इच्छा। इसे किसी दूसरी ओर मोड़ कर एक औचित्य गढ़ लिया जाता है। वातावरण के प्रभाव को सब लोग ठीक तरह से नहीं समझ पाते कि उसका वास्तविक कारण क्या है। अधिकतर लोगों की खोपड़ी में एक रहस्यमयी न्यायिक

मौजूद होता है। जो स्वयं अपनी ख़तरनाक हरकतों की वजह से एक 'कन्फ़्यूजन' में फँसा रहता है।

वाराणसी के घाट पर एक औरत गंगा में एक पत्थर की छोटी-सी मूर्ति को स्नान कराने ले आयी है। ऊपर जहाँ तक नज़र जा सकती है नीला आकाश छाया हुआ है। मैं उससे मूर्ति के बारे में पूछती हूँ। वह दोनों बाँहें फैला कर अपनी भाषा में बताने लगती है। लेकिन मेरे पल्ले कुछ नहीं पड़ता। यात्रियों के पैरों के साथ गंगा का पानी सीढ़ियों तक आया हुआ है। भारी-भारी कूल्हों वाली औरतें बार-बार डुबकियाँ लगाती हैं। पानी की लहरें चक्कर खा-खाकर सीढ़ियाँ चढ़ने लगती हैं। उनके काले-पीले और लाल रंग के वस्त्रों में घेरदार स्कर्ट (पेटीकोट) और ब्लाउज शामिल हैं जिन पर बेलबूटे काढ़े गये हैं। यह काम पश्चिम पर अग्रसरता लिए हुए है। उनकी गहरी काली आँखें चमक-चमक उठती हैं। उनके काले-काले भीगे हुए केश उनके कन्धों पर और गरदन के आसपास बिखर जाते हैं।

एक भीड़ भाड़ वाली तंग गली—लकड़ी के बेशुमार खोखे, काले फ्रेम की अगणित साइकिलें और रिक्शे, लकड़ी तथा पत्थर की बनी शिव और गौतम की छोटी-छोटी मूर्तियाँ बेचने के लिए सजाई गयी हैं। एक बच्चा सीढ़ियों वाली गली में खेल रहा है। उसका जन्म भी शायद इन्हीं सीढ़ियों पर हुआ होगा। कुछ लोग श्रीराम जय श्रीराम कहते हुए पास से गुज़र जाते हैं। उनके कन्धों पर कपड़े में लिपटी हुई अर्थी है जिस पर गेंदे के फूल बिखरे हुए हैं। कोई मातम नहीं, किसी ओर दुःख का प्रदर्शन नहीं। मौत इसी सिक्के का दूसरा रुख है। मरघट पर मुर्दा देह को एक चिता पर रख दिया जाता है और अग्नि दे दी जाती है। बच्चे वहाँ भी खेल रहे हैं। गाढ़े धुएँ में इन्सानी देह के जलने की तेज़ गन्ध भर गयी है जो आग की लपटों से निकल-निकलकर आकाश की ओर उठ रही है!

यह सब देखकर ऐसा लगता है, मैंने बीस साल की आयु ही में आधा जीवन व्यतीत कर लिया है। सामूहिक जीवन पूरे हर्ष व उल्लास के साथ मेरे सामने बह रहा है। विभिन्न धार्मिक रीतियों के बीच में से होकर, जिनका कोई पारस्परिक सम्बन्ध भी अवश्य है। यहाँ इन्सान की 'ईगो' अपने उचित स्थान पर है। एक ओर स्टोपा है, बहुत ऊँचा। उसके पास पूरे सम्मान के साथ जाओ। क्या हम इनकी दुनिया को ठीक तरह से समझ पाते हैं? क्या हम पूरी दुनिया को समझ सकते हैं? जिसके साथ हम सम्बद्ध भी हैं और सम्बद्ध नहीं हैं। भगवान एक चेचक जदा चेहरे वाले आदमी की भी आँखों में चमक रहा है। यहाँ सौन्दर्य

का व्यापारिक स्तर पर कोई सम्मान तथा मूल्य नहीं है। खाल की गहराई तक भी उतरा हुआ महसूस नहीं होता। लेकिन यह अपना रास्ता ख़ुद बनाता हुआ चला जा रहा है। दुःख का अहसास यहाँ भी सबको है। लेकिन वे बड़े धैर्य तथा प्रतिष्ठा के साथ इसे सहन करते हैं। एक सीमित जीवन, एक सीमित मृत्यु। मृत्यु के बाद का जीवन, जिसके बारे में पश्चिम का भी एक दृष्टिकोण है। यहाँ दुःख का अहसास इतना मौन, इतना नीरव तथा शोकाकुल क्यों है? शायद इसी वजह से इतनी आसानी से सहन-योग्य भी बन जाता है। (जैसे यह भी भगवान की योजना में शामिल हो।) हज़ारों विचारों की पुनरावृत्ति होती है। जिस तरह धूप की किरणें एक-दूसरे में समाती चली जाती हैं और उनमें धूल के तूफ़ान उठ-उठकर शामिल होते रहते हैं। जिनका रंग सुनहरा होता है और उनकी चमक से आँखें चौंधिया जाती हैं। बेशुमार मकानों और तंग व तारीक गलियों के ऊपर भी वहाँ आसमान चमक रहा है। ऊपर उठें तो यह सब नीचे और पीछे रह जाता है और हम फैले हुए क्षितिज के सौन्दर्य में खो जाते हैं जहाँ देव काया जैसे पर्वत हैं। एक-दूसरे के बहुत पास-पास और नुकीले और श्वेत बर्फ़ से ढँके हुए।

मेरे सामने फूलों की एक दुकान है। पीले-पीले फूलों से भरी हुई। यह पीले फूल मानव की मौलिक ईमानदारी जैसे लगते हैं। बड़े-बड़े हिन्दुस्तानी फल, अंगूरों के गुच्छे। यहाँ भी यह रस से भरे हुए हैं। बल्कि हमारी दुनिया से कुछ अधिक ही।

'नमस्ते।'

'हेलो, हेलो।'

'बाई बाई।'

और एक पुरउम्मीद पतली आवाज़ 'पैसा, पैसा! पैसा पैसा!!'

एक ऐसी गरदान जिसके सामने हार मानते ही बन पड़ी है। छोटे-छोटे बच्चे, क़तार-दर-क़तार। उनकी फैली-फैली मासूम आँखें। उनके श्याम रंग जिस्मों पर टकी हुई सी बहुत-सी आँखें।

आज प्रातः उठकर मैंने पूरे दिन को उगते हुए देखा।

एक औसत दिन की रूयेदाद—नेपाल की 'हैप्पी कॉटेज' में। बारह बजे जागी। कपड़े धोये। पनीर, टमाटर, आमलेट, टोस्ट और शहद और कॉफ़ी के साथ नाश्ता, तीन रुपये पचास पैसे में। डाकख़ाने जाकर मालूम किया। डैडी का पत्र आया रखा था। चलते-चलते फिर एक 'मिल्कबार' के सामने रुक गयी। दूध का एक गिलास पिया। दो सौ ग्राम पनीर भी खाया। वहीं मोनीक और जार्ज भी

मिल गये जो पशुपतिनाथ के मन्दिर की ओर जा रहे थे। वहाँ से लौटे तो लीफ़ और दूसरे लोग मिल गये। वे सब महल देखने जा रहे थे। दो नीबू ख़रीदे। दूर पहाड़ों के पीछे सूरज को अस्त होते हुए देखा। अच्छा लगा। कॉटेज में वापस। टूरिस्टों के साथ गपशप। फिर चायखाने में; टोस्ट, शहद और चाय। बिस्तर बाँधकर लीफ़ के साथ फिर चायखाने में। उसे वहीं छोड़ा और 'इन्न ईडन' चली गयी। पर वह जगह दिन भर के लिए बन्द थी। अपनी एक चूड़ी पच्चीस रुपयों में बेच डाली। गलियों में बेमक़सद ही घूमती फिरी। सहसा ही सन्तरी रंग वाली बुशर्ट भी सौ रुपयों में दे दी। उसके बाद मन्दिर देखने चल दी। वहाँ लीफ़ मिल गया। हम दोनों 'हंगरी आई' गये। वहाँ से अकेली ही 'ड्रेगोन' पहुँची, चाऊ मिन, टामाटोसोल, पनीर और टोस्ट और चाय, संगीत भी सुना। फिर बाहर आकर कुछ बिस्कुट ख़रीदे। रात काफ़ी ठण्डी थी। काफ़ी देर भी हो चुकी थी।

मैं रोज़ ही मरती हूँ और फिर पैदा हो जाती हूँ। मानवीय शरीर में अवतरण की एक नयी चेतना के साथ। पुराने शरीर को तज कर नये शरीर में प्रवेश कर जाती हूँ। युद्ध! युद्ध! एक रिक्शा मुझे धक्का-सा लगाकर निकल जाता है। मैं सड़क की दूसरी ओर चली जाती हूँ। इंडिया में ज़िन्दगी की कोई क़ीमत नहीं है। क्या इंशोरेंस का विभाग मुआवज़ा अदा कर देगा, जब उसे लिखा जायेगा? ...डियर सर, मेरी टाँग को वाराणसी में एक भैंस ने अपने बायें सींग के साथ बिल्कुल कुचल दिया था। उत्तर आयेगा, 'आपको जो कष्ट उठाना पड़ा उसके लिए हार्दिक खेद।' यह अजीब दुनिया है जहाँ श्याम रंग वाले लोग बिना टायर ट्यूब के भी रिक्शा दौड़ाते चले जाते हैं। और धूल भरी बारिश में भीगते भी रहते हैं। और जहाँ इस प्रकार के प्रार्थना-पत्र अपने अफ़सर के सामने पेश करने का कोई रिवाज़ नहीं जिसके एक तरफ़ पौने दो इंच का हाशिया भी नहीं छोड़ा जाता। क्या उन्हें मालूम है इसी उपग्रह पर उनकी जैसी एक और दुनिया भी बसती है, जहाँ के लोग ज़्यादा आज़ाद हैं और आठ से सौ डॉलर तक अदा कर के पूरी शान के साथ बेड पर सोते हैं? यहाँ तो बस भीड़ है और गायें-भैंसें हैं और बेपनाह शोर है जो उनके ऊपर से रात की हवा की तरह गुज़र जाता है। आम आदमी की अनुभूति इस प्रकार की है कि वह हर बात को भगवान की इच्छा मानकर उसे बड़ी ख़ामोशी से स्वीकार कर लेता है।

'लन्दन का पुल गिर रहा है। अब तक तो एक दूसरा पुल क़रीब में बना दिया जाना चाहिए था। ताकि नदी बहती रहे। शिव के मन्दिर के पास से होकर। बहुत से बन्दर हैं। उछलते-कूदते फिरते हैं। लाल रंग की बसें यात्रियों से भरी

हुई हैं। 'मेम साहब, यू लाइक चाय? यू कम इन माई नाइस रेस्तोरां। यू हैव गुड्ड फूड हियर।' और आगे किसी गली में कोई मेरे साथ-साथ चलता हुआ फुसफुसाता है—'यू वान् चेंज मनी?' यह लोग शिकागो के गैंगस्टरों वाले लहजे में क्यों नहीं पूछते जबकि अंग्रेज़ी बोल सकते हैं। और आगे एक और गली में ब्लेक मार्किट है। जैसी काबुल में थी। जैसे यह सब एक सरकारी प्रक्रिया के अनुसार किया जा रहा हो। लेकिन यह जगहें मवेशियों का मेला सा क्यों मालूम होती हैं? बीचों-बीच एक चौकोर मैदान। छोटे-छोटे चौकोर ही कमरे आसपास बने हुए। मुस्कराते हुए चेहरे। 'नो नाट टू डे थैंक यू।' रिक्शे पास से निकल जाते हैं और अक्सर ट्रैफ़िक बन्द हो जाता है।

अपने अतीत से कट जाना कैसा लगता है? इस ज़िन्दगी के मुक़ाबले निकट भी है और भली भी लग रही है। वर्तमान मुझे अपनी लपेट में लेता जा रहा है। मुझे ख़त्म कर देना चाहता है। मैं हर मिनट में मरती हूँ, हर मिनट में टूट-फूट जाती हूँ। नीचे जाने वाली एक और गली में बह निकलती हूँ। इस गली का अपना एक 'रिदम' है। अपना राग। जो मैं सुन सकती हूँ। यह सब भी कितना प्राकृतिक लगता है। बार-बार हॉर्न की पों-पों सुनना और पटरी दुकानदारों की हरकतों से आनन्दित होना।

'मैं अन्नपूर्णा नहीं जा पायी। जब पन्द्रह साल की थी तब से उसके स्वप्न देख रही थी। उस पर्वत के बारे में पुस्तकों में पढ़ा करती थी। इसके दुर्गम रास्तों के बारे में सोचा करती थी। वहाँ जो भी पहुँच पाया उसने लौट कर उस पर्वत के बारे में कुछ न कुछ अवश्य लिखा था। अक्सर कहानियाँ। मुझे अपने कम्योन के पुस्तकालय से प्राप्त होने वाली वह सारी पुस्तकें अभी तक याद हैं। आज मैंने पूर्व की ओर सिर उठा कर देखा। सैकड़ों मील दूर तक। कहीं पर नीला कोहरा छाया हुआ था जिसके पीछे वह पर्वत ओझल था। फिर भी उतना ही काफ़ी लगा। बार-बार उछलती-कूदती लारी में बैठ कर उसे पूरे इतमीनान से नहीं देखा जा सकता था जो आठ हज़ार फ़ीट ऊँचा था। और दो सौ पचास मील दूर। नीचे बहुत ही घना जंगल था। ऊँचे-ऊँचे सनोवर के पेड़ों से भरा हुआ। कहीं-कहीं मैदान भी थे जिनमें ऊँचे-ऊँचे गन्ने उगे हुए थे। इन पर कितनी बार ग्लेशियर फिसल के गिरे होंगे। इन्होंने कितनी बार बरफ़बारी देखी होगी। इतनी ऊँचाई पर भी यह हरियाली कितनी उत्तरीय लगती है। झाड़ियाँ झुड के झुंड बनाती हुई। हम पेच-दर-पेच रास्तों से होते हुए सहसा ही धूप में पहुँच जाते हैं। कहीं-कहीं गहरी छवि हमें अपने वक्ष में ले लेती है। पहाड़ी सड़क कितनी तंग

और ढलवान है। नेपाल ही एक ऐसा देश है जिसे सिर्फ़ जाना जा सकता है। मैं यहाँ पैदल चलने की कितनी इच्छुक हूँ। हफ़्ता भर या शायद एक या दो महीनों तक ऐसा कर सकती हूँ। इन वादियों से होकर पहाड़ों तक पहुँचने के लिए। मैं फिर वापस आऊँगी।

डायरी के एक पन्ना पर स्कैंडेनेवियन भाषा में कुछ लिखा था। बाज़ शब्द नार्वेजिन तथा स्वयेडिश लगे। शायद वहाँ की भाषाएँ सीखने का प्रयास करती रही थी। हिन्दी तथा उर्दू में भी यही अभ्यास किया गया था। सलामालेकुम, वलेकुम सलाम। नमस्ते। थैंक यू। मेहरबानी। अच्चा है हुक्का। यस नो टण्डी। गरम। अलिफ़ बे पे से टे ले जीम।

इस्तम्बोल से ट्रेन इज़ेरम के लिए। इज़ेरम से लोकल बस। पाँच पाउंड में सस्ता पड़ेगा यह सफ़र। वहाँ से आग्री (कोराकोम) रात शायद वहीं बितानी होगी। आग्री, डोगोब्याजोत। वहाँ से 'बार्डर' की ओर। तब्रेज के लिए बस। बस या गाड़ी से तहरान। मशहद के लिए ट्रेन। कोई भी सीधी सवारी से हरात कन्धार के लिए।

ख़रीदने हैं...पोस्ट कार्ड, मोमबत्तियाँ, सिल्क, एल्मोनियम का गिलास। और ख़त लिखने हैं माता-पिता को, पिप और माईक और मरियम को।

पेशावर सिटी स्टेशन पर लोग बहुत अच्छे लगे।

ईवा ब्राउन ने मुझे एक हफ़्ते के बाद फ़ोन किया। 'आज कहीं मिलने का प्रोग्राम बनाओ। मैं ख़ुद को बेहद अकेला महसूस कर रही हूँ। प्रेड ने अपनी छुट्टी बढ़ा ली है। उसकी अपाहिज माँ का देहान्त हो गया है। वह उसके कफ़्न-दफ़्न के इन्तज़ामात में मसरूफ़ है। मैंने उसके पास न जा सकने के लिए क्षमा माँग ली है। मैं ऐसे शोकाकुल वातावरण में क्यों जाऊँ? तुम आ जाओ तो किसी 'पब' में बैठेंगे। बातें करेंगे। मैं ख़ुश होना चाहती हूँ। सच्ची, थोड़ी देर के बाद मैं खिलखिला उठूँगी। यह क़हक़हे मेरे भीतर ही कहीं बन्द हैं। तुम मेरी मदद कर सकते हो। गोकि तुम स्वयं एक ऐसे देश के रहने वाले हो जहाँ उदासीनता को भी एक मान्यता प्राप्त है। लेकिन मैं तुमसे मिलकर पूर्व की बहुत अच्छी-अच्छी बातों को याद कर सकूँगी।'

मैंने उसे बताया, 'आज मेरा दिन भर सोने का प्रोग्राम है। रात देर तक लिखता रहा। मेरे मेज़बान बाहर से ताला लगा कर अपने काम पर जा चुके हैं उनके लौटने तक मेरा बाहर जाने का कोई प्रोग्राम नहीं बन सकता। वे मेरे लिए 'ब्रेक-फास्ट' बना कर मेज़ पर रख गये हैं। बहुत से फल, जैम और ब्रेड। यहाँ टी.वी. भी है और कुछ क्लासिक फ़िल्मों के कैसेट्स भी हैं। मैंने पूरा दिन

इसी तरह गुज़ारना तय कर रखा है। और कर ही क्या सकता हूँ। अगर चाहो तो फ़ोन पर मेरे साथ बातें करती रहो।...नहीं मैं मेज़बानों को फ़ोन नहीं करूँगा। उनमें से कोई भी तुरन्त वापस नहीं आ पायेगा। डॉ. शअना शाम को एक पड़ोसिन नर्स की गाड़ी में लिफ़्ट लेती है या फिर लोकल ट्रेन से मैश्ता तक आ जाती है जहाँ उसका पति अपने स्कूल से लौटते हुए गाड़ी लिए मौजूद होता है। लेकिन दोनों कभी-कभी ही साथ लौटते हैं। आज तो मैं किसी तरह घर से नहीं निकल सकता। फिर किसी दिन सही। मुझे माफ़ कर देना। मैंने तुम्हें निराश किया। ऐसा करना नहीं चाहता था।'

दो दिन बाद मैंने ही ईवा को फ़ोन किया तो उसने मुझे फ़ौरन बुला लिया, जहाँ वह अपलैंड वेजंबी कम्योन के एक 'सोशल डिपार्टमेंट' में अस्थायी रूप से एक 'जॉब' कर रही थी। जिस समय मैं वहाँ पहुँचा वह एक वैन से फूड-ट्राली उतरवा रही थी।

उसने कहा, 'यह अच्छा ही हुआ कि तुम्हारे पास तीन-चार घण्टे ख़ाली हैं। यद्यपि यही समय मेरे लिए बहुत व्यस्त रहने का होता है लेकिन तुम्हारी मौजूदगी से कोई फ़र्क़ नहीं पड़ेगा। देखूँगी, तुम भी मुझे काम करते हुए देखकर कुछ ख़ुशी महसूस करते हो या नहीं।'

एक पश्चिमी देश की महिला को उसके वतन से दूर एक नोर्डिक देश में शौक़िया तौर पर काम करते हुए देखने का यह एक अच्छा मौक़ा था। शायद उसने स्वयं ही मेरी उस आन्तरिक 'अर्ज' का अनुमान लगा लिया था। एक दो किलोमीटर के क्षेत्रफल के भीतर उसने सुबह के कुछ घण्टों के लिए चार वृद्ध व्यक्तियों की देखरेख करने की ज़िम्मेदारी ले रखी थी। यह वे लोग थे जिन्होंने वृद्ध अवस्था के लोगों के अस्पताल में रहना पसन्द नहीं किया था। उनके अपने निजी मकान थे। लेकिन वे अपना नाश्ता खाना ख़ुद नहीं बना पाते थे। घर की सफ़ाई आदि भी नहीं कर सकते थे। मैंने ईवा को उनकी प्रत्येक सेवा बड़ी लगन के साथ करते हुए देखा। उनके बिस्तरों की चादरें तथा खिड़कियों व दरवाज़ों के पर्दे बदल दिये। उनकी थोड़ी-थोड़ी बागवानी भी की जिस-जिस तरह वे हिदायत देते रहे। उनकी डाक लेकर पास के एक डाकख़ाने में गयी। वहाँ से उनकी डाक ले आने के अलावा उनके चेक भी भुना कर ले आयी और उनके मकानों के बिजली व पानी के बिल भी जमा करा आयी। एक बूढ़ा कुछ रूमानी हो उठा तो उसने म्यूज़िक का कैसेट लगाकर उसके साथ डांस भी किया और गाना भी सुनाया।

उस काम से फुर्सत पाकर वह मुझे एक लाइब्रेरी के भीतर बने हुए एक छोटे-से रेस्तारॉं में ले गयी। वहाँ हमने अपने-अपने पैसों से लंच ख़रीदा। लंच के दौरान उसने मुझे बताया...जिस लड़की की जगह मैं यह 'जॉब' कर रही हूँ वह कल वापस आ रही है। मुझे सूचना दे दी गयी है। लेकिन मुझे अफ़सोस इस बात का हो रहा है कि मैं अब और इन लोगों की ख़िदमत नहीं कर पाऊँगी जिनके साथ मैंने कई दिन गुज़ारे हैं। वे भी मेरे स्वभाव से परिचित हो गये थे। लेकिन मैंने अभी उन्हें नहीं बताया कि कल से मैं उन्हें दिखाई नहीं पड़ूँगी। ऐसा करूँ तो हो सकता है कि किसी का दिल टूट जाये और वह मर जाये। लेकिन अब होगा क्या?'

मैंने उसकी ख़ूबसूरत नीली आँखें क्षण प्रति क्षण जलमग्न होती हुई देखीं। वह सहसा ही ठोड़ी उठाकर बैठ गयी ताकि आँसुओं को बहने से रोक सके। फिर अचानक अपने झूलते हुए सुनहरे बालों को दोनों हाथों में लेकर सिर के बीचों-बीच एक आकर्षक गोले में लपेटने लगी। पर्स में से दो-तीन हेयर-पिन भी निकाल कर बालों के भीतर यहाँ-वहाँ ठूँस दिये और बोली, 'अब मुझे कोई नयी 'जॉब' ढूँढ़नी होगी। फ्रेडी के लौटने से पहले यह काम ज़रूर हो जाना चाहिए। मैं बेकार नहीं रह सकती। एक दिन के लिए भी। तुम्हारे जाने के बाद मैं इतमीनान से उधर के सारे अख़बार देखूँगी। शायद कोई ऐसी जगह ख़ाली हो जहाँ मैं काम करना पसन्द कर सकूँ।'

जिस दिन मैं एयर फ़्लोट एयर लाइंस के ऑफ़िस से मास्को जाने के लिए अपनी सीट बुक करा के निकला तो सड़क की दूसरी ओर फ़ुटपाथ पर अचानक ईवा जाती हुई दिखाई दे गयी। हम कई रोज़ से एक-दूसरे को फ़ोन नहीं कर सके थे। मैंने उसे पुकारा तो वह हैरान होकर इधर-उधर देखने लगी। मुझ पर नज़र पड़ते ही ख़ुश हो उठी। लेकिन इस उलझन में पड़ गयी कि सड़क को फ़ौरन क्योंकर पार करे। ट्रैफ़िक बहुत ज़्यादा था। तेज़ रफ़्तार कारों का एक कभी न ख़त्म होने वाला कारवाँ हमारे बीच चल रहा था। फिर मैं ही बहुत दूर का चक्कर लगा कर उसके पास पहुँचा तो वह मेरे गले से लिपट गयी। बोली—

'ख़ूब मिले, तुम। मैं तो इसकी सारी उम्मीद खो चुकी थी। क्योंकि कल ही जर्मनी जा रही हूँ मैं। थोड़ी देर के लिए यहीं कहीं क्यों न बैठ जायें? आज मैं ज़्यादा देर तुम्हारे साथ नहीं रह सकूँगी। मुझे बहुत अफ़सोस है।'

हमने बैठने के लिए एक 'पब' तलाश कर लिया। एक मेज़ पर बैठते ही मैंने कहा, 'तो आज हमारी बिदाई मीटिंग है यह। मैं भी दो रोज़ के बाद मास्को होते हुए इंडिया लौट रहा हूँ। तुम क्या पियोगी। क्या ले आऊँ?'

मेरी बात का जवाब देने से पहले ही वह बिजली की सी तेज़ी के साथ उठी और बार काउंटर से बियर के दो टिन लेकर लौट आई। 'आई एम सॉरी! मैंने दरवाज़े में से कई लोगों को एक साथ घुसते हुए देख लिया था। जब तक तुम्हारी बात का उत्तर देती वे सब 'क्यू' में लग जाते। ख़ैर, मैं बहुत ख़ुश हूँ कि एक बार तुम फिर मिल गये।'

'तुम्हें कोई दूसरी 'जॉब' नहीं मिल सकी यहाँ?'

'मिली। मिली क्यों नहीं। उसी 'जॉब' ही के सिलसिले में तो जर्मनी जा रही हूँ। कल सुबह 'फेरी' की पहली सर्विस से। लगभग तीस शरणार्थियों के साथ जिनके काग़ज़ात त्रिलीबोर्ग से सांट्ज भेजे जा चुके हैं। उन्हीं का इस्कार्ट करना है मुझे। वहाँ से उन्हें मिडल ईस्ट भिजवा दिया जायेगा। वे सब के सब तुर्क हैं। फ्रेंच बोलने वाले तुर्क। समझे? उनमें औरतें और बच्चे भी हैं। वर्षों पहले इटली के रास्ते स्विट्ज़रलैंड में दाख़िल हो गये थे। वे बताते हैं उनके प्रथम काफ़िले में छह सौ अस्सी प्रवासी थे। कुछ चोरी छुपे इंग्लैंड भाग गये जिन्हें वहाँ अभी तक नागरिकता नहीं मिल पायी है। उनका संघर्ष जारी है। यह समस्या अलग है और बहुत बड़ी है। यहाँ स्वेडन में भी कई लोगों की पाँच साल से जद्दोजहद चल रही है। इनमें पाकिस्तानी, हिन्दुस्तानी, बंगलादेशी और श्रीलंकन और ग्रीक भी शामिल हो गये हैं। वे अस्थायी रूप से ले लिए गये थे। रोज़ी कमाने के लिए उन्हें काम करने की भी अनुमति दी गयी है। मैं उन्हीं में से फ्रेंच बोलने वालों की 'इंटरप्रेटर' हूँ। यहाँ रंग भेद भाव का भी शिकार होते रहते हैं लोग। यहाँ 'कू क्लक्स क्लां' और 'स्किन-हेड्ज' नाम की दो संस्थाएँ हैं जो उन्हें परेशान रखती हैं। उनके दरवाज़ों पर 'निग्गर गो होम' लिख दिया जाता है। उन्हें सड़कों पर अकेला पाकर मारपीट तक कर दी जाती है। स्थानीय लोग उनका साथ नहीं देते। लेकिन निष्पक्ष ज़रूर रहते हैं। निष्पक्ष रहने से तो नस्ली घृणा का हल नहीं निकलता। उद्वासितों को इससे क्या लाभ? कुछ भी तो नहीं। एक स्वेडिश लड़की ने एरिटेरिया के एक नोरू अबुलकादिर नाम के प्रवासी के साथ ब्याह रचा लिया। इसी बहाने से वह उसे नागरिकता दिला देना चाहती थी। एक दिन वह उसे शहर लेकर गयी। लेकिन रास्ते में दोनों पर अचानक हमला करके उन्हें जख़्मी कर दिया गया। कभी-कभी यह प्रवासी ख़ुद भी उत्तेजित हो उठते हैं। जिसका कारण उनकी भीतरी अनमन्यता होती है। यह अनिश्चित जीवन का एक दुखान्त है। एक बीस वर्षीय पन्नाहगजीन जिस फ़ैक्टरी में काम करता था वहाँ काम के दौरान उसकी ऐनक टूट गयी। बेचारा एक-डेढ़ हज़ार क्रोना कहाँ से लाता फिर से ऐनक बनवाने के लिए। फ़ैक्टरी के मालिक इस प्रकार के नुकसान

का मुआविज़ा देने के पाबन्द होते हैं। लेकिन उसने निर्धारित मियाद के भीतर मालिकों को सूचना नहीं दी थी। इसीलिए उसके प्रार्थना-पत्र पर विचार नहीं किया जा रहा था। उसका 'केस' मैंने अपने हाथ में लिया लेकिन तब भी उसे मुआविज़ा नहीं मिल पाया। उसका अस्वीकृत प्रार्थना-पत्र वापस लेकर मैं उसके निवास स्थान पर गयी तो वह ग़ुस्से से पागल हो उठा। बजाय इसके कि वह मेरे प्रयास का शुक्रिया अदा करता उलटा मुझ ही पर हमला कर दिया उसने। तुम समझ सकते हो एक औरत पर हमला करने का क्या मतलब होता है। उसने बिल्कुल नोच ही तो डाला मुझे। मेरा इतना बड़ा अपमान कर दिया कि जिसकी सज़ा यहाँ के क़ानून के अनुसार बहुत ही सख़्त होती है। पर मैंने न तो पुलिस को बताया न ही अख़बार वालों को उस बात की भनक मिलने दी। बस उसी को मजबूर किया कि वह मुझसे माफ़ी माँग ले। उसने वैसा ही किया तो मैंने उसे माफ़ कर दिया। अब उसी की ऐनक अपने ख़र्च पर बनवा कर ला रही हूँ। कल जिस काफ़िले को मेरे संरक्षण में यहाँ से पूर्वी जर्मनी के रास्ते वापस भेजा जा रहा है उसी में वह भी शामिल है।'

मैं ईवा की ओर बड़ी हैरत से देखता-सा रह गया। उसकी आँखों में एक अथाह शान्ति थी। वह कई क्षणों तक अपलक मेरी ओर देखती रही। उस समय उसके होठों पर वह मुस्कान भी मौजूद नहीं थी जो कुछ देर पहले मुझे देखते ही खिल उठी थी। मुझे एक महिला पात्र को कई पहलुओं से देखने तथा जानने का जो अवसर मिल गया था। वह मेरे भीतर ही भीतर कहीं मुझे स्वार्थी, क्रूर तथा बेदिल होने का अहसास दिला रही थी।

मैंने जैसे बिल्कुल औपचारिक ढंग से कहा—'ईवा, कई वर्ष पहले तुम्हारी एक निजी डायरी मेरे पास पड़ी रह गयी थी। उस पर चूँकि तुम्हारा पता-वता नहीं लिखा था इसलिए उसे तुम्हें डाक से न भिजवा सका। इस वक़्त भी वह इंडिया ही में है। तुम्हें कहाँ पोस्ट करूँ, अपना कोई स्थायी ठिकाना बता दो।'

उसने कुछ आश्चर्य से जवाब दिया—'मुझे तो कुछ भी याद नहीं उसके बारे में। न जाने कितना कुछ लिख-लिख कर मैंने जगह-जगह छोड़ दिया। यह भी याद नहीं रहता कि क्या कुछ लिख जाती हूँ।'

फिर वह अचानक घड़ी देखकर खड़ी हो गयी—'अब मैं फ़ौरन जाऊँगी। हम फिर भी कभी मिल पायेंगे या नहीं, कौन कह सकता है! अगर मिल गये तो हैरान मत होना। नहीं मिले तो इस बात का ग़म मत करना। मेरी ओर से गुड बाई।'

यह कह कर उसने जल्दी से मेरे साथ हाथ मिलाया और बाहर निकल गयी।

पाश होने का सन्ताप

डॉ. अतर सिंह

पाश की एक पहचान यह है कि वह नक्सलवादी कवि है। यह पहचान जहाँ तक शेष धाराओं से उस विशेष धारा को अलग करती है जिसे पाश ने अपनाया, उस सीमा तक तो इसके कुछ अर्थ बनते हैं लेकिन इससे आगे, इस समूह पहचान से आगे का पड़ाव एक और है और वह है पाश की आत्म-पहचान का : भाव यह कि उसके अपने व्यक्तित्व की तलाश और उसे रूपमान करने का। उसकी पहली कविताओं में समूह या वर्ग के साथ तदरूपता का अंश अधिक बलवान है। अपने समूह की पहचान करता कवि स्वयं पहचान से परे हो गया है। समूह की पहचान को स्थापित करने की मानवी उपयोगिता सीमित है। इसीलिए काव्य रचना न मौलिक है न गतिमान। 'साडे समियाँ विच' (पाश का अन्तिम कविता-संग्रह) में पाश अपने समूह से दूरी पर खड़ा होकर आत्म परीक्षा कर रहा दिखाई देता है। अपनी काव्य साधना के उस पड़ाव पर पहुँच रहा जहाँ जिस समूह पहचान ने उसे शेष साहित्य जगत से अलग किया था, उस समूह चिन्तन से अलग होकर वह अपने व्यक्तित्व की पहचान कर सके और इस प्रकार मानवता के एक नये दर्शन को प्रत्यक्षमान कर सके।

क्योंकि पाश कला और कृति को मात्र मानवी कार्य ही नहीं समझता बल्कि एक मानवकारी कार्य भी स्वीकार करता है इसलिए उसकी रचनाओं का एक बुनियादी नैतिक अर्थ है जिसे नज़रअन्दाज़ नहीं किया जा सकता। धर्म-चिन्तन की दृष्टि से देखा जाये तो यह अर्थ समूची मनुष्यता की मुक्ति के लिए हर व्यक्ति की नैतिक ज़िम्मेदारी के तौर पर सामने आता है। अगर मार्क्सवादी दृष्टि से देखें तो यह व्यक्ति के सामाजिक कर्त्तव्य का रूप धारण करता है। इसी प्रकार अगर अस्तित्ववादी दृष्टिकोण को अपनाएँ तो यह उसके मानवी सन्ताप को उजागर करता है जो कोई भी चुनाव करते समय या मार्ग अपनाते समय इस

बात में से पैदा होता है कि व्यक्ति व्यक्तिगत तौर पर जो भी करता है उस द्वारा औरों को उस रास्ते पर चलने की नैतिक मान्यता भी देता है। यह नैतिक अर्थ उस मानवी एकता का है जो व्यक्ति समूची मानव जाति के साथ प्राप्त करता है। कुछ भी हो पाश मानवता से उदासीन कवि नहीं। बल्कि मानवता उसका मंच भी है जिस पर खड़े होकर वह अपने समूह के साथ साक्षात्कार करता है और वो सन्दर्भ भी जिसमें उसकी कविता ने अपने अर्थों को प्रमाणित करना है।

'साडे समियाँ विच' की नज़्मों में पाश जिस मूल सत्य को स्थापित करना चाहता है, वह है राजनैतिक तथा सामाजिक प्रतिबद्धता का अन्तर। उसकी प्रत्येक नज़्म उसके पाठक के लिए उसके व्यक्तिगत सच के पहचान का अवसर है। पाश ने धरती पर बिछी मेहनतकश सर्वहारा जनता के अभाव तथा निर्बलता के चित्र खींचे हैं, बिना किसी राजनैतिक नारे या सपने की शरण लिए। उसने अपने पाठकों को अपने समय के सच का दर्शक बनने के लिए प्रेरित किया है। यह मैं इसलिए कहता हूँ कि पाश की इन नज़्मों में बिम्ब कविता का श्रृंगार नहीं रहता, बल्कि सन्देश बन जाता है। उचित ढंग से आनन्द उठाने के लिए यह कविता प्रचलित से अलग काव्य संवेदना की माँग करती है। इस कविता का सच वह समूचा वायुमण्डल है जो इसके 'शक्तिशाली बिम्बों' के दर्शन करके मन तथा बुद्धि पर छा जाता है। यह वातावरण है, साधन-हीनता का, बेचारगी का, निराशा का, अजीबो-ग़रीब बन्धनों में फँसे होने के अहसास का, मनुष्य के मनुष्य से वियोग का, क्रूर वहशत तथा बेकिरक तशदद का, शोषक तथा शोषित दोनों की घोर अमानवता का। मात्र सिद्धान्त, नारे मत-मतान्तर, विचारधाराएँ जो इस क्रूर यथार्थ को बदलने के लिए गढ़े गये थे, वो ख़ुद इसी क्रूर सच का एक अंग बन कर रह गये तथा मनुष्य की क्रान्ति की अभिलाषा एक नये भविष्य की इच्छा बन कर रह गयी है। यह वह अवस्था है, जहाँ शब्दों के अर्थ मर जाते हैं तथा नये शब्दों के लिए व्याकुल मनुष्य के वश में बुड़बुड़ से अधिक कुछ नहीं बचता। ख़ुद पाश के संवादों में प्रेमिका की याद, नायक का नायकत्व, भोले मनुष्य की मासूमियत तथा मनुष्य की कला सब हार चुके हैं।

अनुवाद : **सुभाष परिहार**

(डॉ. अतर सिंह के लम्बे लेख
'पाश होने का सन्ताप' में से कुछ अंश)

पाश ज़िन्दाबाद

अमरजीत चन्दन

पाश नहीं रहा। मेरा यार, मेरा कामरेड, मेरा भाई नहीं रहा। हमारा यार, हमारा कामरेड, हमारा भाई नहीं रहा। पाश ज़िन्दगी का वह बेटा था, जिसने इसकी इज़्ज़त व शान के लिए स्वयं को न्योछावर कर दिया। हम कम्युनिस्ट ज़िन्दगी के शरीफ़ बेटे झूठ व इंसाफ़ के बीच हो रही आख़िरी लड़ाई में शामिल हैं। जहाँ हमारा युग इतिहास का सर्वाधिक सन्तप्त युग है, वहीं यह सर्वाधिक उत्तेजक व घटनाओं से पूर्ण भी है। नाज़िम हिकमत ने कहा था, कम्युनिस्ट इस धरती के सर्वाधिक सौभाग्यशाली इन्सान हैं।

पाश पंजाबी का प्रथम कवि है, जो दुश्मनों के हाथों क़त्ल हुआ है। खालिस्तानी फ़ासिस्टों ने पाश का ही क़त्ल नहीं किया, इन्होंने कविता का क़त्ल किया है, पंजाबी भाषा का क़त्ल किया है। पाश के हत्यारे पंजाब के हत्यारे हैं। यह लोग अपनी मौत मर जायेंगे, लेकिन पंजाब ज़िन्दा रहेगा और पाश भी।

गर्व की बात है कि मुझमें और पाश में बहुत प्यार था, यार भाइयों जैसा। बीस वर्षों की अवधि की पाश से सम्बन्धित हर बात, हर घटना इतनी ठोस और निश्चित हो गयी है कि मैं जैसे छू कर महसूस कर सकता हूँ।

पाश मेरा दोस्त बनने से पहले मेरे बाप का दोस्त बना था, तब उसकी आयु मुश्किल से सत्रह वर्ष थी। नकोदर में हमारी फ़ोटोग्राफी की दुकान होती थी। काम तो कोई ज़्यादा नहीं था, क्षेत्र के कामरेडों का अड्डा था। यहीं पाश भी आता था। उन दिनों मैं चण्डीगढ़ विश्वविद्यालय में पढ़ रहा था। पढ़ाई बीच में छोड़ मैं नक्सलवादी आन्दोलन में कूद पड़ा तो पाश से भी मुलाक़ातें हुईं। पाश उन दिनों सी.पी.आई. का हमदर्द था और मेरे चाचा निरंजन सिंह हेडमास्टर का छात्र। मेरे चाचा कुलारी में पढ़ाते थे। मुझे याद है कि जब पाश से मैं पहली बार

मिला तो उसने अपने बाल हाइड्रोजन पेरोक्साइड से रंग कर सुनहरे कर रखे थे। जवानी की शोख़ी, चंचलता, बेपरवाही, और ख़ूबसूरत नज़र आने की ख़्वाहिश। पाश की आँखें बहुत सुन्दर थीं, बिल्लौरी (पुलिस फ़ाइलों में 'कपटी आँखें') और काजल के बग़ैर भी कजरारी लगती थीं। पाश इस बात से स्वयं भी सचेत था और अपनी सुन्दर आँखों का ज़िक्र उसने अपनी कविताओं में भी किया है।

सन् 1968 के शुरू में जालन्धर, चण्डीगढ़ और पटियाला के कामरेडों से मिलकर मैंने पंजाबी की प्रथम साहित्यिक भूमिगत पत्रिका 'दस्तावेज़' शुरू की थी। इसके कुल सात अंक छपे, कुछ साइक्लोस्टाइल व कुछ छपकर। इस पत्रिका में न तो सम्पादक का नाम होता था और न ही छापेखाने का। कुछ रचनाएँ असली नामों के साथ छपती थीं व कुछ छद्म नामों से। पंजाबी साहित्य में जुझारू या क्रान्तिकारी कविता का आरम्भ इसी पत्रिका से हुआ। पाश, सन्तराम उदासी और दर्शन खटकड़ सबसे पहले इसी पत्रिका में छपकर चर्चा का केन्द्र बने थे। 'दस्तावेज़' के चौथे अंक में पाश की कविताएँ निर्मल सिंह (प्रिंसिपल, किरती कालेज पातड़ां) द्वारा परिचय के साथ प्रकाशित हुई थीं। परिचय का शीर्षक था—पाश ज़िन्दाबाद। इन कविताओं से साहित्यिक क्षेत्रों में बहुत हलचल मची। उधर सरकारी अत्याचार बढ़ रहा था। बहुत से कवियों को राजनीतिक गतिविधियों या हमदर्दी के कारण पुलिस यन्त्रणा का शिकार बना रही थी। विशेषतः साहित्यिक माहौल में एक अद्भुत जोश था। पाश के गाँव तलवण्डी सलेम में एक तरह से भूमिगत कामरेडों का अड्डा था। पाश ने अपने कुएँ पर ज़मीन के नीचे ठिकाना बना रखा था, जहाँ माओ और हो ची मिन्ह के चित्र लगे हुए थे।

पाश को दिल से पुलिस की प्रतीक्षा रहती थी। मुझसे एक बार पूछने लगा—यह हमें लेने कब आयेंगे? अब शायद यह बात हास्यास्पद लगे, लेकिन आज से बीस वर्ष पूर्व अठारह वर्ष की उम्र के उभरते कवि पाश या मुझ जैसे पर हँसना उतना अर्थ नहीं रखता। तब सोच की राजनीति नहीं, क़त्ल और शहादत की राजनीति चल रही थी। चारु 'मजूम' भी तो कहता था कि जो जितने अधिक वर्ग शत्रु मारेगा, वह उतना ही अधिक क्रान्तिकारी। हमारे इलाक़े में भी कई कामरेड ऐसा कर रहे थे और उनकी कार्रवाइयों का फल भुगतना पड़ा पाश को जो झूठे केस में बरी होने तक पौने दो साल जेल में रहा।

अगस्त 1973 में मैं अमृतसर में गुरशरण सिंह के दफ़्तर के बाहर पकड़ा गया, जब मैं वरियाम सन्धू के प्रथम कहानी संग्रह 'लोहे के हाथ' के प्रूफ़ पढ़कर

गुरशरण सिंह को देने गया था। जालन्धर जेल में क़ैदी नम्बरदार की कृपा से तीन साल के बाद पाश की झलक नसीब हुई। हम दोनों के बेड़ियाँ लगी हुई थीं और दूर से हाथ हिलाकर सलाम कही। इस नज़ारे के बाद मैंने किसी अनोखे रौ में 'कौन नहीं चाहेगा' कविता एक ही साँस में लिखी। यह कविता सबसे पहले 'लाली' शीर्षक की हस्तलिखित जेल पत्रिका में छपी, जिसे पाश जेल में ही सम्पादित करता व लिखता था। 'लाली' का अब कोई अंक उपलब्ध नहीं है, लेकिन विश्व के साहित्य के इतिहास में यह एक अद्भुत प्रयोग था।

पाश ने जेल में बहुत-सी कविताएँ लिखीं। यह अवसर तो क्रान्तिकारी को भगवान दें। लेकिन किसी क़ैदी पंजाबी क्रान्तिकारी कवि ने फ़ैज़ की तरह क़ैद व बेड़ियों को रोमांटिक रंगत नहीं दी। जो हथकड़ियों व बेड़ियों को क्रान्तिकारियों के आभूषण बनाकर पेश करते हैं, उनका वास्तविकता को देखने व पेश करने का दृष्टिकोण सही नहीं है। गुलामी के चिह्नों की प्रशंसा करना बुद्धिमत्ता नहीं है।

जेल के भीतर से ही पाश ने अपनी पहली पुस्तक 'लौहकथा' अपने गाँव के किसी लड़के के हाथ से गुरशरण सिंह से छपवाई थी। 'लौहकथा' के साथ पाश ने पंजाबी कविता में अपना झण्डा गाड़ दिया। इस संग्रह की 'रात को' कविता मुझे बहुत अच्छी लगती है और पंजाबी कविता की यदि दस सर्वश्रेष्ठ कविताएँ चुननी हों तो मैं यह कविता भी चुनूँगा।

जेल से बाहर आकर पाश को अपनी चरम प्रसिद्धि व स्वीकृति देखकर अवश्य ही हैरानी हुई होगी। पाश थोड़े समय में ही पंजाबी कविता का चमकता लाल तारा बन गया था। पाश का लिखने का अन्दाज़ बिल्कुल नये क़िस्म का व अलग था, जिसका उदाहरण मायकोवस्की की कविता से दिया जा सकता है। पाश ने कविता की परम्परा व प्रतिमान के बिम्ब को एक ही ठोकर से तोड़ दिया। अंग्रेज़ी मुहावरे की तरह काँच के बर्तनों की दुकान में हुंकारता साँड़ आ गया था। अपनी सीधी-सादी ग्रामीण पृष्ठभूमि वाली क्रूड संवेदना के कारण पाश की कविता पंजाब के प्रगतिशील बुद्धिजीवी तबके (छात्र, अध्यापक व सरकारी कर्मचारी) को बहुत अपील करती थी, पाश ने कविता के नये प्रतिमान स्थापित किये। जैसे पिछली सदी में कीचड़ से सने जूतों वाला चित्रकार वैन गाग क़ीमती कालीनों से सजे ड्राइंग रूम में आ गया था। इस तरह के प्रारम्भिक रैडिकल प्रयत्न की सीमा यह होती है कि यदि कोई फिर इसी तरह का जलवा दिखाने की कोशिश करे तो उसका कोई अर्थ नहीं रहता। यही वजह है कि पाश के समकालीन व बाद के कवियों ने कविता में पाश का मुहावरा अपनाया व मारे गये।

ऐसी कविता लिखता पाश ही अच्छा लगता था। पाश की नक़ल नहीं की जा सकती।

पाश को अपनी कविता के ऐतिहासिक महत्त्व का सम्भवतः पूरा अहसास नहीं था। 'तुम्हें पता नहीं' कविता में पाश ने लिखा—

तुम्हें पता नहीं
मैं शायरी में किस तरह जाना जाता हूँ
जैसे किसी उत्तेजित मुजरे में
कोई आवारा कुत्ता आ जाये
तुम्हें पता नहीं
मैं कविता के पास कैसे जाता हूँ
कोई ग्रामीण अहंयौवना घिस चुके फ़ैशन का
नया सूट पहने
जैसे चकराई हुई शहर की दुकानों
पर चढ़ती है।

क्या यह बात पाश ने हीन-भावना से कही होगी? पाश न तो आवारा कुत्ता था और न ही शहर में आयी चकराई हुई अहंयौवना। पाश तो ज़िन्दगी का जिद्दी बालक था, लाड़ला बच्चा, जिसने कविता में अपनी सारी ज़िद पूरी की। उल्टे जन-आन्दोलन से सहानुभूति न रखने वाले प्रोफ़ेसर हरिभजन सिंह और प्रीतम सिंह जैसे पाश की कविता से चकरा गये। हरिभजन सिंह ने पाश की कविता के जवाब में बौखलाहट ज़ाहिर की, 'यह कैसी शायरी है दोस्तो।' और इसी कविता में लाल झण्डे को लाल चीथड़ा कहा था। वही हरिभजन सिंह आज लाल झण्डे के देश सोवियत यूनियन की प्रशंसा में पुस्तकें लिख रहा है।

जेल से बाहर आकर पाश ने 'सिआड़' शीर्षक से साहित्यिक पत्रिका निकालनी शुरू की। चाहे नक्सलवादी आन्दोलन का व्यक्तिगत आतंकवाद का दौर जा चुका था, लेकिन मोगा गोलीकाण्ड जैसी घटनाओं ने जुझारू आन्दोलन के हौसले ऊँचे बनाये रखे। लेकिन इसके बाद आन्दोलन पस्ती के दौर में चला गया। कई अवसरवादी व बेईमान आदमी नेतागिरी चमकाने के लिए फूट-दर-फूट डालते रहे। पाश को किसी विशेष नक्सलवादी गुट के दबाव में 'सिआड़' पत्रिका बन्द करनी पड़ी। फिर हमने मिलकर 'पंजाबी साहित-सभिआचार मंच' बनाया और सुरेन्द्र, हरभजन हलवारवी, पाश व मेरे सम्पादन में 'हेमज्योति' पत्रिका पुनः शुरू की, लेकिन जल्द ही इसे बन्द करना पड़ा। एक तो पाश ने इसमें ज़्यादा

दिलचस्पी नहीं ली, दूसरे पंजाबी पाठकों को नया 'हेमज्योति' रास नहीं आया। ये पाठक आतंकवादी दौर वाली कविता के आदी थे। अब हम सोच व चिन्तन पर ज़ोर देकर पंजाबी में तर्क की परम्परा डालना चाहते थे। पाश की कविता में पहले से कहीं अधिक कलात्मक गहराई आ गयी थी। इस दौर की पाश की सबसे प्यारी कविता 'युद्ध और शान्ति' है।

नयी 'हेमज्योति' का दौर हमारी राजनीतिक-सामाजिक प्रतिबद्धता की परीक्षा का दौर था। आन्दोलन की पस्ती के समय स्थिर क़दम रहना बहुत मुश्किल होता है। लाल सिंह दिल मायूस होकर मुसलमान बन गया। दिल को इस्लाम में कोई उम्मीद नज़र आयी। गुरदीप ग्रेवाल ने आत्महत्या की असफल कोशिश की। पाश रेल हड़ताल के समय घर में बैठा पकड़ा गया, क्योंकि उसने अख़बार पढ़ना छोड़ रखा था। मैं भटकता हुआ 'प्रीतलड़ी' का सम्पादन करने लगा था। हलवारवी[1] जन आन्दोलन के सिर अकृतज्ञता का बहुत बड़ा ताना देकर एम.ए. के पेपरों में रियायती अंक लगवाता घूम रहा था और सन्तराम उदासी ने नीली पगड़ी बाँध ली थी।

पाश नक्सलवाद का चिह्न तो हमेशा रहा, लेकिन वह कभी सदस्य नहीं रहा ग़ैर-सदस्य के लिए पस्ती के समय स्थिर क़दम रहना और भी मुश्किल हो जाता है। जैसे पाश ने 'हमारे समयों में' की भूमिका में लिखा है, उसने इस दौर में बहुत-सी 'शरारतें' कीं। इन 'शरारतों' का वर्णन करने का अब समय नहीं है। पाश ने इस भूमिका में ठीक लिखा था कि कविता पार्टियों की तरह प्रतिदिन दाँवपेंच नहीं बदल सकती। लेकिन इसे बताने का पाश का तरीक़ा ठीक नहीं था, इस बात का अहसास उसे बाद में हो गया था।

इसी दौर में गुनाह के अहसास में पाश मुझसे दूर हो गया था और उसका इन दिनों का पत्र मेरे पास मौजूद है, जो ज़िद्दी बच्चे के ग़ुस्से की तरह प्यार और नफ़रत से भरा पड़ा है। पाश की कविता है : 'मुझे चाहिए कुछ बोल', इसमें उसने लिखा था–

मुझे पेन में स्याही न भरने दें
मैं अपनी 'लौहकथा' भी जला देता हूँ
मैं चन्दन से भी कट्टी कर लेता हूँ
अगर मुझे दे दो कुछ बोल
जिनका एक गीत बन सके...

---

1 सभी प्रमुख क्रान्तिकारी पंजाबी कवि

फिर पाश की शादी हो गयी। मैं बाहर आ गया। गुज़ारे के लिए उसने उग्गी गाँव में स्कूल खोला और हस्तलिखित पत्रिका 'हाक' निकालता रहा, जो खालिस्तानी फ़ासिस्टों की आँख का काँटा थी। फिर वह कैलिफोर्निया चला गया और 'एण्टी-47' फ्रंट का नेता बना। कैलिफोर्निया जाकर उसके मस्तिष्क की बैटरी एक बार फिर चार्ज हो गयी और वर्षों बाद उसने नयी कविताएँ लिखीं, लेकिन छपवाई नहीं। पाश को भी इस बात का अहसास हो गया था कि पश्चिमी रंग की खुली कविताएँ लिखने में क्या तुक। यदि यह आम जनता की समझ में ही नहीं आतीं, रस लेने की बात तो आगे की है। पाँचवें दशक से पंजाबी कविता जनता से टूट चुकी है। हम जनता के बारे में लिखते हैं, जनता के लिए नहीं। साथ ही पाश, कालेज विद्यार्थियों के जिस वर्ग को सम्बोधित था, उसकी पहली पीढ़ी के तो सफ़ेद बाल होने शुरू हो गये हैं और नया तबका उन फ़ासिस्टों के पीछे लगा है, जिन्होंने पाश के रक्त से अपने हाथ रँगे हैं।

हमारी आख़िरी मुलाक़ात पिछले वर्ष या उससे पिछले वर्ष लन्दन में ही हुई थी। मैंने हाथ मिलाने के लिए बढ़ाया तो पाश ने यह कह कर मुझे शर्मिन्दा किया था—'तू गले लग कर तो मिल' पाश से दिल की बातें करने का ज़्यादा अवसर नहीं मिला। एक तो उसके श्रद्धालु उसे छोड़ते नहीं थे और जब भी वह मिला, कोई न कोई उसके साथ होता था। खालिस्तानी कलमी कंजर पाश को घर बुला कर रात के एक-एक बजे मुझे फ़ोन करवाते थे कि मैं इन कंजरों के ख़िलाफ़ न लिखा करूँ। पाश इन कंजरों के पास मेरा पक्ष लेता था और कहता था—'अमरजीत तो हमारा इनके बीच छोड़ा हुआ साँड़ है।'

इस जनवरी में जब मैं कैलिफोर्निया गया, तो पाश पंजाब आया हुआ था, मैंने इसके खेतों में इसकी मौजूदगी इतनी शिद्दत से महसूस की कि इस पर कविता लिख कर इसका चढ़ा साहित्यिक ऋण उतारने की कोशिश की। पाश ने यह कविता नहीं पढ़ी। मैं चाहता था कि पाश यह कविता छपी हुई पढ़ कर हैरान हो। उलटे पाश ने लाल झण्डे के आदर्श के लिए प्राण बलिदान कर मुझे हैरान कर दिया है। और शोकाकुल भी।

पाश की काव्य-यात्रा

चमनलाल

पाश की पहली कविता 1967 में छपी, जबकि उसने पहली कविता केवल पन्द्रह वर्ष की आयु में 1965 में लिखी। कवि के रूप में पाश को प्रसिद्धि 1969 से ही मिलनी शुरू हो गयी थी और 1970 में, जब पाश स्वयं जेल में थे, उनका सर्वप्रथम काव्य संग्रह 'लोहकथा', जिसमें उनकी 36 कविताएँ संकलित थीं, छप कर आ गया था और इसने एक सनसनी सी फैला दी थी। केवल बीस वर्ष को आयु में पाश पंजाबी में एक प्रतिष्ठित कवि बन गये थे। 1971 में पाश जेल से बाहर आ गये थे। 1974 में उनका दूसरा काव्य संग्रह 'उड्डदे बाजां मगर' छप कर आया, जिसमें उनकी 38 कविताएँ संकलित थीं, इस संग्रह को कई विश्वविद्यालयों ने अपने एम. ए. स्तर के पाठ्यक्रमों के लिए पाठ्य पुस्तक के रूप में चुना और यहाँ तक कि संघ लोक सेवा आयोग (यू.पी.एस.सी.) ने भी अपनी परीक्षाओं के पाठ्यक्रम में यह संग्रह लगाया।

पाश का तीसरा काव्य संग्रह 'साडे समियाँ विच' 1978 में प्रकाशित हुआ। इस संग्रह में उनकी अपेक्षाकृत लम्बी कविताएँ संकलित हैं और इनकी संख्या 28 है। इस संग्रह के बाद पाश की शहादत तक उनका कोई अन्य संग्रह प्रकाशित नहीं हुआ। इस बीच पाश ने कविताएँ लिखीं भी अपेक्षाकृत कम। 24 अप्रैल 1988 को उनकी स्मृति में हुए एक समारोह में उनका एक और काव्य संग्रह 'लड़ेंगे साथी' रिलीज किया गया। इस संग्रह में अधिकांश कविताएँ उनके पहले तीन संग्रहों से ही संकलित की गयी हैं, लेकिन 23 ऐसी नयी कविताएँ भी इस संकलन में हैं, जो पहले के तीन संग्रहों में नहीं हैं। इस प्रकार कुल मिलाकर चार काव्य संग्रहों में पाश की 125 कविताएँ संकलित हैं। अभी ऐसी भी कविताएँ हैं, जो पाश ने लिखीं, लेकिन प्रकाशित नहीं करवाईं, जिन्हें वे अपने उन दोस्तों

के यहाँ छोड़ कर चले जाते रहे, जिनके पास वे कभी-कभार रुकते थे। 'पाश ज़िन्दाबाद' शीर्षक से उनकी अब तक अप्रकाशित कविताएँ अमरजीत चन्दन सम्पादित कर रहे हैं।

कविता के अतिरिक्त पाश ने अपनी डायरी में साहित्य व राजनीति सम्बन्धी चिन्तन किया है। 'सिआड़', 'हाक', 'हेमज्योति' व 'एण्टी-47' पत्रिकाओं के सम्पादन में सम्पादकीय टिप्पणियाँ व साहित्यिक राजनीतिक लेख लिखे हैं। खालिस्तानियों द्वारा उनकी हत्या करने का मुख्य कारण पाश का 'हाक' व 'एण्टी-47' शीर्षक हस्तलिखित पत्रिकाओं में खालिस्तानी विचारधारा का सशक्त विरोध ही है। अपने लेखन के अतिरिक्त पाश जनतान्त्रिक मूल्यों के संघर्ष के सक्रिय कार्यकर्त्ता भी थे व इस लिहाज़ से वे राल्फ फाक्स, काडवेल आदि की परम्परा में आते हैं, जिन्होंने क़लम लेखन के साथ-साथ जन-संघर्षों में सक्रिय भागीदारी भी की।

लेकिन कुल मिलाकर पाश का कवि रूप ही उनका सबसे प्रमुख रूप बन कर उभरता है, यद्यपि उनका यह कवि रूप भी उनके सम्पूर्ण जीवन, व्यक्तित्व और संघर्षों का ही आलोकमय रूप है और इस तरह उनका कवि रूप उनके जीवन व उनकी गतिविधियों से अलग कर नहीं देखा जा सकता।

और जब हम पाश के रूप को देखते हैं तो पंजाबी साहित्य-संस्कृति के सन्दर्भ में उनकी तुलना पंजाबी के एक अन्य अत्यन्त लोकप्रिय कवि शिव बटालवी से करने की इच्छा होती है। इन दोनों कवियों में इस बात के सिवा कुछ भी साझा नहीं था कि दोनों ही कवि 37 वर्ष की अल्पायु में चल बसे और दोनों का ही पंजाबी साहित्य मंच पर प्रवेश सनसनीखेज तरीक़े से हुआ और दोनों ही बहुत लोकप्रिय रहे। वास्तव में जिन दिनों शिव बटालवी लोकप्रियता के शिखर पर थे, तभी पाश के साहित्य मंच पर प्रवेश ने शिव बटालवी को उनके शिखर से नीचे खींच लिया।

शिव बटालवी ख़ुद गाते थे और उनके गीत बहुत लोकप्रिय आज भी हैं। जगजीत-चित्रा सिंह आदि प्रतिष्ठित गायकों ने उनके गीत रिकार्ड करवाये हैं। लेकिन शिव बटालवी 'मौत की शान' के शायर थे और पाश उसके मुक़ाबले 'ज़िन्दगी की शान' के शायर बन कर आये। 'हमें तो जोबन रुत में मरना' ...शिव के साहित्य व जीवन का लक्ष्य था और उन्होंने शराब में डूब कर 37 वर्ष की अल्पायु में मौत की गोद में जा यह लक्ष्य पूरा कर लिया। लेकिन पाश उसी समय ज़िन्दगी की शान और संघर्ष की कविताएँ लेकर पंजाबी साहित्य मंच

पर आये और उन्होंने अपनी कविता से पंजाबी पाठकों की मनोवृत्ति को शिव बटालवी की मौत की संवेदनाओं से आज़ाद कर एक ख़ूबसूरत ज़िन्दगी हासिल करने के संघर्ष की ओर मोड़ दिया। इस अर्थ में पाश का पंजाबी साहित्य में एक ऐतिहासिक महत्त्व है।

पाश की अब तक उपलब्ध 125 कविताओं से पाश का जो कवि बिम्ब उभर कर सामने आता है, उसमें विषयगत वैविध्य और रूप के स्तर पर प्रयोगधर्मिता तो मिलती ही है, उसमें एक अपने क़िस्म की ताज़गी और मौलिकता भी मिलती है, जिसकी वजह से वे 1970 के बाद की पंजाबी कविता के एक सशक्त प्रतिनिधि व प्रतीक बन कर उभरे। अमरजीत चन्दन ने सही कहा है कि पाश ऐसे मौलिक कवि हैं, जिनकी नक़ल नहीं की जा सकती, यद्यपि अनेक परवर्ती कवियों ने पाश के मुहावरे की नक़ल करने की कोशिश की।

पाश की कविता में विषयगत वैविध्य होते हुए भी एक केन्द्रीय धारा उनके पूरे काव्य में बहती है और यह केन्द्रीय धारा है—मनुष्य की, उसके सम्मान की, उसकी शान की गौरव-गाथा। उनकी कविता में मौत के, अमानवीय जीवन परिस्थितियों के, मनुष्य के दमन व उत्पीड़न के प्रति एक चुनौती है, एक विद्रोह है और अदम्य आत्मविश्वास है कि अन्तिम जीत मनुष्य की, मनुष्य की शान के साथ जीने की ख़्वाहिश व उसकी कोशिश की ही होगी। मनुष्य की शान का यह अद्‌भुत गान ही पाश को नाज़िम हिकमत और पाब्लो नेरूदा की परम्परा का क्रान्तिकारी कवि बनाता है। लेकिन पाश सही अर्थों में एक क्रान्तिकारी कवि थे, अनेक अन्य समकालीनों की तरह क्रान्तिकारी लफ़्फ़ाज नहीं। और यदि पाश की काव्य यात्रा का क्रमिक विकास देखा जाये तो उनके चिन्तन व काव्य में निरन्तर विकास व परिपक्वता को स्पष्टता से रेखांकित किया जा सकता है।

पाश ने 1967 में जब कविता लिखना शुरू किया तो देश में नक्सलवादी विद्रोह फैल चुका था। पाश इस आन्दोलन से गहरे व गम्भीर रूप से प्रभावित हुए, लेकिन उन्होंने इस आन्दोलन की विचारधारा—मार्क्सवादी-लेनिनवाद-माओत्से तुंग विचारधारा को अच्छी तरह पचाया और इस आन्दोलन के उस हिस्से से जुड़े, जो जन-आन्दोलन चलाने में विश्वास रखता था, नाकि व्यक्तिगत हत्याओं या आतंक की राजनीति में। जन-आन्दोलन में गहरे रूप में विश्वास करने से ही पाश की कविता में सामान्य जन की क्रान्तिकारी सम्भावनाओं के बिम्ब पूरी शिद्दत से उभर कर आते हैं। पाश की कविता के सामान्य जन प्रायः गाँव के हैं—क़िसान, खेत मज़दूर, बकरियाँ चराने वाले, सिपाही इत्यादि। इन लोगों की चेतना अभी

भले ही क्रान्तिकारी न बन पायी हो, लेकिन क्रान्ति की सम्भावनाएँ इन्हीं लोगों में हैं, इसे पाश अच्छी तरह पहचानते व समझते थे, जिसे उन्होंने अपनी कविता में बिल्कुल नये व ताज़े बिम्बों में ढाल कर प्रस्तुत किया।

रूपक स्तर पर पाश की कविता की सबसे बड़ी विशेषता उनकी बिम्बावली है। ऐसे बिम्ब पहली बार न सिर्फ़ पंजाबी कविता, बल्कि पूरी भारतीय कविता में यह एक नयी क़िस्म की बिम्बावली थी। यही वजह थी कि जब भी पाश की कोई कविता अनूदित हो दूसरी भाषाओं तक पहुँची, उसे तुरन्त स्वीकृति व लोकप्रियता मिली। पाश के बिम्ब पंजाब के ठेठ ग्रामीण जीवन से लिए बिम्ब हैं और उनके कुछ बिम्बों में चौंकाने की प्रवृत्ति भी मिलती है, जैसे 'युद्ध और शान्ति' कविता में शान्ति के लिए 'गाँधी के जाँघिए' की उपमा।

पाश के सर्वप्रथम काव्य-संग्रह 'लौहकथा' की सर्वप्रथम कविता है 'भारत'। इस कविता में कवि देश व देश-प्रेम की अपनी परिभाषा स्पष्ट करता है। पाश के लिए देश भौगोलिक सीमाएँ नहीं है, बल्कि उसके लिए देश का मतलब देश की मिहनतकश जनता है। कवि उद्घोषणा करता है—

इस शब्द के अर्थ
खेतों के उन बेटों में हैं
जो आज भी वृक्षों की परछाइयों
से वक़्त मापते हैं

भारत के अर्थ
किसी दुष्यन्त से सम्बन्धित नहीं
वरन् खेतों में दायर हैं
जहाँ अन्न उगता है
जहाँ सेंध लगती है...

भारत को दुष्यन्त-पुत्र भरत से अलग कर पाश देश की अवधारणा भी वर्ग स्तर पर करते हैं। यह देश किसी सामन्त पुत्र की विरासत नहीं, बल्कि यहाँ की मिहनतकश जनता की विरासत है, यह स्वर पाश अपनी पहली ही कविता में घोषित करते हैं।

देश की धारणा के साथ-साथ पाश देश की व्यवस्था को भी अपनी काव्यमयी व्यंग्यात्मक चोट का लक्ष्य बनाते हैं। इसी संग्रह की एक अन्य कविता

'अब मेरा हक़ बनता है' में वे देश की कथित लोकतान्त्रिक व्यवस्था पर कड़ी चोट करते हैं। लेकिन 'देशभक्ति' की सकारात्मक अवधारणा भी पाश इसी संग्रह की अन्य कविता 'देशभक्त' में देते हैं, जिसे उन्होंने चन्दन को समर्पित किया है। इस कविता में वे साम्राज्यवाद के ख़िलाफ़ राष्ट्रीय संघर्षों के गौरव की गाथा कहते हैं और चेग्वेरा, अफ्रीका व क्यूबा आदि के साथ-साथ बंगाल या भारत के अन्य हिस्सों के जन-संघर्षों की चर्चा करते हैं। साम्राज्यवाद का सक्रिय विरोध बीसवीं सदी के विश्व में देश-प्रेम का अभिन्न अंग है, इसे पाश अपनी इस कविता में स्थापित करते हैं।

देश-प्रेम किस प्रकार एक संकीर्ण भावना न होकर अन्तर्राष्ट्रीयता से ओतप्रोत भावना है, यह केवल क्रान्तिकारी ही जानते हैं और पाश की यही क्रान्तिकारी भावना उन्हें श्रीलंका के क्रान्तिकारियों का अभिनन्दन करवाती है और इसी भावना से वे पाकिस्तानी पंजाबी कवि अहमद सलीम से उनके अपने संघर्षों में एकजुटता ज़ाहिर करवाती है। यह दोनों कविताएँ उनके दूसरे काव्य संग्रह 'उड्डदे बाजां मगर' में संकलित हैं।

देश की भावना से जुड़ी कविताएँ पाश ने अपनी पूरी काव्य-यात्रा के दौरान लिखी हैं। 'साडे समियाँ विच' संग्रह में 'एमरजेंसी लगने के बाद' देश की स्थिति का दुखात्मक आकलन है। 'लड़ेंगे साथी' संग्रह में संकलित व 1985 में दिल्ली के नवम्बर दंगों के बाद लिखी कविता 'बेदख़ली के लिए विनयपत्र', में देश के प्रति फिर एक बार तीव्रतम अभिव्यक्ति हुई है। 'भारत' कविता में यदि देश को सामन्त-पुत्र से अलगाया गया तो 'बेदख़ली' में 1947 के बाद के भारत को एक ही परिवार की सम्पत्ति होने से अलगाने की तीव्र अनुभूति है। पूरी कटुता में कवि कहता है—

इसका जो भी नाम है—गुण्डों की सल्तनत का
मैं इसका नागरिक होने पर थूकता हूँ
मैं उस पायलट की
चालाक आँखों में चुभता भारत हूँ
मैं भारत हूँ चुभता हुआ उसकी आँखों में
अगर उसका अपना कोई ख़ानदानी भारत है
तो मेरा नाम उसमें से अभी ख़ारिज कर दो

पाश ने अपने पहले काव्य संग्रह का नाम रखा—'लौहकथा'। इस शीर्षक को सार्थक करने वाली उनकी कविता है—'लोहा'। इस कविता में लोहे के बिम्ब से उन्होंने समाज के वर्ग-विभेद और वर्ग-संघर्ष की स्थिति को उघाड़ा है। एक ओर वे हैं, जो लोहे की बात करते हैं, जिनके पास लोहे की कुर्सियाँ, लोहे के बैंकों के सेफ हैं, दूसरी ओर लोहे को कुठाली में ढाल कर यह सारी चीज़ें बनाने वाले मिहनतकश हैं, जो अब लोहे की शक्ति से जाग्रत हो लोहे को पिस्तौलों, बन्दूकों व बमों की शक्ल दे रहे हैं।

लेकिन पाश की अधिकांश कविताएँ सच्चाई और बग़ावत का ऐलान करती हैं और शोषक वर्गों को एक चुनौती देती हैं कि उसकी पराजय निश्चित है, हर तरह के अत्याचार न उसकी पराजय को रोक सकते हैं और न क्रान्ति की सम्भावना मिटा सकते हैं। 'सच' कविता में वे घोषणा करते हैं कि शोषक वर्ग इस सच को स्वीकार करे या न करे, लेकिन अब संघर्ष का सच, युग सत्य बन रहा है। 'समय कोई कुत्ता नहीं' कविता में पाश कहते हैं कि वे जेल में बन्द होकर भी आज़ाद हैं, जबकि यह पहरेदार सीखचों के बाहर होकर भी क़ैद हैं। 'आप हैरान न हों' कविता में शोषक वर्ग को सीधे सम्बोधित करते हुए पाश कहते हैं कि वे तो सरफरोश हैं और उनसे हिसाब चुकता करेंगे। इस कविता में पाश ने उन यन्त्रणाओं का काव्यात्मक चित्र प्रस्तुत किया है, जो उन्होंने पुलिस के हाथों 1969 में झेलीं। 'प्रतिज्ञा' कविता में शोषक वर्गों को समाप्त करने की दृढ़ प्रतिज्ञा व्यक्त हुई है।

अपने पहले ही संग्रह से पाश अत्यन्त संवेदनशीलता से मिहनतकशों के सौन्दर्यबोध की अवधारणा की भी बात करते हैं, 'मेरी माँ की आँखें' कविता में पाश ने अपनी आँखों की सुन्दरता के ज़िक्र के माध्यम से उस औरत की आँखों में दोष की चर्चा करते हैं, जिसे ग़रीबी की मार में अपना ही बेटा बदसूरत जान पड़ता है। 'गले सड़े फूलों के नाम' कविता में वे ग्राम संवेदना और नगर संवेदना में फ़र्क़ की चर्चा करने अपनी ग्राम संवेदना के गौरव को स्थापित करते हैं। 'जेल के ख़ूबसूरत 'नक़्शे क़दम' कविता में कवि जेल की हदों के भीतर से पहाड़ों और खेतों की सुन्दरता बयान करता है।

'लौहकथा' की एक अन्य व्यंग्यात्मक कविता 'संस्कृति की खोज' है, जिसमें भारतीय संस्कृति पर खोज कर रही अंग्रेज़ महिला मरियम किस्लर पीएच.डी. की भारतीय संस्कृति पर खोज के माध्यम से विदेशियों द्वारा की जा रही भारत की सांस्कृतिक खोज पर व्यंग्य किया गया है।

इस संग्रह की 'क़ातिल', 'खुला पत्र', 'काग़ज़ी शेरों के नाम' आदि कविताएँ मध्य वर्ग व बुद्धिजीवियों के नाम सम्बोधित हैं। उनके खोखलेपन को उद्घाटित करते हुए उनसे संघर्ष में कूद कर अपना व्यक्तित्व हासिल करने की अपेक्षा इन कविताओं में व्यक्त हुई है।

1974 में प्रकाशित पाश का दूसरा काव्य संग्रह 'उड्डदे बाज़ां मगर' उनकी कविता के कलात्मक विकास की गवाही देता है। संग्रह की पहली कविता 'शीर्षक' कविता है और अपनी परिपक्वता व ताज़गी से फ़ौरन ध्यान आकर्षित करती है। यह कविता एक स्तर पर यदि व्यंग्यात्मक स्वर लिए हुए है तो दूसरे स्तर पर जीवन के कटु यथार्थ का अंकन करती हुई संघर्ष में कूदने की प्रेरणा देने वाली है। कविता के पहले हिस्से में 'लाल पगड़ी वाले आलोचकों' की चर्चा द्वारा सरकार द्वारा कवि लेखकों से किये सलूक का व्यंग्यात्मक चित्र है तो कविता के परवर्ती भाग में बहिनों के ब्याह के न उतरने वाले क़र्ज़ों, किसानों के शोषण, गाँव की सुन्दर लड़कियों के उजड़ते जीवन के कटु चित्र हैं, लेकिन यह कटु चित्र सिर्फ़ निराशा में डुबोने के लिए नहीं हैं। यह चित्र एक तीव्र प्रभाव देकर इन परिस्थितियों के ख़िलाफ़ संघर्ष करने का सन्देश देते हैं।

इस संग्रह में पाश की अनेक चर्चित व महत्त्वपूर्ण कविताएँ संकलित हैं। ऐसी ही कविताएँ हैं—'हम लड़ेंगे साथी', 'तूफ़ानों ने कभी मात नहीं खाई', 'पुलिस के सिपाही से', 'काँटे का जख़्म' व कुछ गीत।

'हम लड़ेंगे साथी' पाश की बहुचर्चित कविता है, जो अनेक भाषाओं में अनूदित हुई है। इसी कविता से प्रेरित होकर उनकी शहादत के बाद छपे उनके काव्यसंग्रह का शीर्षक भी 'लड़ेंगे साथी' रखा गया है। पाश की कविता की सबसे महत्त्वपूर्ण विशेषता यह है कि उसमें एक अभूतपूर्व आशावाद का सन्देश है। ख़राब से ख़राब परिस्थितियों में भी पाश में जीवन की विजय का अद्भुत विश्वास है। यही आशावाद उन्हें गोर्की और आस्त्रोवस्की के बहुत क़रीब ले जाता है और आस्त्रोवस्की की रचना 'जय जीवन' बरबस ही पाश की कविताओं को पढ़ते हुए ध्यान में आने लगती है। 'हम लड़ेंगे साथी' कविता में पाश हर स्थिति में तब तक संघर्ष करने का प्रण लेते हैं, जब तक 'दुनिया में तड़ने की ज़रूरत बाक़ी है।' संघर्ष करने की प्रेरणा देने वाली यह कविता विश्व की बेहतरीन कविताओं में जानी जायेगी।

'जन्म दिन' कविता इस संग्रह की आत्म-साक्षात्कार की कविता है, जिसमें पाश अपने जीवन की इक्कीसवीं वर्षगाँठ जेल में क़ैदी-साथियों के साथ बेड़ियाँ

खनका कर 'जन्म दिन मुबारक' के गीत के साथ गाते हैं और अपने नये 'जन्म' की घोषणा करते हैं। सामाजिक क्रान्ति की चेतना से लैस एक नया जन्म। जेल प्रवास के दौरान लिखी पाश की अनेक कविताएँ इस संग्रह में भी संकलित हैं।

'मुझे चाहिए कुछ बोल', जिनसे एक गीत बन सके। कविता द्वारा पाश फिर व्यवस्था के खोखलेपन पर तीव्र व्यंग्य करते हैं। यह ऐसी अमानवीय व्यवस्था है, जिसमें किसी सृजनात्मक व्यक्ति के लिए सृजन की कोई सम्भावना नहीं है, जब तक कि वह स्वयं को इस व्यवस्था को बदलने के संघर्ष से न जोड़े।

इस संग्रह में पाश के दो अत्यन्त लोकप्रिय गीत भी संकलित हैं, जो मंच पर ख़ूब गाये गये हैं। इनमें एक गीत 'मज़दूर की झोपड़ी' को मीनार बनने का सन्देश देता है और दूसरा 'सुनहरी प्रभात' के सम्भावित आगमन की ख़ुशी में आकाश और धरती के नाचने-गाने की अभिव्यक्ति करता है।

'तूफ़ानों ने कभी हार नहीं मानीं' शीर्षक कविता इस संग्रह की अन्य महत्त्वपूर्ण कविता है, जिसमें व्यवस्था द्वारा क्रान्तिकारी शक्तियों की अस्थायी असफलता पर उछलने को चुनौती देते हुए कहा है कि 'हवा फिर दिशा बदलेगी और तूफ़ान कभी हार नहीं खाएँगे।'

'पुलिस के सिपाही से' कविता में फिर वर्ग-चेतना का उद्‍घोष है। पुलिस के सिपाही को किसान-मज़दूर का बेटा समझ उसे पाश ने अपना वर्ग पहचानने और अपने वर्ग के लिए बन्दूक उठाने का सन्देश दिया है।

'सेंसर होने वाले ख़त का दुखान्त' में फिर ज़हालत से भरे पुलिस अधिकारियों पर व्यंग्य है, जो व्यक्तिगत पत्रों में भी अर्थ के अनर्थ करते हैं। 'काँटे का जख़्म' कविता में गाँव के साधारण आदमी के जीवन की दुखान्त गाथा है तो 'जहाँ कविता ख़तम होती है' गाँव के अनपढ़ लड़कों के नाम सम्बोधित है, जिसमें उनसे वहाँ से ज़िन्दगी शुरू करने का सन्देश है, 'जहाँ कविता ख़तम होती है...'

वास्तव में 'उड्डदे बाज़ां मगर' की 38 कविताओं ने पाश को पंजाबी कविता के इस दौर के सबसे महत्त्वपूर्ण कवि के रूप में स्थापित किया और उसका यह दर्जा अभी तक कोई और पंजाबी कवि पार नहीं कर पाया है। न केवल पंजाबी में ही, पाश की स्वीकृति अब अखिल भारतीय स्तर पर भी एक अत्यन्त महत्त्वपूर्ण कवि के रूप में होने लगी थी, हालाँकि उनकी कुछ ही कविताएँ अनुवाद के माध्यम से देश के अन्य हिस्सों तक पहुँची थीं।

पाश का तीसरा काव्य संग्रह 'साडे समियाँ विच' (हमारे समयों में) हमारे समकालीन जीवन का काव्यात्मक किन्तु यथार्थ आकलन तो है ही, पाश की

कला के भी और विकास का सूचक है। 1978 में प्रकाशित इस संग्रह में उनकी अपेक्षाकृत लम्बी 28 कविताएँ संकलित हैं। संग्रह की अन्तिम कविता 'कामरेड से बातचीत' छह हिस्सों में लिखी पाश की अब तक प्रकाशित सबसे लम्बी कविता है। मुक्तिबोध की तरह पाश की काव्य संवेदना भी अब लम्बी कविताओं के रूप में अभिव्यक्ति पाने की ओर बढ़ रही थी और खालिस्तानियों ने अल्पायु में पाश को शहीद कर पंजाबी साहित्य-संस्कृति के सम्भावित मुक्तिबोध को हमसे छीन लिया है और इस हत्या द्वारा उन्होंने यह भी एक बार फिर प्रमाणित कर दिया है कि फ़ासिस्ट विचारधारा और इसके मानने वाले साहित्य-संस्कृति के सबसे बड़े शत्रु हैं।

संग्रह की भूमिका में पाश ने कविता में सम्बोधन शैली की प्रशंसा करते हुए कालिदास के प्रभाव को स्वीकार किया है। इसके साथ ही कमलादास, नेरूदा व नाज़िम हिकमत का प्रभाव भी उन्होंने स्वीकार किया है।

'उड्डदे बाज़ां मगर' की अन्तिम कविता अपने गाँव के अनपढ़ लड़कों से सम्बोधित थी—'जहाँ कविता ख़तम होती है' और 'साडे समियाँ विच' की पहली कविता फिर गाँव के लड़कों से सम्बोधित है—'जहाँ कविता ख़तम नहीं होती'। इस कविता में मनुष्य की सामाजिक चेतना के विकास के साथ-साथ उसके भीतर पैदा होती दुःखों की अनुभूति की चर्चा है—

पन्द्रहवें के बाद
हर वर्ष श्मशान से उठती भाप का गुब्बार होता है
...
कवि महसूस करता है—
मैं—जो सिर्फ़ एक आदमी बनना चाहता था
यह क्या बना दिया गया हूँ?

लेकिन संग्रह की भूमिका रूप में लिखी कविता 'इंकार' में पाश की स्पष्ट उद्घोषणा है कि वे अपने वर्ग से जुड़े हैं और जुड़े रहेंगे और व्यवस्था के किसी भी 'सौन्दर्यबोध' को स्वीकार न करेंगे।

'मैं अब विदा लेता हूँ' पाश की सम्भवतः तीव्रतम कोमल संवेदना की कविता है, जिसमें अपनी मृत्यु से दस वर्ष पहले ही उन्होंने अपनी सामाजिक भूमिका स्पष्ट करते हुए अपनी अन्तिम परिणति स्पष्ट कर दी थी। लेकिन साथ ही यह भी कि उनमें जीवन की कैसी उत्कट लालसा थी। न केवल स्वयं जीने

की उत्कट लालसा बल्कि वे अपने पूरे वर्ग के लिए, अपने मित्रों के लिए, ऐसी ही उत्कट लालसा की कामना भी करते थे। कविता की अन्तिम पंक्तियाँ अपनी पूरी शिद्दत में यह व्यक्त करती हैं—

तुम यह सभी कुछ भूल जाना मेरी दोस्त
सिवाय इसके
कि मुझे जीने की बहुत लालसा थी
कि मैं गले तक ज़िन्दगी में डूबना चाहता था
मेरे भी हिस्से का जी लेना मेरी दोस्त
मेरे भी हिस्से का जी लेना।

सच्चे क्रान्तिकारियों में ऐसी जीवन-कामना होती है और वही अपना जीवन दूसरों के जीने के लिए छोड़ जाते हैं। पाश की यह कामना उसके साथियों-प्रशंसकों को उसी की तरह जीकर पूरी करती है।

'प्रतिबद्धता' कविता में वे ज़िन्दगी, समाजवाद के प्रति सच्ची प्रतिबद्धता व्यक्त करते हैं और झूठ-मूठ के दिखावों का विरोध। 'तुम्हें पता नहीं' कविता में वे अपने कवि-बिम्ब का ज़िक्र करते हुए कहते हैं कि उन्हें कविता में 'किसी मुजरे में घुसे आवारा कुत्ते' की तरह समझा जाता है।

'युद्ध और शान्ति' इस संग्रह की एक अत्यन्त महत्त्वपूर्ण दार्शनिक कविता है। इस कविता में पाश युद्ध और शान्ति के प्रश्न पर काव्यात्मक ढंग से विचार करते हुए यह स्थापित करते हैं कि वास्तव में युद्ध यानि संघर्ष ही जीवन की वास्तविकता है और शान्ति एक तरह से जीवन से पलायन है। शान्ति के वे कई ऐसे बिम्ब सृजित करते हैं जो बिल्कुल नये व कुछ हद तक चौंकाने वाले भी हैं और युद्ध के भी वे ऐसे भावभीने बिम्ब सृजित करते हैं कि हम जीवन में संघर्ष में कूदने की प्रेरणा ग्रहण करने लगते हैं। 'युद्ध और शान्ति' उनकी क्लासिक रचना बनने की क्षमता रखती है।

'हमारे समयों में' कविता भी संग्रह की महत्त्वपूर्ण कविता है, जिसमें कवि ने समकालीन समाज की राजनीतिक स्थिति का दुःख से भरा काव्यात्मक चित्र प्रस्तुत किया है। कम्युनिस्ट पार्टियों का क्रान्ति पथ छोड़ संसद में भटकना इन शब्दों में व्यक्त हुआ है—

यह शर्मनाक हादसा हमारे ही साथ होना था
कि दुनिया के सबसे पवित्र शब्दों ने

बन जाना था सिंहासन की खड़ाऊँ—
मार्क्स का सिंह जैसा सिर
दिल्ली की भूल-भुलैयों में मिमियाता फिरता
हमें ही देखना था
मेरे यारो, यह कुफ़्र हमारे ही समयों में होना था।

'कामरेड से बातचीत' संग्रह की सबसे लम्बी व अन्तिम कविता है, जिसमें उन्होंने कामरेड से सम्बोधित होते हुए कम्युनिस्ट आन्दोलन के सबल व निर्बल दोनों ही पक्षों की चर्चा की है। कवि की कम्युनिस्ट आन्दोलन व क्रान्ति के प्रति सच्ची भावना व चिन्ता इस कविता के हर शब्द से झलकती है।

पाश की कविताओं का अब तक का अन्तिम संग्रह 'लड़ेंगे साथी' पाश की शहादत के एक महीना बाद प्रकाशित हुआ। इस संग्रह में पिछले तीन संग्रहों से चुनी कविताओं के साथ-साथ 23 ऐसी कविताएँ संकलित हैं जो अभी तक या अप्रकाशित थीं या तो केवल पत्र-पत्रिकाओं में ही प्रकाशित थीं।

इन कविताओं में उनकी चार कविताएँ पंजाब की मौजूदा स्थिति का सबसे सशक्त काव्यात्मक दस्तावेज़ हैं। यह कविताएँ हैं—'धर्म दीक्षा के लिए विनय पत्र', 'बेदख़ली के लिए विनयपत्र' व 'सबसे ख़तरनाक'।

'धर्म दीक्षा के लिए विनयपत्र' कविता में पाश ने भिण्डरावाले की फ़ासिस्ट विचारधारा पर आधारित खालिस्तानी आन्दोलन के अमानवीय पक्ष को एक माँ की गुहार के माध्यम से उभारा है। धर्मगुरु से माँ अपने बेटे की दीक्षा व रक्षा चाहती है, क्योंकि 'आदमी बेचारा सर पर रहा नहीं, क्योंकि धर्मगुरु की हुंकार ने, अच्छे-ख़ासे लोगों को बाड़ों में बदल दिया है।' एक तीव्र तिलमिलाने वाले व्यंग्य के माध्यम से पाश ने भिण्डरावाले की विचारधारा व आन्दोलन की वास्तविकता इस कविता से उघाड़ी है और यह कविता खालिस्तानियों की आँख में काँटे की तरह चुभती भी रही। 1982 में पाश ने 'हाक' हस्तलिखित पत्रिका में 'कुएँ' कविता भी प्रस्तुत की। इस कविता के अपेक्षाकृत अमूर्त बिम्बों द्वारा उन्होंने खालिस्तानी आन्दोलन के प्रतिक्रियावादी पक्ष को उभारा।

लेकिन साथ ही साथ नवम्बर '84 के सिख विरोधी दंगों से सात्विक क्रोध में भर कर पाश ने 'बेदख़ली के लिए विनयपत्र' जैसी सशक्त मानवीय रचना भी की, जिसमें सत्ता द्वारा निर्दोष सिखों की हत्या को उघाड़ा और ऐसे 'ख़ानदानी' भारत से अपना नाता तोड़ने की काव्यात्मक घोषणा की।

पाश की अन्तिम प्रकाशित कविता थी—'सबसे ख़तरनाक।' इस कविता में पाश ने शोषण, दमन, अत्याचार से भी अधिक ख़तरनाक इन्सान की प्रतिरोध करने की; जीने की, उसके सपनों के मर जाने की स्थिति को माना और पाश ने स्वयं अपने बलिदान द्वारा इस 'सबसे ख़तरनाक' स्थिति को भेद दिया।

सम्भवतः पाश की कुछ अप्रकाशित कविताएँ अभी इधर-उधर बिखरी हों, लेकिन पाश की प्रकाशित कविताओं से ही उनका कवि-बिम्ब पूरी तरह स्पष्ट है। अपनी काव्य-यात्रा के अन्तिम दौर में पाश ने सम्बोधन शैली को अधिक अपनाया और इस शैली में अनेक सशक्त रचनाएँ रचीं।

23 मार्च 1988 को पाश भी अपने प्रिय शहीद भगत सिंह के रास्ते पर चले गये और 23 मार्च को उन्होंने राजनीति व संस्कृति के संगम का दर्जा भी दिला दिया। भगत सिंह 23 मार्च को देश के स्वतन्त्रता आन्दोलन की बलिवेदी पर शहीद हुए। भगत सिंह मूलतः एक राजनीतिक कार्यकर्त्ता थे, यद्यपि उनकी साहित्यिक समझ अत्यधिक साफ़ थी। पाश मूलतः एक सांस्कृतिक कार्यकर्त्ता थे, एक कवि थे, लेकिन उनकी राजनीतिक समझ बहुत साफ़ थी। भगत सिंह और पाश की एक ही दिन की शहादत उन्हें पंजाब की परम्परा में एक साथ ले आयी है, यद्यपि उनकी शहादत में 57 वर्ष का अन्तर है, लेकिन दोनों ही मानवतावादी व क्रान्तिकारी विचारों के लिए शहीद हुए। पाश की शहादत ने यह सिद्ध कर दिया कि व्यापक मानव-मूल्यों के संघर्ष में संस्कृतिकर्मी भी वैसे ही योद्धा हैं, जैसे राजनीतिक कार्यकर्त्ता, राजनीति व संस्कृति को मानव-मूल्यों के संघर्ष में अलगाया नहीं जा सकता। 23 मार्च को भगत सिंह और पाश को एक साथ याद करते हुए, यही सन्देश हमारे सामने बार-बार आयेगा।

साडे समियाँ विच

कविता की विधि विषयवस्तु से जन्म लेती है। लगभग दो हज़ार वर्ष पूर्व भारतीय काव्य को एक बहुत ही समर्थ विधि दी कालिदास ने—सन्देशमयी सम्बोधन विधि। कहाँ तो वाष्प-धुएँ तथा वायु का मिश्रण एक निर्जीव बादल और कहाँ प्रेम जैसी तीव्र जीवित संवेदना! परन्तु विरह-व्यथित प्रेमी कब सजीव तथा निर्जीव में अन्तर किया करते हैं।

समस्त भारतीय कविता इस विधि पर कम वा अधिक खड़ी है। पंजाबी में गुरु गोविन्द सिंह के 'मित्तर प्यारे नूँ...' से लेकर अमितोज के 'लाहौर के नाम ख़त' तक अधिकतर कवियों ने समान्तर विषयों को निभाते हुए इस विधि का प्रयोग किया है। परन्तु इसका योग्य प्रयोग वे कवि ही कर सके हैं जिनकी कविता अन्तर को चीर कर बाहर आयी तथा संवेदना बहुआयामी थी।

टैगोर को नोबल पुरस्कार मिलने के बाद समस्त भारतीय काव्य में जो प्रकृति-प्रेम की बाढ़ आयी, उसके नक़लची स्वभाव के कारण पंजाबी कविता में घटिया माल की भरती तो हुई ही, साथ ही स्कूलों, कालेजों तथा ज्ञानी अकादमियों के माहौल में कविता का संकल्प ही अपंग बन गया।

इश्क़/अमन/समाज का विषय पंजाबी कविता में कोई विशेष विधि लेकर नहीं पधारा।

व्यक्ति स्वतन्त्रता की रुझान ने सामाजिक निषेध को प्रचारित किया। बाद में अपूर्णता तथा विवशता की व्यंग्यात्मक अभिव्यक्ति ने कटाक्ष विधि के सहारे व्यक्ति को उभार कर केन्द्र में ला दिया तथा सामाजिकता के प्रति अलगाव की रुचि को बल प्रदान किया।

व्यक्ति तथा समाज का विरोध पंजाबी कवियों का कोई नया आविष्कार नहीं। दर्शन तथा समाजशास्त्र के क्षेत्रों में यह विरोध हज़ारों वर्ष पुरानी कानाफूसी का निशाना रही है। मार्क्स के दर्शन ने पहली बार दुनिया को निखारा कि व्यक्ति और समाज के संघर्ष की जड़ वास्तव में व्यक्तियों तथा राज्य के विरोध में है।

तुर्की तथा चिल्ली के दो अन्तर्राष्ट्रीय शायरों ने इस पहुँच से विश्व भर की कविता को गहराई तथा सार्थकता सहित अनेको विधियाँ दी हैं।

पंजाबी में इस प्रकार की कविता अपनी पिछली परम्परा में से ही उत्पन्न होने के कारण न तो उन विधियों का पूरा उपयोग कर सकी और न ही विषय को उसकी विशालता सहित ग्रहण कर सकी। कारण—कि यहाँ राजनैतिक चेतना तथा सामाजिक बोध एक-दूसरे में से उत्पन्न नहीं हुए।

हमारे कम्युनिस्ट कविता के लिए 'हथियार' शब्द का नग्न प्रयोग उचित समझते हैं। कम्युनिस्ट संघर्षों में दाँव-पेंचों का, मेरुदण्ड जैसा महत्त्व होता है। मैंने अनुभव किया है कि पार्टियों की पैंतरेबाज़ी के साथ कविता नत्थी नहीं हो सकती। पार्टी लेबलों से पीछा छुड़ाने के लिए मुझे अनेक शरारतें करनी पड़ी हैं। इस प्रकार दोहरी सज़ा झेलने के समय की पैदावार मेरी यह पुस्तक है।

राजनैतिक सरगर्मियों में से हाथ खींच लेने के कारण यह स्वाभाविक ही था कि मेरी कविता में अन्तर्मुखता बढ़ जाती। फ़िलहाल इसका कोई इलाज नहीं। अब तक मैं जिनकी कविता से काफ़ी प्रभावित हुआ हूँ, उनमें से कमलादास अभी जीवित हैं। कालिदास तो बहुत पहले शरीर त्याग गये थे। फ़िलहाल कमलादास का धन्यवाद करता हूँ। नेरूदा तथा नाज़िम हमारे अपने कैम्प के व्यक्ति हैं, उनका धन्यवाद करने की आवश्यकता नहीं।

पिछली दोनों पुस्तकों में मेरी लगभग सभी कविताएँ लोहे की ज़ंजीरों के प्रति मनुष्य की अनुभवशीलता थीं। इस बार इस पुस्तक में मेरे सारे अहसास उन अदृश्य ज़ंजीरों से निपटने या खीझने का इतिहास हैं जो लोहे की नहीं परन्तु लोहा उनका है।

पाश

तलवण्डी सलेम, ज़िला-जालन्धर

(9 सितम्बर, 1978)

अनुवाद : **सुभाष परिहार**

पाश की कविताएँ

भारत/लोहा/उड़ते हुए बाज़ों के पीछे/जन्म दिन/मैं अब विदा लेता हूँ/हमारे समयों में/इमरजेंसी लगने के बाद/युद्ध और शान्ति/तूफ़ान कभी मात नहीं खाते/बेदख़ली के लिए विनय-पत्र/धर्म दीक्षा के लिए विनय-पत्र/सबसे ख़तरनाक/कुएँ/घास/काँटे का जख़्म/प्रतिबद्धता/रिहाई/आसमान का टुकड़ा/मेरे पास/हम लड़ेंगे साथी/जहाँ कविता ख़त्म होती है/जहाँ कविता ख़त्म नहीं होती/तीसरा महायुद्ध/लड़े हुए वर्तमान के रूबरू/पुलिस के सिपाही को/खुला ख़त।

'मेरी कविताएँ केवल मेरे गाँव के बारे या मेरे इर्द-गिर्द के जीवन के बारे में मोटे से अहसास हैं। इनमें कोई अधिक कारीगरी या गहराई नहीं। मैं अपने बारे में कोई भ्रम नहीं पाले बैठा हूँ और न मैं नम्रता से ही यह कह रहा हूँ। नम्रता तो मुझे छूकर भी नहीं गुज़री। हाँ, मेरे जीवन में बहुत गहराई है और बहुत क्राफ़्टमैनशिप। अपने जीने के ढंग पर ज़रूर मुझे गर्व है।'

—अवतार सिंह पाश

18-12-74 को लिखे गये एक ख़त से

अनुवाद : **चमनलाल/सुभाष परिहार/आनन्दवर्धन/पंकज सिंह/निरुपमा दत्त/सुखचैन मिस्त्री/फूलचन्द मानव**

भारत

भारत—
मेरे सम्मान का सबसे महान् शब्द
जहाँ कहीं भी प्रयोग किया जाये
बाक़ी सभी शब्द अर्थहीन हो जाते हैं

इस शब्द के अर्थ
खेतों के उन बेटों में हैं
जो आज भी वृक्षों की परछाइयों से
वक़्त मापते हैं
उनके पास, सिवाय पेट के, कोई समस्या नहीं
और वह भूख लगने पर
अपने अंग भी चबा सकते हैं
उनके लिए ज़िन्दगी एक परम्परा है
और मौत के अर्थ हैं मुक्ति
जब भी कोई समूचे भारत की
'राष्ट्रीय एकता' की बात करता है
तो मेरा दिल चाहता है।...
उसकी टोपी हवा में उछाल दूँ।
उसे बताऊँ
कि भारत के अर्थ
किसी दुष्यन्त से सम्बन्धित नहीं
वरन् खेतों में दायर हैं
जहाँ अन्न उगता है
जहाँ सेंध लगती है—

अनुवाद : **चमनलाल**

(प्रथम संग्रह 'लौहकथा' से)

लोहा

आप लोहे की कार का आनन्द लेते हो
मेरे पास लोहे की बन्दूक है।
मैंने लोहा खाया है
आप लोहे की बात करते हो
लोहा जब पिघलता है
तो भाप नहीं निकलती
जब कुदाली उठाने वालों के दिलों से
भाप निकलती है
तो लोहा पिघल जाता है
पिघले हुए लोहे को
किसी भी आकार में
ढाला जा सकता है।

कुदाली में देश की तकदीर ढली होती है
यह मेरी बन्दूक
आपके बैंकों के सेफ;
और पहाड़ों को उलटाने वाली मशीनें,
सब लोहे के हैं।
शहर से उजाड़ तक हर फ़र्क़
बहिन से वेश्या तक हर अहसास
मालिक से मुलाज़िम तक हर रिश्ता,
बिल से क़ानून तक हर सफ़र,
शोषणतन्त्र से इंक़लाब तक हर इतिहास,
जंगल, कोठरियों व झोपड़ियों से पूछताछ
तक हर मुक़ाम
सब लोहे के हैं।

लोहे ने बड़ी देर इन्तज़ार किया है,
कि लोहे पर निर्भर लोग
लोहे की पत्तियाँ खाकर
ख़ुदकुशी करना छोड़ दें
मशीनों में फँस कर फूस की तरह उड़ने वाले
लावारिसों की बीवियाँ
लोहे की कुर्सियों पर बैठे वारिसों के पास,
कपड़े तक खुद उतारने के लिए मजबूर न हों।
लेकिन आख़िर लोहे को
पिस्तौलों, बन्दूकों और बमों की
शक्ल लेनी पड़ी है
आप लोहे की चमक में चुँधिया कर
अपनी बेटी को बहू समझ सकते हैं,
(लेकिन) मैं लोहे की आँख से
दोस्तों के मुखौटे पहने दुश्मन
भी पहचान सकता हूँ
क्योंकि मैंने लोहा खाया है
आप लोहे की बात करते हो।

अनुवाद : **चमनलाल**

(प्रथम संग्रह 'लौहकथा' से)

पाश-कविताएँ-3

उड़ते हुए बाज़ों के पीछे

उड़ गये हैं बाज़ चोंचों में लेकर
हमारी चैन से एक पल बिता सकने की ख़्वाहिश
दोस्तो अब चला जाये
उड़ते हुए बाज़ों के पीछे

यहाँ तो पता नहीं कब आ धमकें
लाल पगड़ियों वाले आलोचक
और शुरू कर दें
कविता की दाद देनी
इससे पहले
कि फैल जाये थाने की रोज़ फैलती इमारत
तुम्हारे गाँव, तुम्हारे परिवार तक
और संलग्न हो जाये
आत्म-सम्मान का काँपता हुआ पृष्ठ
उस छुरी मुख वाले मुंशी के रोज़नामचे में—
दोस्तो अब चला जाये
उड़ते हुए बाज़ों के पीछे...

यह तो सारी उम्र न उतरेगा
बहिनों के ब्याहों पर उठाया क़र्ज़
खेतों में छिड़के ख़ून का
हर क़तरा भी इकट्ठा कर
इतना रंग न बनेगा
कि चित्रित कर लेंगे, एक शान्त
मुस्कराते हुए इन्सान का चेहरा

तथा अन्य
कि ज़िन्दगी की पूरी रातें भी गिनते चलें
सितारों की गिनती न हो पायेगी
क्योंकि हो नहीं सकेगा यह सब
फिर दोस्तो, अब चला जाये
उड़ते हुए बाज़ों के पीछे...

यदि आपने महसूस किया हो
कड़ाही में जम रहे गर्म गुड़ की महक
और देखा हो
सुहागी हुई गीली ज़मीन का
चाँद की चाँदनी में चमकना
तो आप सब ज़रूर कुछ इन्तज़ाम करो
लपलपाते उस मत-पत्र का
जो लार फेंक रहा है
हमारे कुओं की हरियाली पर
जिन्होंने देखे हैं
छतों पर सूखते सुनहरे भुट्टे
और नहीं देखे
मण्डियों में सूखते दाम
वे कभी न समझ पायेंगे
कि कैसे दुश्मनी है
दिल्ली की उस हुकमरान औरत की
उस नंगे पाँवों वाली गाँव की सुन्दर लड़की से
सुरंग जैसी ज़िन्दगी में चलते हुए
जब लौट आती है
अपनी आवाज़ ख़ुद के ही पास
और आँखों में चुभते रहते
बूढ़े बैल के उचड़े कानों जैसे सपने
जब चिमट जाये गलियों का कीचड़
उम्र के सबसे हसीन सालों से

तो करने को बस यही बचता है
कि चला जाये
उड़ते हुए बाज़ों के पीछे...

अनुवाद : **चमनलाल**

(दूसरे संग्रह 'उड्डदे बाज़ां मगर' से)

जन्म दिन

वर्षों के कन्धों पर हाथ रख कर
चलती रही जन्मने की लालसा
उन्नीस क़दम चल कर भी मुझे
जन्मने का सामान न मिला
सिर्फ़ अक्षरों के बोझ
नामों का सफ़र किया—

एक नाम था मेरी माँ का एक पिता का
कुछ नाम दोस्तों के थे
कुछ शहरों के और कुछ सड़कों के
यह सभी नाम 'प' से शुरू होते हैं
जिनसे एक शब्द 'परम्परा' बनता था
पर कोई भी नाम जीवन नहीं था
जो 'ज' से शुरू होना था
लेकिन जब न जन्मने का अहसास
दर्द बन गया
तो बीसवाँ क़दम सामने था
और मुझे 'ज' के बिखरे शब्द अंगों में संगीत भरना था—
हवा में एटमी धूल थी
और आकाश में आँखें उग आयी थीं
शब्दों के 'पुण्य' और 'पाप' का
मेरी क़ौम कर रही थी सफ़र
मैंने बाँध लिए सभी नाम
अपनी पीठ पर

और तैरा मश्क की तरह
अपने रक्त के सागर में...

जहाँ मेरा बीसवाँ क़दम ख़तम होता था
वहाँ 'जेल' थी—
और इस तरह 'इक्कीसवें' वर्ष की दहलीज़
मैंने 'ज' के वज़न से पार की है
जिससे एक शब्द 'जन्म' बनता है
और एक 'जीवन'
और बीस के बीस वर्ष
इस नवजात मनुष्य को
गोदी में ले लोरी गाते हैं
और साथ ही घुल जाता है
क़ैदी साथियों का बेड़ियाँ खनका कर गाया
'जन्म दिन मुबारक' का गीत...

(जेल से)

अनुवाद : **चमनलाल**

(दूसरे संग्रह 'उड्डदे बाज़ां मगर' से)

मैं अब विदा लेता हूँ

मैं अब विदा लेता हूँ
मेरी दोस्त मैं अब विदा लेता हूँ
मैंने एक कविता लिखनी चाही थी
सारी उम्र जिसे तुम पढ़ती रह सकतीं

उस कविता में
महकते हुए धनिये का ज़िक्र होना था
ईख की सरसराहट का ज़िक्र होना था
उस कविता में वृक्षों से बूँद-बूँद झरती ओस
और बाल्टी में चोए दूध पर गाती झाग का ज़िक्र होना था
और जो भी कुछ
मैंने तुम्हारे जिस्म में देखा
उस सब कुछ का ज़िक्र होना था

उस कविता में मेरे हाथों की सख्ती को मुस्कराना था
मेरी जाँघों की मछलियों को तैरना था
और मेरी छाती के बालों की नरम शाल में से
स्निग्धता की लपटें उठनी थीं
उस कविता में
तेरे लिए
मेरे लिए
और ज़िन्दगी के सभी रिश्तों के लिए बहुत कुछ होना था मेरी दोस्त

लेकिन बहुत ही बेस्वाद है
दुनिया के इस उलझे हुए नक़्शे से निपटना

और यदि मैं लिख भी लेता
शगुनों से भरी वह कविता
तो उसको वैसे ही दम तोड़ देना था
तुम्हें और मुझे छाती पर बिलखते छोड़ कर
मेरी दोस्त, कविता बहुत ही निःसत्व हो गयी है
जबकि हथियारों के नाख़ून बुरी तरह बढ़ आये हैं
और अब हर तरह की कविता से पहले
हथियारों के युद्ध करना ज़रूरी हो गया है

युद्ध में
हर चीज़ को बहुत आसानी से समझ लिया जाता है
अपना या दुश्मन का नाम लिखने की तरह
और इस स्थिति में
मेरे चुम्बन के लिए बढ़े होंठों की गोलाई को
धरती के आकार की उपमा
या तेरी कमर के लहरने को
समुद्र के साँस लेने की तुलना देना
बड़े मज़ाक़ सा लगना था
सो मैंने ऐसा कुछ नहीं किया,
तुम्हें
मेरे आँगन तुम्हारी मेरा बच्चा खिला सकने की ख़ाहिश को
और युद्ध के समूचेपन को
एक ही क़तार में खड़ा करना मेरे लिए सम्भव नहीं हुआ
और अब मैं विदा लेता हूँ।
मेरी दोस्त, हम याद रखेंगे
कि दिन में लोहार की भट्ठी की तरह तपने वाले
अपने गाँव के टीले
रात को फूलों की तरह महक उठते हैं
और चाँदनी में पगे हुए 'टोक' के ढेरों पर लेट कर
स्वर्ग को गाली देना, संगीतमय होता है
हाँ यह हमें याद रखना होगा क्योंकि

जब दिल की जेबों में कुछ नहीं होता
याद करना बहुत ही अच्छा लगता है।

मैं इस विदाई के पल शुक्रिया करना चाहता हूँ
उन सभी हसीन चीज़ों का
जो हमारे मिलन पर तम्बू की तरह छाती रहीं
और उन आम जगहों का
जो हमारे मिलने से हसीन हो गयीं,
मैं शुक्रिया करता हूँ
अपने सर पर ठहर जाने वाली
तेरी तरह हल्की और गीतों भरी हवा का
जो मेरा दिल लगाये रखती थी इन्तज़ार में,
रास्ते पर उगी हुई रेशमी घास का
जो तुम्हारी लरजती चाल के सामने हमेशा बिछ जाता था
टीण्डों से उतरी कपास का
जिन्होंने कभी भी कोई उज्र न किया
और हमेशा मुस्करा कर हमारे लिए सेज बन गयी
गन्नों पर तैनात पिद्दियों का
जिन्होंने आते-जाते की भिनक रखी
जवान हुए गेहूँ की बालियों का
जो हमें बैठे न सही, लेटे हुए तो ढँकती रहीं
मैं शुक्रगुज़ार हूँ, सरसों के नन्हे फूलों का
जिन्होंने कई बार अवसर दिया मुझे
तेरे केशों से पराग केसर झाड़ने का

मैं आदमी हूँ, बहुत कुछ छोटा-छोटा जोड़ कर बना हूँ
और उन सभी चीज़ों के लिए
जिन्होंने मुझे बिखर जाने से बचाये रखा
मेरे पास बहुत कृतज्ञता है
मैं शुक्रिया करना चाहता हूँ।

प्यार करना बहुत ही सहज है,
जैसे कि जुल्म को झेलते हुए
ख़ुद को लड़ाई के लिए तैयार करना
या जैसे गुप्तवास में लगी गोली से
किसी गुफा में पड़े रह कर
जख़्म के भरने के दिन की कोई कल्पना करे।

प्यार करना
और लड़ सकना
जीने पर ईमान ले आना, मेरी दोस्त यही होता है
धूप की तरह धरती पर खिल जाना
और फिर आलिंगन में सिमट जाना
बारूद की तरह भड़क उठना
और चारों दिशाओं में गूँज जाना—
जीने का यही सलीका होता है।
प्यार करना और जीना उन्हें कभी न आयेगा
जिन्हें ज़िन्दगी ने बनिया बना दिया।

जिस्म का रिश्ता समझ सकना—
ख़ुशी और नफ़रत में कभी भी लकीर न खींचना—
ज़िन्दगी के फैले हुए आकार पर फिदा होना—
सहम को चीर कर मिलना और विदा होना—
बड़ी शूरवीरता का काम होता है मेरी दोस्त
मैं अब विदा लेता हूँ।

तुम भूल जाना
मैंने तुम्हें किस तरह पलकों के भीतर पाल कर जवान किया
कि मेरी नज़रों ने क्या कुछ नहीं किया
तेरे नक़्शों की धार बाँधने में,
कि मेरे चुम्बनों ने कितना ख़ूबसूरत बना दिया तुम्हारा चेहरा
कि मेरे आलिंगनों ने

तुम्हारा मोम जैसा शरीर कैसे साँचे में ढाला
तुम यह सभी कुछ ही भूल जाना मेरी दोस्त
सिवाय इसके
कि मुझे जीने की बहुत लोचा (तृष्णा) थी
कि मैं गले तक ज़िन्दगी में डूबना चाहता था,
मेरे भी हिस्से का जी लेना, मेरी दोस्त
मेरे भी हिस्से का जी लेना।

अनुवाद : **चमनलाल**

(तीसरे संग्रह 'साडे समियाँ विच' से)

हमारे समयों में

यह सब कुछ हमारे ही समयों में होना था
कि समय को रुक जाना था थके हुए युद्ध की तरह
और कच्ची दीवारों पर लटकते कैलण्डरों को
प्रधानमन्त्री का फोटो बन कर रह जाना था

धूप से तिड़की हुई दीवारों के परखचों
और धुएँ को तरसते चूल्हों को
हमारे ही समयों का गीत बनना था

ग़रीब क़ी बेटी की तरह बढ़ रहा
इस देश के सम्मान का पौधा
हमारे रोज़ घटते क़द के कन्धों पर ही उगना था
शानदार एटमी तज़र्बे की मिट्टी
हमारी आत्मा में फैले हुए रेगिस्तान से उड़नी थी
मेरे आपके दिलों की सड़क के मस्तक पर जमना था
रोटी माँगने आये अध्यापकों के मस्तक की नसों का लहू
दशहरे के मैदान में
गुम हुई सीता नहीं, बस तेल का टिन माँगते हुए
रावण हमारे ही बूढ़ों को बनना था
अपमान वक़्त का हमारे ही समयों में होना था
हिटलर की बेटी ने ज़िन्दगी के खेतों की माँ बन कर
ख़ुद हिटलर का 'डरना'
हमारे ही मस्तकों में गड़ाना था
यह शर्मनाक हादसा हमारे ही साथ होना था
कि दुनिया के सबसे पवित्र शब्दों ने
बन जाना था सिंहासन के पाँव—

मार्क्स का सिंह जैसा सिर
दिल्ली की भूल-भुलैया में मिनमिनाता
हमें ही देखना था
मेरे यारो; यह कुफ़्र हमारे ही समयों में होना था

बहुत दफा, पक्के पुलों पर
लड़ाइयाँ हुईं
ज़ुल्म की शमशीर के लेकिन
घूँघट न मुड़ सके
मेरे यारो, अपने अकेले जीने की ख़ाहिश कोई पीतल का छल्ला है
हर पल जो घिस रहा
न इसने यार की निशानी बनना है
न मुश्किल वक़्त में रकम बनना है

मेरे यारो हमारे वक़्त का अहसास
बस इतना ही न रह जाये
कि हम धीमे-धीमे मरने को ही
जीना समझ बैठे थे
कि समय हमारी घड़ियों से नहीं
हड्डियों के खुरने से मापे गये

यह गौरव हमारे ही समय को मिलेगा
कि उन्होंने नफ़रत निथार ली
गुज़रते गन्धलाये समुद्रों से
कि उन्होंने बेध दिया पिलपिली मुहब्बत का तेंदुआ

वह तैर कर जा पहुँचे
हुसन की दहलीज़ों पर

यह गौरव हमारे ही समय का होगा
यह गौरव हमारे ही समय का होना है

अनुवाद : **चमनलाल**

(तीसरे संग्रह 'हमारे समयों में' की शीर्षक कविता)

पाश-कविताएँ-7

इमरजेंसी लगने के बाद

इस रहस्यपूर्ण मृत्यु में सिवाय इसके,
कि कोई मर गया है, कुछ भी सच नहीं
बाक़ी सब अफ़वाहें हैं
कान-रस है।
या उतरते शीत का सन्नाटा है।

अब मातम होगा या भीतर ही भीतर घी के चिराग़ जलेंगे
और एक उदासी-चुनी हुई कपास के खेत जैसी
जो मरने वाले के जीते हुए भी थी
यहाँ हमारे दरवाज़ों के क़ब्ज़ों के साथ :
जो खुलते बन्द होते लगातार चीख़ती।

इस रहस्यपूर्ण मृत्यु में कुछ भी सच नहीं सिवाय इसके
कि क़ब्रें तैयार नहीं अपना स्वभाव बदलने के लिए
और आदमी पींग की लौटती हिलोर के आख़िरी हिस्से की तरह
उत्तेजना से इकट्ठा हो रहता है
ख़ुशी व डर को अपनी जाँघों में दबाये
निर्विघ्न समाप्त होने की अरदास
हमारे कानों के भीतर सिक्का भरती रहती है।

और यह डर, कि हार जायेगा गुरुवार आख़िर,
शुक्रवार के पहले नगारे से
कुछ को क़ातिल बनने का बोध देता है
तो भी इस क़त्ल में दोषी सिर्फ़ बन्दूकधारी नहीं,

हम भी हैं जिनकी आँखों का सुरमा,
हमारे आँसुओं के लिए कर्फ़्यू बन गया।
कुछ भी हो, एक उसके मरने के सिवाय
और बाक़ी सब अफ़वाहें हैं, कान-रस है।

अनुवाद : **चमनलाल**

(तीसरे संग्रह 'साडे समियाँ विच' से)

पाश-कविताएँ-8

युद्ध और शान्ति

हम जिन्होंने युद्ध नहीं किया
तुम्हारे शरीफ़ बेटे नहीं हैं ज़िन्दगी
वैसे हम हमेशा शरीफ़ बनना चाहते रहे
हमने दो रोटियों और ज़रा सी रज़ाई के एवज़ में
युद्ध के आकार को सिकोड़ना चाहा,
हम बिना शान की तन्दों में शान्ति सा कुछ बुनते रहे
हम बर्छी की तरह हड्डियों में चुभे सालों को उम्र कहते रहे
जब हर पल किसी अकड़ाये शरीक की तरह सर पर गरजता रहा
हम सन्दूक में छिप-छिप कर युद्ध को टालते रहे

युद्ध से बचने की लालसा में बहुत छोटे हो गये हम
कभी तो थके हुए बाप को अन्नखाऊ बुड्ढे का नाम दिया
कभी चिन्ताग्रस्त बीवी को चुड़ैल का साया कहा
सदैव क्षितिज में नीलामी के दृश्य तैरते रहे
और हम नाज़ुक सी बेटियों की आँख में आँख डालने से डरे
युद्ध हमारे सिरों पर आकाश की तरह छाया रहा
हम धरती पर खोदे गढ़ों को मोर्चों में बदलने से झिझकते रहे।

डर कभी हमारे हाथों पर बेगार बन उग आया
डर कभी हमारे सिरों पर पगड़ी बन सज गया
डर कभी हमारे मनों में सौन्दर्य बन कर महका
डर कभी आत्मा में सज्जनता बन गया
कभी होंठों पर चुगली बन कर बुड़बुड़ाया
हम हे ज़िन्दगी, जिन्होंने युद्ध नहीं किया
तुम्हारे बहुत पाखण्डी बेटे हैं।

युद्ध से बचने की लालसा ने
हमें लताड़ दिया है घोड़ों की सुमों के नीचे,
हम जिस शान्ति के लिए रींगते रहे
वह शान्ति बाघों के जबड़ों में
स्वाद बन कर टपकती रही
शान्ति कहीं नहीं होती–
आत्मा में छिपे गीदड़ों का हौंकना ही सब कुछ है।
शान्ति–
घुटनों में गर्दन देकर ज़िन्दगी को सपने में देखने की कोशिश है
शान्ति वैसे कुछ नहीं है

भूमिगत साथी से आँख बचा लेने के लिए
सड़क किनारे नाले में झुक जाना ही सब कुछ है।
शान्ति कहीं नहीं होती है
नारों की गर्ज से घबरा कर
अपनी चीख़ में संगीत के अंश ढूँढ़ना ही सब कुछ है
और शान्ति कहीं नहीं होती।

तेल बग़ैर जलती फ़सलें,
बैंक की फ़ाइलों के जाल में कड़कड़ाते गाँव
और शान्ति के लिए फैली बाँहें
हमारे युग का सबसे कमीना चुटकुला है :
शान्ति गुट में चुभी चूड़ी के आँसू जितना जख़्म है,
शान्ति बन्द फाटक के पीछे
मस्त हुई हवेलियों की हँसी है,
शान्ति चौपालों में अपमानित दाढ़ियों की आह है
और शान्ति कुछ नहीं है
शान्ति दुखों और सुखों में बनी सीमा के सिपाही की राइफ़ल है
शान्ति जुगाली करते विद्वानों के मुँह से गिर रही लार है
शान्ति पुरस्कार लेते कवियों की बढ़ी हुई बाजुओं का 'टुण्ड' है
शान्ति मन्त्रियों के पहने हुए खद्दर की चमक है

शान्ति और कुछ नहीं है
या शान्ति गाँधी का जाँघिया है
जिसकी तनियों का चालीस करोड़ आदमी को फाँसी लगाने के लिए
इस्तेमाल किया जा सकता है
शान्ति माँगने का अर्थ
युद्ध को जिल्लत के स्तर पर लड़ना है
शान्ति कहीं नहीं होती

युद्ध के बग़ैर हम बहुत अकेले हैं
अपने ही आगे दौड़ते हुए हाँफ रहे हैं
युद्ध के बग़ैर बहुत सीमित हैं हम
बस हाथ भर में ख़तम हो जाते हैं
युद्ध के बग़ैर हम दोस्त नहीं हैं
झूठे-झुठलाई भावनाओं की कमाई खाते हैं
युद्ध इश्क़ के शिखर का नाम है
युद्ध लहू से मोह का नाम है
युद्ध जीने की गर्मी का नाम है
युद्ध कोमल हसरतों के स्वामी होने का नाम
युद्ध शान्ति की शुरुआत का नाम है
युद्ध में रोटी के हुस्न को
निहारने जैसी सूक्ष्मता है
युद्ध में शराब को सूँघने जैसा अहसास है
युद्ध एक यारी के लिए बढ़ा हुआ हाथ है
युद्ध किसी महबूब के लिए आँखों में लिखा ख़त है
युद्ध गोद में उठाये बच्चे की
माँ के दूध पर टिकी मासूम उँगलियाँ हैं
युद्ध किसी लड़की की पहली
हाँ जैसी 'न' है
युद्ध ख़ुद को मोह-भरा सम्बोधन है।
युद्ध हमारे बच्चों के लिए
पिडों वाली गेंद बन कर आयेगा

युद्ध हमारी बहिनों के लिए
कढ़ाई के सुन्दर नमूने लायेगा
युद्ध हमारी बीवियों के स्तनों में
दूध बन कर उतरेगा
युद्ध बूढ़ी माँ के लिए नज़र की ऐनक बनेगा
युद्ध हमारे बुज़ुर्गों की क़ब्रों पर
फूल बन कर खिलेगा
वक़्त बहुत देर
किसी बेक़ाबू घोड़े की तरह रहा है
जो हमें घसीटता हुआ ज़िन्दगी से बहुत दूर ले गया है
कुछ नहीं बस युद्ध ही इस घोड़े की लगाम बन सकेगा
बस युद्ध ही इस घोड़े की लगाम बन सकेगा।

अनुवाद : **चमनलाल**

(तीसरे संग्रह 'साडे समियाँ विच' से)

पाश-कविताएँ-9

तूफ़ान कभी मात नहीं खाते

हवा के रुख बदलने से
बहुत उछले, बहुत कूदे
वे जिनके शामियाने डोल चुके थे
उन्होंने ऐलान कर दिया
अब वृक्ष शान्त हो गये हैं
अब तूफ़ान का दम टूट गया है
जैसे कि जानते ही न हों
ऐलानों का तूफ़ानों पर
कई असर नहीं होता
जैसे कि जानते ही न हों
वह उमस बहुत गहरी थी
जहाँ से तूफ़ान से जन्म लिया
जैसे कि जानते ही न हों
तूफ़ानों की वजह
वृक्ष ही नहीं होते
वरन् वह ठूँठ होता है
धरती का मुखड़ा जो
धूल में मिलता है
ओ भ्रमपुत्रो, सुनो

हवा ने दिशा बदली है
हवा बन्द हो नहीं सकती
जब तक कि धरती का मुखड़ा
टहक गुलज़ार नहीं बनता

तुम्हारे शामियाने आज गिरे
कल गिरे
तूफ़ान कभी भी मात नहीं खाते

अनुवाद : **चमनलाल**

बेदख़ली के लिए विनय-पत्र

मैंने उम्र भर उसके ख़िलाफ़ सोचा और लिखा है
अगर उसके अफ़सोस में पूरा देश ही शामिल है
तो इस देश से मेरा नाम ख़ारिज कर दें
मैं ख़ूब जानता हूँ नीले सागरों तक फैले हुए
इन खेतों, खानों, भट्ठों के भारत को—
वह ठीक इसी का साधारण सा एक कोना था
जहाँ पहली बार
जब दिहाड़ी मज़दूर पर उठा थप्पड़ मरोड़ा गया
किसी के खुरदरे बेनाम हाथों में
ठीक वही वक़्त था
जब इस क़त्ल की साज़िश रची गयी
कोई भी पुलिस नहीं खोज पायेगी इस साज़िश की जगह
क्योंकि ट्यूबें सिर्फ़ राजधानी में जगमगाती हैं
और खेतों, खानों व भट्ठों का भारत बहुत अँधेरा है।
और ठीक इसी सर्द अँधेरे में होश सँभालने पर
जीने के साथ-साथ
जब पहली बार इस जीवन के बारे में सोचना शुरू किया
मैंने ख़ुद को इस क़त्ल की साज़िश में शरीक पाया
जब भी वीभत्स शोर का खुरा खोज मिटा कर
मैंने ढूँढ़ना चाहा टर्राते हुए टिड्डे को
शामिल देखा है, अपनी पूरी दुनिया को
मैंने हमेशा ही उसे क़त्ल किया है
हर परिचित की छाती में ढूँढ़ कर
अगर उसके क़ातिलों को इस तरह सड़कों पर देखा जाना है

तो बनती सज़ा मुझे भी मिले
मैं नहीं चाहता कि सिर्फ़ इस आधार पर बचता रहूँ
कि मेरा पता मालूम नहीं है भजन लाल बिशनोई को
इसका जो भी नाम है—गुण्डों की सल्तनत का
मैं इसका नागरिक होने पर थूकता हूँ
मैं उस पायलट की
चालाक आँखों में चुभता भारत हूँ
मैं भारत हूँ चुभता हुआ उसकी आँखों में
अगर उसका अपना कोई ख़ानदानी भारत है
तो मेरा नाम उसमें से अभी ख़ारिज कर दो।

अनुवाद : **आनन्दवर्धन**

'समता' (पंजाबी), जनवरी 1985 में प्रथम प्रकाशित

पाश-कविताएँ-11

धर्म-दीक्षा के लिए विनय-पत्र

मेरा एक ही बेटा है धर्मगुरु
आदमी बेचारा सर पर नहीं रहा
तेरे इस तरह गरजने के बाद
आदमी तो दूर-दूर तक नहीं बचे
अब सिर्फ़ औरतें हैं या शाकाहारी दोपाए
जो उनके लिए अन्न कमाते हैं
सर्व-कला-सम्पन्न हो तुम धर्मगुरु
तुम्हारा एक मामूली सा तेवर भी
अच्छे-ख़ासे परिवारों को है बाड़े में बदल देता
हर कोई दूसरे को कुचल कर
अपनी गर्दन तीसरे में घुसेड़ता है
लेकिन मेरी तो एक ही गर्दन है धर्मगुरु
मेरे बच्चे की—
और आदमी बेचारा सर पर नहीं रहा

मैं तुम्हारे बताये हुए इश्क़ पूजूँगी
मैं तुम्हारे पास किये भजन ही गाऊँगी
मैं और सभी धर्मों को फ़िज़ूल कहूँगी
लेकिन मेरी एक ही ज़बान बची है धर्मगुरु
मेरे बच्चे की—और आदमी बेचारा रहा नहीं।

मैं पहले बहुत पगलाई रही हूँ अब तक
मेरे परिवार का जो धर्म होता था
मेरा उस पर भी कभी ध्यान नहीं गया
मैं परिवार को ही धर्म मानने का कुफ्र करती रही हूँ

मैं पगली सुने-सुनाये पति को ही ईश्वर कहती रही
मेरी जाने तो घर के लोगों की मुस्कराहट और त्योरी ही
स्वर्ग-नरक रहे–

मैं शायद कलियुग की बीट थी धर्मगुरु
तुम्हारी गरज से उठी धर्म की जयकार से
मेरे से बिल्कुल उड़ गया है कुफ्र का कोहरा
मुझ मुई का अब कोई अपना सच न दिखेगा
मैं तेरे सच को ही एकमात्र सच माना करूँगी...
मैं औरत बेचारी तेरे या बाज़ शिष्यों के सामने हूँ भी क्या
किसी भी उम्र में तेरी तलवार से कम ख़ूबसूरत रही हूँ
किसी भी रौ में तुम्हारे जलाल से फीकी रही हूँ
मैं तो थी ही नहीं बस तुम ही तुम हो ओ धर्मगुरु।

मेरा एक ही बेटा है धर्मगुरु!
वैसे अगर सात भी होते
वे तुम्हारा कुछ न कर सकते थे
तेरे बारूद में ईश्वरीय सुगन्धि है
तेरा बारूद रातों को रौनक बाँटता है
तेरा बारूद रास्ता भटकों को दिशा देता है
मैं तुम्हारी आस्तिक गोली को अर्घ्य दिया करूँगी

मेरा एक ही बेटा है धर्मगुरु।
और आदमी बेचारा सर पर नहीं रहा।

अनुवाद : **आनन्दवर्धन**

'समता' (पंजाबी), जनवरी 1985 में प्रथम प्रकाशित

सबसे ख़तरनाक

मेहनत की लूट सबसे ख़तरनाक नहीं होती
पुलिस की मार सबसे ख़तरनाक नहीं होती
गद्दारी-लोभ की मुट्ठी सबसे ख़तरनाक नहीं होती।

बैठे बिठाये पकड़े जाना बुरा तो है
सहमी सी चुप में जकड़े जाना बुरा तो है
पर सबसे ख़तरनाक नहीं होता

कपट के शोर में
सही होते हुए भी दब जाना बुरा तो है
किसी जुगनू की लौ में पढ़ना बुरा तो है
मुट्ठियाँ भींच कर बस वक़्त निकाल लेना बुरा तो है
सबसे ख़तरनाक नहीं होता।

सबसे ख़तरनाक होता है
मुर्दा शान्ति से भर जाना
तड़प का न होना सब सहन कर जाना
घर से निकलना काम पर
और काम से लौट कर घर जाना
सबसे ख़तरनाक होता है
हमारे सपनों का मर जाना।

सबसे ख़तरनाक वह घड़ी होती है
आपकी कलाई पर चलती हुई भी जो
आपकी निगाह में रुकी होती है।

सबसे ख़तरनाक वह आँख होती है
जो सब कुछ देखती हुई भी जमी बर्फ़ होती है
जिसकी नज़र दुनिया को
मुहब्बत से चूमना भूल जाती है
जो चीज़ों से उठती अन्धेपन की भाप से ढुलक जाती है।
जो रोज़मर्रा के क्रम को पीती हुई
एक घटिया दुहराव के उलटफेर में खो जाती है।

सबसे ख़तरनाक वह चाँद होता है
जो हर हत्याकाण्ड के बाद
वीरान हुए आँगनों में चढ़ता है
पर आपकी आँखों को मिर्चों की तरह नहीं पड़ता।

सबसे ख़तरनाक वह गीत होता है
आपके कानों तक पहुँचने के लिए
जो मरसिए पढ़ता है। आतंकित लोगों के दरवाज़ों पर–
जो गुण्डे की तरह अकड़ता है।

सबसे ख़तरनाक वह दिशा होती है
जिसमें आत्मा का सूरज डूब जाये
और उसकी मुर्दा धूप का कोई टुकड़ा
आपके जिस्म के पूरब में चुभ जाये।

मेहनत की लूट सबसे ख़तरनाक नहीं होती
पुलिस की मार सबसे ख़तरनाक नहीं होती
गद्दारी-लोभ की मुट्ठी सबसे ख़तरनाक नहीं होती।

अनुवाद : **चमनलाल**

एक लम्बी कविता 'कुएँ' के कुछ अंश

हस्तलिखित पत्रिका 'हाक' (1982 के अंक से)

('कुएँ' यहाँ आतंकवादियों के प्रतिक्रियावादी विचारों के प्रतीक रूप में प्रयोग हुआ है)

कुएँ बहुत थोड़े बचे हैं अब
लेकिन वे बिल्कुल अकेले से जहाँ भी हैं
अँधेरे से सुरक्षित नहीं
जो प्यास के बहाने उतरता है उनमें
और मौत भर देते
सबसे भोले-भाले पंछियों के अण्डों में
फ़सलों के लिए बेकार होने के बाद
कुएँ बहुत थोड़े वे बचे हैं अब
उनकी ख़ास ज़रूरत नहीं है 'भागों भरी' धरती को
लेकिन अँधेरे को उनकी ज़रूरत है
किसी भी गुटकती उड़ान के ख़िलाफ़
अँधेरा उन्हें मोर्चे के लिए इस्तेमाल करता है

कुएँ बेशक थोड़े हैं अब
शंख की गूँज से रोज़ डरती नींद में
मौत श्लाघते हुए भजनों की तलाश में
और अतीत गाती चिंघाड़ों में
लेकिन अभी भी काफ़ी हैं कुएँ
उनमें पगलाया अँधेरा अभी चिंघाड़ता है।
दुआ के लिए उठते हाथों की हथेलियाँ जो कुएँ सृजन करती हैं

सबूते इन्सान को निगलने के लिए
सिर्फ़ उसके अन्दर का अँधेरा काफ़ी है

इन कुओं में तिलमिलाता फनियर अँधेरा
खींच लेता है, किसी भी वक्ष के भीतर खिली रोशनी की साँस
कुएँ तुम्हें जोड़ते हैं मृत सदियों से
कुएँ तुम्हें गूँज के नशे से लगा कर
अपने ज़ख़्मों को गाना सिखाते हैं
कुएँ नहीं चाहते कि धुल जाये आपकी स्मृति से
खोपों के जुतने का दृश्य
वस्तु या मशीन नहीं
अब मुकम्मल फिलासफ़ी हैं कुएँ
कुएँ तो चाहते हैं उनके संग जुड़ी हर भयावहता
आपके भीतर पीछे की ओर गिड़ती रहे
कुएँ आपके साथ सफ़र करते हैं बसों में
उनके भीतर का अँधेरा आदमी की भाषा छीन
सिर्फ़ मिमियाना सिखाता है
कुएँ आपकी छातियों में सरसराते हैं
शवयात्रा से लौटते जब आप में
बच जाने की कृतज्ञता गाती है
बचाव का आख़िरी युद्ध लड़ता अँधेरा
बेहद ख़ूँखार हो चुका है अब
बचाव का आख़िरी युद्ध लड़ता अँधेरा
हर चीज़ बेधते हुए
आपकी जगमगाती दुनिया के आरपार निकलना चाहता है
आपके बोलों की चमक में गीलापन बनने को
अँधेरा अपने चोर अड्डों समेत बेहद तरल हो चुका है अब
इस तरल अँधेरे के ख़िलाफ़
अब आप पहले की तरह नहीं लड़ सकते
कोई सुविधाजनक और अनचाही ठण्डी लड़ाई
इतने तरल अँधेरे के ख़िलाफ़
आपका सुविधामय अस्तित्व बेहद नाकाफ़ी है
इतने तरल अँधेरे के बिल्कुल पड़ोस में जीते हुए
आप निहत्थे नहीं चल सकते।

अनुवाद : **चमनलाल**

पाश-कविताएँ-14

घास

मैं घास हूँ
मैं आपके हर किए-धरे पर उग आऊँगा
बस फेंक दो चाहे विश्वविद्यालय पर
बना दो होस्टल मलबे के ढेर
सुहागा फिरा दो भले ही हमारी झोपड़ियों पर
मुझे क्या करोगे?
मैं तो घास हूँ, हर चीज़ ढँक लूँगा
हर ढेर पर उग आऊँगा।
बंगे[1] को ढेर कर दो
संगरूर[1] को मिटा डालो
धूल में मिला दो लुधियाना का ज़िला
मेरी हरियाली अपना काम करेगी...
दो साल, दस साल बाद
सवारियाँ फिर किसी कण्डक्टर से पूछेंगी
'यह कौन सी जगह है?
मुझे बरनाला[1] उतार देना
जहाँ हरे घास का जंगल है।'
मैं घास हूँ, मैं अपना काम करूँगा
मैं आपके हर किए धरे पर उग आऊँगा

---

1. पंजाब के विभिन्न कस्बों के नाम

पाश-कविताएँ-15

काँटे का जख़्म

वह बहुत देर तक जीता रहा
कि उसका नाम रह सके
धरती बहुत बड़ी थी
और उसका गाँव बहुत छोटा
वह सारी उम्र एक ही झोपड़ी में सोता रहा
और चाहता रहा
कि उसका नाम रह सके।

उसने सारी उम्र बस तीन ही आवाज़ें सुनीं
एक मुर्ग़े की बाँग थी
एक पशुओं के घरकने की आवाज़
और एक अपने ही मसूड़ों में रोटी चबाने की।

टीलों और रेशमी रोशनी में
सूरज के अस्त होने की आवाज़
उसने कभी नहीं सुनी

बहार में फूलों के चटखने की आवाज़ उसने
कभी नहीं सुनी
सितारों ने भी कभी कोई गीत नहीं गाया
उम्र भर वह तीन रंगों से वाक़िफ़ रहा
एक रंग भूमि का था
जिसका कभी भी उसे नाम नहीं आया
एक रंग आसमान का था
जिसके बहुत सारे नाम थे

पर कोई नाम उसकी ज़ुबान पर चढ़ता नहीं था
एक रंग उसकी औरत के गालों का था
जिसका उसने कभी झिझकते नाम नहीं लिया
मूलियाँ वह ज़िद्द से खा सकता था
भुट्टे चबाने की शर्त उसनें कई बार जीती
पर वह ख़ुद बिना शर्त ही
खा लिया गया।

उसके पके ख़रबूजों से उम्र के साल
बिना चीरे ही निगल लिए गये
और कच्चे दूध-सी उसकी सीरत
बड़े स्वाद से पी ली गयी,
उसे कभी पता न चला
वह कितना स्वास्थ्यवर्द्धक था

और यह लालसा कि उसका नाम रह सके
डोमने की मक्खी की तरह
उसका पीछा करती रही
पर उस बुत का कभी जश्न न मनाया गया।

उसके घर से कुएँ तक का रास्ता
अभी भी जीता है
अनगिनत पैड़ों[1] के नीचे दबी
उसकी पैड़
अभी भी एक काँटे का जख़्म हँसता है
अभी भी एक काँटे का जख़्म हँसता है,

अनुवाद : **सुखचैन मिस्त्री**

---

1. पैड़ों—क़दमों के निशान।

पाश-कविताएँ-16

प्रतिबद्धता

हम ऐसा-वैसा कुछ नहीं चाहते
जिस तरह हमारे बाज़ुओं में उभरे पट्ठे हैं
जिस तरह बैलों की पीठ पर उभरे
चाबुकों के निशान हैं
जिस तरह ऋण के काग़ज़ों में
हमारा सहमा और सिकुड़ा भविष्य है
हम ज़िन्दगी बराबरी की या कुछ और भी
इसी तरह का सचमुच चाहते हैं।

जिस तरह बादल, हवा और सूरज
घर और खेतों में हमारे साथ रहते हैं
उसी तरह हम
हुकूमत, विश्वास और ख़ुशियों को
अपने साथ-साथ देखना चाहते हैं
हम उस तरह का कुछ भी नहीं चाहते
जैसे शराब के मुक़दमे में
किसी टाउट की गवाही होती है
जैसे पटवारी का ईमान होता है
या जैसे आढ़ती की क़सम होती है।

हम चाहते हैं
अपनी हथेली पर इस तरह का सच
जैसे गुड़ की पत में 'कण' होता है
जैसे हुक़्क़े में निकोटीन होती है
जैसे मिलन के समय

महबूब के लबों पर
कोई मलाई जैसी चीज़ होती है।

हम नहीं चाहते पुलिस
की लाठियों पर टँगी किताबों को पढ़ना
हम नहीं चाहते
हुनर का गीत फ़ौजी बूटों के ताल पर गाना
हम तो पेड़ों पर बजते संगीत को
अरमान भरे पोटों के साथ
छूकर देखना चाहते हैं
आँसू गैस से धुएँ में से नमक चाटना
या अपनी जीभ पर
अपने ही लहू का स्वाद चखना
किसी के लिए भी
मनोरंजन नहीं हो सकता।

पर हम ऐसा-वैसा कुछ भी नहीं चाहते
हम सभी कुछ सचमुच का देखना चाहते हैं
ज़िन्दगी, समाजवाद या कुछ और...

अनुवाद : **सुखचैन मिस्त्री**

रिहाई

जब तुम बाहर आते हो
तो फिर से रेंगना सीखने की ज़रूरत नहीं होती
ज़बान तोतली नहीं हो जाती
न माँ के दूध की तलब होती है
आसमान पर लिखे नामों में तुम
अपना नाम ढूँढ़ते हो
हवा गवाही देती है
और पौधे उत्सव मनाते हैं
ऐसे शुरू होता है फिर से जीवन का कामकाज...
फिर वही संघर्ष की कथा आत्मा को बहलाने के लिए
फिर वही लोगों का जंगल गुम हो जाने के लिए
फिर वही खुली आँखें
फिर वही जीतने की आस
ऐसे शुरू होता है
जीवन का कामकाज फिर से।

अनुवाद : **निरुपमा दत्त**

आसमान का टुकड़ा

मेरी तो जान है आसमान का यह टुकड़ा
जो रोशनदान को फाँद कर आता है
सख़्त दीवारों और सीखचों की परवाह नहीं करता।

वे चाहते हैं
कि मैं इस टुकड़े के आसरे जी लूँ
तो फिर क्यों नहीं कहते इससे
कि जहाँ है थम जाये नये-नये रंग न बदले।

देखो यह टुकड़ा हर पल रंगत बदलता है
इसके हर रंग में छिपा है सौन्दर्य ऋतुओं का
ज़रा कह कर देखो इस टुकड़े से
कि मौसम के साथ न बँधे
गिरा दे अपने शरीर से ऋतुओं की परछाइयाँ
यह टुकड़ा तो अपने कन्धों पर
पूरा आसमान ही उठाये फिरता है...

अनुवाद : **निरुपमा दत्त**

पाश कविताएँ-19

मेरे पास

मेरे पास बहुत कुछ है
शाम है—बौछारों से भीगी हुई
ज़िन्दगी है—नूर में तपती हुई
और मैं हूँ—'हम' के झुरमुट से घिरा हुआ
मुझसे और क्या छीन लोगे?
शाम को दूर किसी कोठरी में छिपा दोगे?
ज़िन्दगी में ज़िन्दगी को कुचल दोगे?
'हम' को 'मैं' से कैसे अलग करोगे?
जिसे तुम मेरा 'कुछ नहीं' कहते हो
उसमें तुम्हारी मौत का सामान है
मेरे पास बहुत कुछ है
मेरे उस 'कुछ नहीं' में भी बहुत कुछ है।

अनुवाद : **निरुपमा दत्त**

पाश-कविताएँ-20

हम लड़ेंगे साथी

हम लड़ेंगे साथी उदास मौसम से
हम लड़ेंगे साथी ग़ुलाम इच्छाओं से
हम चुनेंगे साथी ज़िन्दगी के टुकड़े

हथौड़ा अब भी चलता है उदास निहाई पर
हल की लीक अब भी बनती है चीरती हुई धरती पर
फिर भी कुछ नहीं होता सवाल नाचता रहता है
सवाल के कन्धों पर चढ़कर हम लड़ेंगे साथी

क़त्ल हो चुकी भावनाओं की क़सम खाते हुए
बुझी हुई नज़रों की क़सम खाते हुए
हथेलियों के गट्टों की क़सम खाते हुए
हम लड़ेंगे साथी...

हम लड़ेंगे कब तक
जब तक बीरू बकरिहा
बकरियों का रक्त पीता है
खिले हुए सरसों के फूलों को जब तक
हलवाहे ख़ुद नहीं सूँघते

सूनी आँखों वाली गाँव की अध्यापिका का पति
जब तक जंग से वापस नहीं आता
जब तक पुलिस के सिपाही
अपने ही भाइयों का गला घोंटने को मजबूर हैं

दफ़्तरों के बाबू जब तक लिखते अपने ही लहू से अक्षर
हम लड़ेंगे जब तक दुनिया में लड़ने की ज़रूरत बची है

जब बन्दूक न हुई तब तब तलवार होगी
जब तलवार न हुई तब लड़ने की लगन होगी
लड़ने का ढंग न हुआ तो लड़ने की ज़रूरत होगी

और हम लड़ेंगे साथी
हम लड़ेंगे कि लड़ने के बग़ैर कुछ नहीं मिलता
हम लड़ेंगे कि अभी तक लड़े क्यों नहीं
हम लड़ेंगे

अपनी सज़ा क़बूल करने के लिए
या लड़ते हुए जो मर गये
उनकी याद ज़िन्दा रखने के लिए
हम लड़ेंगे साथी

अनुवाद : **पंकज सिंह**

जहाँ कविता ख़त्म होती है

(अपने गाँव के अनपढ़ लड़कों के नाम)

खेलने खाने की उम्र में
जो हल के पीछे फिर-फिर कर
तुम 'खुच्चे'[1] तुड़वा लेते हो
और नर्म सपनों को
बदबू भरे कुर्ते के साथ
बाड़ पर टाँक छोड़ते हो
कौन लगा सकता है तुम्हारी ज़ुबान को ताला
तुम तो चीखोगे शराब की घूँट पीकर
तुम नंगेज निकाल दोगे शब्दों में से
तुम जा टपकोगे राजा रानी की बात में
फूलों के भार तुलसी उस राजा की बेटी को
लाठी के आगे लगा हाँकने के लिए
जो भावियों से कुश्ती की रखती हैं शर्तें
सिर्फ़ सात फेरों के बदले

मेरे दोस्तो, क्या बताऊँ
बहुत पुराना है प्रश्नों का पेड़
और इसके पत्तों से लाड़ कर रही है
राजनीति की हवा,
और शेष सब छोड़ दिया गया है
कसियों, कुहाड़े वालों की अक्ल पर...

यूँ तो एक प्रश्न यह भी है

---

1. घुटने का पिछला भाग।

कि सपनों के उड़ रहे राकेट के
क्यूँ साथ-साथ चलती है मसूर की दाल?
और ये भी कि
क्यों उभर आता है सपनदोष के समय
पर साल मर गयी बहड़ी का बिम्ब
माफ़ करना मेरे गाँव के दोस्तो
कविता लिखने वाला ये पढ़ेसरी लड़का
तुम्हारी समस्याओं को हल नहीं कर सकता
पाँच बार जेल काट आना
या दूर शहर की स्टेजों पर
पुलिस से खाये डण्डों का ज़िक्र करना
तुम्हारी जल रही दुनिया के लिए
किसी सूखे हुए जोहड़ की तरह है।

कविता तुम्हारे लिए
विपक्षी पार्टियों के बेंचों जैसी है
जो सदा आग-आग का शोर मचाते हैं
और आग से खेलने की मनाही को
हमेशा सिर झुकाते हैं।
माफ़ करना मेरे गाँव के दोस्तो
मेरी कविता तुम्हारी समस्याओं को हल नहीं कर सकती।

समस्याओं का मसौदा मेरे दोस्तो कुछ ऐसे होता है
कि कविता बिल्कुल ही नाकाफ़ी होती है
और तुम बड़ी दूर निकल जाते हो...
पैनी चीज़ों की तलाश में
मसलों का मसौदा कुछ ऐसा होता है
कि तुम्हारा सबर थप्पड़ मार देता है
तुम्हारे कायर मुँह पर
और तुम उस जगह से शुरू करते हो
जहाँ कविता ख़त्म होती है...

अनुवाद : **सुभाष परिहार**

पाश-कविताएँ-22

जहाँ कविता ख़त्म नहीं होती

लड़को, मैं भी कभी तुम्हारे जैसा था
छोटी-छोटी चोरी करता हुआ भी चोर नहीं था
बात-बात पर बहाने लगाता था, लेकिन मैं झूठा नहीं था
नंगा नहीं समझा जाता था, चाहे रोज़ कपड़े तार-तार कर लौटता
बूढ़ी पुन्ना के चरखे का टेढ़ा तकला सदा ही मेरे सिर लगता
लेकिन थाने की किताबों में मेरा नाम न चढ़ता
घर की रसोई की छोटी-सी मुँडेरें
या बिनौलों वाली बोरी या पड़ोसियों की सीढ़ियों तले की डाट
मेरे छुपने के लिए काफ़ी थे,
मैं तितलियों को सूई में पिरोकर नाचता था
सोन-चिड़ियों को पटा धागे का डालकर हाँकता था
लेकिन कभी हिंसावादी नहीं कहलवाया
बात क्या, बिल्कुल तुम्हारे जैसा था

फिर ऐसा हुआ—धीरे-धीरे मैं तुम्हारे जैसा न रहा
मुझे बताया गया कि झूठ बोलना पाप है
विद्या मनुष्य का तीसरा नेत्र है
चोरी करना बुरा है
परमात्मा एक है,
सारे मनुष्य बराबर होते हैं—

मैं इन सब वाक्यों के
अजीबो—ग़रीब आपसी सम्बन्धों के आगे सहम सा गया
मुझे लगा—मेरे ख़िलाफ़
किसी बहुत ही भयानक साज़िश की शुरुआत होने वाली है

मैंने घबराकर तुम्हारे हाथों में से अपना हाथ खींच लिया
और भयभीत जानवर की भाँति दौड़ता हुआ किताबों के झाड़ों में फँस गया
काले-काले अक्षर तीखे शूलों की तरह, मेरे बदन में उतरते गये
मैं जैसे झाड़ियों में छुपता फिरता कोई ख़रगोश था
जिसके पीछे लगे हुए थे इम्तिहानों के शिकारी कुत्ते।

मैं कुछ बौखला-सा गया जब मुझे पता चला
कि यहाँ तो पूरब है न पश्चिम
कहीं भी न कुछ चढ़ता है न छिपता है
जब मुझे पता चला कि ख़ुदा रात के वक़्त
हमारे ख़रबूजों में चीनी डालने नहीं आता
न ही हमारी कपास के टीडों को
चोगा माँगते 'बोटो'[1] की चोंचों की तरह खोलने

जब मुझे पता चला कि धरती रोटी जैसी नहीं, गेंद जैसी है
आकाश में नीला-सा दिखाई देता खलाव है, ख़ुदा नहीं
जब मुझे पता चला, विद्या मनुष्य का तीसरा नेत्र नहीं
बल्कि दो ही नेत्रों का भेंग है—
और इस तरह की बेशुमार बेमज़ा बातों का पता चला।
मेरे भीतर कहीं कुछ गिर पड़ा था।
और एक 'त...ड़ा...क' सी आवाज़ पर मैंने देखा
मेरी अंतड़ियों में चुभी हुई थीं
रंगों और भेदों की लौ वाली, अलोकार कविता की किरचें

फिर लड़को, तुम कौन और में कौन था
फिर मैं ख़ूबसूरत कोठियों और बाज़ारों को
हसरत भरी नज़रों से देखता हुआ भी चोर समझा गया
धुने जाने के दर्द में करहाते हुए को भी 'मक्कार' ही कहा गया
अच्छे भले वस्त्रों पर भी निगाहें ऐसे उठीं

---

1. चिड़ियों के बच्चे।

कि जैसे अल्फ़ नंगा हूँ...
थोड़ा-सा भी अपने बारे में बोलने पर तोहमतों से बेधा गया
जब मैंने झूठ, चोरी, मेहरबान परमात्मा
और सब मनुष्यों के बराबर होने की धारणाओं पर
'दोबारा सोचना' चाहा तो ऐसा सोचने को हिंसा का नाम दिया गया
यारों के तहख़ानों जैसे चोबारे,
गहरी धुन्ध-सा मेरी महबूब का हृदय
और घटाटोप ईख भी मुझे छुपा न सके
मैं जो छुप जाता था घर की रसोई की छोटी मुँडेर
या बिनौलों वाली बोरी या पड़ोसियों की सीढ़ियों तले की डाट के पीछे
...
...
और अब मैं बिल्कुल उनके सामने था
अन-उद्घाटित पुलों की तरह
बिन पी शराब या अनछूई छातियों की तरह।
फिर वो आये—सचाइयों के दावेदार
उनके हाथ में व्यवस्था 'टोका'[1] था
बस तभी मुझे तथ्यों के तथ्य का इल्म हुआ
कि 'टोके' की शक्ल झण्डे जैसी होती है।

लड़को, मेरा सच मत मानना—अगर कहूँ
सिर्फ़ कपड़े का 'टोका' छांग सकता है मनुष्य की छाती भीतरी गूँज को
अगर कहूँ—हर सच्चाई केवल छांगी हुई चीख़ होती है
अगर कहूँ—पन्द्रहवें के बाद
हर वर्ष चिताओं से उठती भाप का गुबार होता है।
मैं, लड़को, अब तुम में से नहीं हूँ
मैं चील के पंजों में उड़ रहा आज़ाद चूहा हूँ
घुसमुसे की दुखती हुई आँख हूँ
इतिहास के ताला लगे दरवाज़े पर बैठा मेहमान हूँ

1. चारा काटने का गँड़ासा।

बारहमासे में से वर्जित कोई 'मसांद'[1] हूँ
जिससे कुछ भी शुरू या ख़त्म नहीं होता—
कविता नहीं, मेरी आवाज़ गन्द पर बरसती वर्षा है
तुम्हारे लिए आशीष, न नसीहत
मेरे शब्द धुलाई करते हुए भी बदबू बिखेर रहे हैं...
असल में, लड़को, मैं बहुत दहल गया हूँ इस भयावह यातना से
कि आजकल पर्वतों पर चढ़ना भी यूँ लगता है
जैसे किसी लम्बी ढलान से उतर रहा होऊँ
सागर की छाती पर तैरना ऐसे है
जैसे डूबने की बड़ी ही धीमी-सी क्रिया हो।
ये कैसी यातना है
कि तुम लड़कियों, फूलों और परिन्दों को तक रहे हो
और आगे से खलाव ही खलाव, तुम्हारी आँखों में मिर्चों की तरह लड़े
मैं सारे का सारा थक सा गया हूँ
इस मशीनी-सी अफ़रातफ़री में चलते हुए
जहाँ रिश्ते अन्धे वेग में अपने अर्थों से टकरा गये हैं
मैं—जो सिर्फ़ एक आदमी बनना चाहता था,
ये क्या बना दिया गया हूँ?

और अब मैं चाहता हूँ, सड़क पर जा रहे किसी मॉडल स्कूल के रिक्शा में
झटपट चढ़ जाऊँ, और टॉफी चूसता हुआ
इस क्रमरहित फैले हुए संसार को, मासूम सी निगाहों से देखूँ
और उन सारी दुनियावी सचाइयों पर
नये सिरे से यक़ीन करना शुरू करूँ
जैसे कि वो बिल्कुल सच्ची ही हों...

अनुवाद : **सुभाष परिहार**

1. देसी महीने का अन्तिम दिन।

तीसरा महायुद्ध

कचहरियाँ के बाहर खड़े
बूढ़े किसान की आँखों में मोतिया उतर आयेगा
शाम तक हो जायेगी सफ़ेद
रोज़गार दफ़्तर के आँगन में खिझ रही फूटती दाढ़ी
बहुत जल्द भूल जायेगा पुराने ढाबे का नया नौकर
अपनी माँ के सदा ही ख़ूब मैले रहने वाले
'पौणे'[1] की मीठी महक
ढूँढ़ता रहेगा किनारे सड़क के वो उदास ज्योतिषी
अपने ही हाथ से मिटी हुई भाग्य की रेखा
और पेंशन लेने आये पुराने फ़ौजी की,
कार नीचे कुचली गयी टूटी हुई साइकिल
तीसरा महायुद्ध लड़ने की सोचेगी

तीसरा महायुद्ध
जो नहीं लड़ा जायेगा अब
जर्मनों और भाड़े की फ़ौजों के बीच
तीसरा महायुद्ध छातियों में खुर रही
जीने की बादशाहत लड़ेगी
तीसरा महायुद्ध गोबर से लिपी
छतों की सादगी लड़ेगी,
तीसरा महायुद्ध क़मीज़ से धुल न सकने वाले
बरोज़े के छींटे लड़ेंगे
तीसरा महायुद्ध

---

1. रोटी लपेटने का कपड़ा।

मूत के फाहे में लिपटी जख़्मी उँगली लड़ेगी—
बने सँवरे जुल्म के चेहरे पर लिश्कती
नज़ाक़त के ख़िलाफ़
धरती को क़ैद करना चाहते चाबी के छल्ले के ख़िलाफ़
तीसरा महायुद्ध
कभी भी न खुलने वाली मुट्ठी के ख़िलाफ़ लड़ा जायेगा
तीसरा महायुद्ध
नर्म शामों के बदन पर रेंगने वाली
मोटी सी साही के ख़िलाफ़ लड़ा जायेगा
तीसरा महायुद्ध उस सहम के ख़िलाफ़ लड़ा जायेगा
जिसका अक्स मेरी दाँत निकालती बेटी की आँखों में है
तीसरा महायुद्ध
किसी खस्ता सी जेब में मरोड़े गये
छोटे-से संसार के लिए लड़ा जायेगा।

अनुवाद : **सुभाष परिहार**

लड़े हुए वर्तमान के रूबरू

मैं आजकल अख़बारों से बहुत डरता हूँ
ज़रूर उनमें कहीं न कहीं
कुछ न होने की ख़बर छपी होगी।
शायद तुम नहीं जानते, या जानते भी हो
कि कितना भयानक है कहीं भी कुछ न होना
लगातार नज़रों का हाँफते रहना
और चीज़ों का चुपचाप लेटे रहना किसी ठण्डी औरत की तरह

मुझे तो आजकल चौपालों में होती गपशप भी यूँ लगती है
जैसे किसी झूमना चाहते पेड़ को
गुच्छा लपेट कर सो रहा साँप हो,
मुझे डर है—ख़ाली कुर्सियों की तरह अभाव-ग्रस्त दीखती
ये दुनिया हमारे बारे में क्या कुछ उल्ट-पुल्ट सोचती होगी।
अफ़सोस कि सदियाँ बीत गयी हैं
रोटी, काम और चिताएँ अभी भी समझते होंगे
कि हम इन्हीं की ख़ातिर ही हैं।

मैं उलझन में हूँ कि कैसे समझाऊँ
शर्मीले सवेरों को
जत्थेबन्द रातों और भोली-भाली शामों को
हम कोई इनसे सलामी लेने नहीं आये
और संगी के संग जैसा कुछ कहाँ है
जो आलिंगन के लिए खुली बाँहों से
बस हाथ भर की दूरी पर साँप की तरह बल खाता रहे...
आजकल हादसे भी मिलते हैं तो यूँ

जैसे कोई हाँफता बूढ़ा
रंडी की सीढ़ियाँ चढ़ रहा हो,
कहीं कुछ इस तरह का क्यों नहीं है
जैसे किसी पहली को कोई पहला मिलता है

भला कहाँ तक जायेगा
एक सींग वाली क़ब्र के आगे दौड़ता हुआ
महात्मा लोगों का वर-प्राप्त यह मुल्क!
आख़िर कब लौटेंगे, घटनाओं की तरह बीत रहे घरों में
हम जीने की दस्तक से जलावतन हुए लोग
और बैठकर धूनियों पर कब सुनेंगे, नखरीली आग की बातें

किसी न किसी दिन ज़रूर अपने चुम्बनों से
हम मौसम के गालों पर डालेंगे निशान
और सारी की सारी धरती एक अजीबोग़रीब अख़बार बनेगी
जिसमें बहुत कुछ होने की ख़बरें
छपा करेंगी किसी न किसी दिन।

अनुवाद : **सुभाष परिहार**

पुलिस के सिपाही को

मैं पीछे छोड़ आया हूँ
समुन्दर रोती बहनें
किसी अनजाने भय में
सिहरती बाप की दाढ़ी
और मनौतियाँ मानती
गश खाती मासूम ममता को
मेरे 'खुरली'[1] पर बँधे हुए
बेज़ुबान पशुओं को
कोई छाँव में नहीं बाँधेगा
कोई पानी नहीं पिलायेगा
और मेरे घर कई दिन
शोक में चूल्हा नहीं जलेगा।
अरे पुलिसिए, बता मैं तुझे भी
इतना ख़तरनाक दीखता हूँ?
भाई मेरे सच बता
मेरी उधड़ी हुई चमड़ी
और मेरे मुँह से बहते ख़ून में
तुझे कुछ अपना नज़र नहीं आता?
तू लाख दुश्मन क़तारों में
अकड़ कर मार ले शेखी

तेरे नींद प्यासे नयन
और पथरा गया माथा,

---

1. वो स्थान जहाँ पशुओं को चारा डालते हैं।

तेरी फटी हुई निक्कर
और उसकी जेब में रच गयी
ज़हरीली बदबू तम्बाकू की
ये सब तेरी कर रहे हैं चुगली।
नहीं साझी तो बस अपनी
ये वर्दी ही नहीं साँझी
लेकिन आज भी तेरे कुटुम्ब के दुख
मेरे साथ साझे हैं
तेरा भी बाप जब गिराता है
चारे की भरी सिर से
तो उसकी खिंची नाड़ियाँ
भी यही इच्छा करती हैं
कि अब किस घड़ी, बस
बुरे का सिर कुचल दिया जाये।
तेरे बच्चों को जब भैया
स्कूल का ख़र्च नहीं जुड़ता
तो सीना फट जाता है
तेरी भी अर्धांगिनी का।

तेरी पी हुई रिश्वत
जब तेरा गलाती है अन्दर
तो तू भी चाहता है
हकूमत का गला दबाना
जो कुछ वर्षों में ही खा गयी
तेरा चन्दन जैसा बदन
तेरी ऋषियों जैसी वृत्ति
और बरसाती पवन जैसा
लुभावना सुख परिवार का।

तू लाख वर्दी की ओट लेकर
मुझसे दूर खड़ा रह

लेकिन तेरे भीतर की दुनिया
उमड़ रही है मेरी ओर
हम जो सँभाल की कमी से
आवारा रोगी बचपन को
आटे की तरह गूँधते रहे
किसी के लिए बने न ख़तरा।
और वो जो हमारे सुख के बदले
रहे बिकते, रहे रूलते
किसी के लिए बने न चिन्ता।
तू चाहे दुश्मनों के हाथ में
आज बन गया लाठी
तू पेट पर हाथ रख कर बता
कि हमारी जात को अब
किसी से और क्या ख़तरा है?
हम अब सिर्फ़ ख़तरा हैं उनके लिए
जिनको दुनिया में बस ख़तरा ही ख़तरा है

तू अपने मुँह की गालियों को
अपने क़ीमती ग़ुस्से के लिए
सँभाल कर रख
मैं कोई सफ़ेदपोश
कुर्सी का बेटा नहीं हूँ
इस अभागे देश की भावी को घड़ते
धूल में लथपथ हज़ारों चेहरों में से एक हूँ
मेरे माथे पर बहती पसीने की धारों से
मेरे देश की कोई भी नदी बहुत छोटी है।
किसी भी धर्म का कोई ग्रन्थ
मेरे जख़्मी होठों की चुप से अधिक पवित्र नहीं है।
तू जिस झण्डे को एड़ियाँ जोड़ कर
देता है सलामी
हम लुटे हुओं के किसी भी दर्द का इतिहास

उसके तीनों रंगों से बहुत गाढ़ा है
और हमारी रूह का हर एक ज़ख़्म
उसके बीच वाले चक्र से बहुत बड़ा है
मेरे दोस्त, मैं मसला पड़ा भी
तेरे कीलों वाले बूटों तले
माउंट ऐवरेस्ट से बहुत ऊँचा हूँ
मेरे बारे में ग़लत बताया है
तेरे कायर अफ़सर ने
कि मैं इस राज्य का
एक ख़ूँखार महा-दुश्मन हूँ।
नहीं, मैंने तो अभी दुश्मनी
की शुरुआत भी नहीं की
अभी तो हार जाता हूँ
मैं घर की मुश्किलों के आगे
अभी मैं कर्म के गड्ढे
क़लम से आट लेता हूँ
अभी मैं कर्मियों और किसानों के बीच
छटपटाती कड़ी हूँ
अभी मेरा दायाँ हाथ तू भी
मुझसे बेगाना फिरता है।
अभी मैंने उस्तरे नाइयों के
ख़ंजरों में बदलने हैं
अभी राजों की करंडियों पर
मैंने लिखनी है 'वार चण्डी की'[1]
चमकते नारों को पैदा करने वाली कोख के भीतर
है भीग कर ज़हर में फिरना
अभी तो सूआ मोची का

और इस शैतान के झण्डे से ऊँचा
लहराना अभी

---

1. 'चण्डी दी वार' गुरु गोविन्द सिंह द्वारा रचित एक पौराणिक कथा पर आधारित वीर-गाथा।

उछलता, गर्जता हुआ
धुम्मे बढ़ई का 'तेसा'[1]
अभी तो 'लागीयों ने लाग लेना'[2]
शादियों समारोहों में जो
मेहमानों के जूठे बर्तन
रहे हैं माँजते
अभी ख़ुशीए चूहड़े ने जला कर
हुक़्क़े में रखनी है
किसी कुर्सी पर बैठी गिद्ध की
जाँघ की नर्म हड्डी।

मैं जिस दिन रंग सातों जोड़ कर
इन्द्र-धनुष बना,
मेरा कोई वार दुश्मन पर
कभी ख़ाली नहीं जायेगा।
तब फिर झण्डी वाली कार के
बदबू भरे थूक के
छींटे मेरी ज़िन्दगी के चाव भरे
मुँह पर न चमकेंगे।

मैं उस रोशनी की बुर्जी तक
अकेला पहुँच नहीं सकता,
तुम्हारी भी ज़रूरत है
तुम्हें भी वहाँ पहुँचना पड़ेगा।
हम एक क़ाफ़िला हैं
ज़िन्दगी की तेज़ महकों का
तेरी पीढ़ियों की खाद
इसके चमन को लगी है।

---

1. बढ़ई का लकड़ी छीलने का एक औज़ार।
2. निम्न कर्मियों द्वारा ख़ुशी के अवसर पर अपने यजमानों से मिलने वाले पैसे, वस्त्र इत्यादि।

हम गीतों जैसे जीवन के
बेताब आशिक़ हैं
और हमारी तड़प में
तेरी उदासी का भी नग्मा है
अरे पुलिसिए बता, मैं तुझे भी
इतना ख़तरनाक दीखता हूँ?
मैं पीछे छोड़ आया हूँ...

अनुवाद : **सुभाष परिहार**

पाश-कविताएँ-26

खुला ख़त

प्रेमिकाओं को पत्र लिखने वालो!
अगर तुम्हारी क़लम की नोक बाँझ है
तो काग़ज़ों का गर्भपात मत करो,

तारों की ओर देखते हुए क्रान्ति लाने की
नसीहत (शिक्षा) देने वालो!
या तो बन्दूक का मुँह दुश्मन की ओर कर दो।
और या फिर अपनी ही ओर
क्रान्ति कोई दावत नहीं, निमन्त्रण नहीं, प्रदर्शनी नहीं,
मैदान में बहता दरिया भी नहीं
वर्गों का, रुचियों की दरिन्दराना भिड़न्त है
मारना है, मरना है,
और मौत को ख़त्म करना है

आज वारिस शाह की लाश
कंड़ियाली थोहर (कैक्ट) बनकर
समाज के शरीर पर उग आयी है–

उसे कहो कि
यह युग वारिस का ज़माना नहीं
वियतनाम का युग है
हर क्षेत्र में
अधिकारों के लिए संग्राम का युग है।

रूपान्तर : **फूलचन्द मानव**

राधारमण अग्रवाल द्वारा अनूदित कविताएँ

1.

जानता हूँ इसे
सचमुच?
कौन नहीं जानता इसे
मेरे सिवा

आ बैठता है सामने
उत्तेजित
लगता है लपेट लेगा मुझे अपनी बातों में

परचा हुआ है मेरे गाँव वाले घर से
चम्मच उठा ले गया था एक बार
छोड़ गया था कलछुली बदले में

यह कौआ
इसकी टाँगें, चोंच, पेट और गर्दन
उसका रंग
कुछ भी अजाना नहीं रहा

कभी-कभी अपनी चोंच में
दबाये हथकड़ियों की शक्ल के छल्ले
धमकाता है मुँडेर से

चालीस सालों में
पंखों से मारा है मुझे तीन बार
बेवक़ूफ़ मैं
न पहचान पाया उसे कौओं की भीड़ में
किसी बार
अगर अब आ जाये वह
बैठे मेरे पास
नहीं,
नहीं पहचान पाऊँगा उसे मैं अब भी
कोई नहीं जान पाता है
कौओं को पूरी तरह

—गणकूथन की तमिल कविता

2.
हे महिमामयी अग्नि
मुझे आत्मसात करो!

उन निष्क्रिय हो गये अंगों को
जिनका अस्तित्व व्यर्थ है
पैरों को, जिनमें आत्मविश्वास नहीं
उन हाथों को
जो बरद नहीं बन सकते
जिनमें पकड़े हुए फूल
बर्फ़ीले हो चले हैं

उन कन्धों को
जो वादों की शून्यता भी नहीं उठा सकते

फिर बढ़ो उस नन्ही-सी ज्योति की ओर
जो मेरे हृदय में टिमटिमाती है
हे अग्नि, उसे भी एकात्म करो
बनाओ उसे महाज्योति

भस्मीभूत करो
ज्ञान को

अज्ञान को
सत्य को
असत्य को
कोई सीमा कोई बन्धन कोई दूरी न रह जाये
कृपा कर
मेरी आँखों को रहने दो
अभी कुछ देखना शेष है
कुछ आँसू अभी भी बचे हैं
उनके अश्रुविहीन होने पर
कर सकते हो उन्हें भी अपने में लीन
उन फूलों का क्या करोगे
जिनमें थोड़ी-सी सुगन्ध
और बहुत-सा स्नेहपूर्ण स्पर्श शेष है?

बह जाने दो उन्हें गंगा में
जो तुम्हारे जितनी ही महिमामयी है
और तब,
हे महिमामयी अग्नि
मुझे आत्मसात करो।

—शक्ति चट्टोपाध्याय की बंगला कविता

3.
मुझे मालूम है
कि तुम और वे सब
अब कभी वापस नहीं आयेंगे।

अपनी कुहासा छायी हुई आँखों से
मैं देख सकता हूँ दूर शेरों को
कभी निश्चल कभी लहरों की तरह मचलते हुए
तुम वादा करते हो फ़ौज पर
फ़ौज लाने का
तुम वादा करते हो हमारे जैसे
अक्षम, अनुपयोगी घायलों की रक्षा करने का
तुम्हारी दृष्टि देखती है बहुत दूर तक
क्षितिज के भी पार
विजयी लहरों को भी गिन पाते हो
इन्हीं सब के बीच
विजयी लहरों को भी गिन पाते हो
कटी हुई पतंग सी रात ढलती है।

ख़ून से सनी धरती
इसकी महक को सहेज कर रखती है अपने पास
और जब थोड़े से तुम्हारे ख़ून
और ढेर सारे हमारे ख़ून से ऊबी हुई धरती
मगरमच्छ की तरह जम्हाई लेती है
तब उसे तो सुन पाते हो न!
आख़िर बहरे तो नहीं हो
गोकि तुम्हें जीवन्त फूल पसन्द हैं
पर हमारी खुली/अधखुली ख़ून सनी आँखों से
दूर क्यों भागते हो
ठहरो और इसे देखो

अभी थोड़ी देर में यह रात ख़रीदेगी
हमारे लिए मूँगफलियाँ
क्योंकि वह अब कटी हुई पतंग सी
ढलने लगी है।

तुम्हारे जाने का ही तो इन्तज़ार है
आयेंगे गिद्ध, सियार और कुत्ते
आशा से खुले हुए जबड़ों के साथ
मुँह में स्वाद की आकांक्षा लिए
कुछ चीलें भी देखेंगी तमाशा
दूर से सुनेंगी
चपर-चपर ध्वनि उनके खाने की
और फड़फड़ा कर तैयारी करेंगी आने की
तब तुम कितनी दूर होओगे हमसे
घोड़े पर सवार हवा की गति से

इन्हीं सब के बीच
रात, कटी हुई पतंग सी
लगभग
ढल चुकी है।

—शमसुर्रहमान फ़ारूकी की उर्दू कविता

4.
लेटा है वह
थाने की छत पर
मृत
छूता हूँ
कुछ आँसू
क्यों मारा

किसने
कब
भीड़ रेंगती है सड़कों बाज़ारों में यथावत
नहीं बदला है कुछ भी
जिसकी आँखें बन्द हो चुकी हैं
तुमने भी अन्धों की तरह उसकी ओर से आँखें मूँदीं
अपने भविष्य को भी अब देख पाओगे कैसे
नहीं
बैठो उसके पास
छुओ उसकी लाश को
अब वह मूर्ख नहीं रहा
मुरदे बेवक़ूफ़ नहीं होते
लड़कियो परे हटो
मुर्दे प्यार नहीं करते

उसका ख़ून रिस रिस कर
छत की नालियों से बहकर
जाता है गटर में
मक्खियाँ ले जाती हैं ख़ून को ढाबों तक
नाले से ख़ून पहुँचता है
गंगा में
फिर सागर में
उड़ता है भाप बन आकाश में
बादल
बारिश
ख़ून बरसता है सारे देश में
किसने मारा
क्यों
क्या जवाब है
जवाब है तुम्हारा अन्धापन

देखो
उसे ग़ौर से देखो
उसका ख़ून
रोटी, पानी और क़मीज़ की आस्तीन में है
सच तो यह है कि
यह ख़ून हमारे ही ख़ून का हिस्सा है

—सागर चक्रवर्ती की बंगला कविता

5.
कोई नहीं निकल रहा
अपने अन्दर से
भयाक्रान्त
स्तब्ध/मूक
मेरा लड़का
भाई मेरा
प्रिया मेरी
डर ने गूँगी कर दी हैं ज़बानें

टकटकी लगायी आँखें
सूखे होंठ
निश्चल देह ख़ून से सनी
बहता है ख़ून छातियों से
हाँ! गवाह हैं सब इसके
कोई नहीं लिपटता इससे
कोई नहीं उठाता इसको

उसी की तरह निर्जीव लोग
गुज़रते जाते हैं उसकी बग़ल से

अपने अपने रास्ते
उद्देश्यहीन

एक पीढ़ी पड़ी है सड़क पर
जो हैं
उनकी बेशर्मी की गवाही देते हुए

—शोमोन शोम की बंगला कविता

6.
मैं गिनता हूँ
उँगलियों के पोरों पर
अपनी छोटी-छोटी मुलाक़ातों को
तुम्हारा सम्बोधन
या मेरे हाथों पर रख दिया जाना
एक कॉफ़ी के प्याले को
कितना दूर है
कम्पन नापने वाली सुइयों से

परिणाम? भवितव्य?
अँधेरे ने मिटा दी हैं सारी तहरीरें
रगड़-रगड़ कर
यदि कोई भी सम्भावना थी

कोई भी नहीं उतार पाता
अपने सपनों को
टूटी हुई टहनियों पर
अथवा उस सूखे पत्ते पर
जो नाच रहा है
गिलहरी की पूँछ तले

उन्होंने तुम्हें पाग़ल करार दिया
चार दीवारों के बीच क़ैद किया
शायद
बच्चों की सी भोली कविताएँ
उन्हें पसन्द नहीं

शायद
दोपहर के पहले आकाश में
घिरे बादलों के
आकर्षण से परे होना तुम्हारे लिए
सम्भव नहीं। पगली!

क्या तुम्हें मालूम नहीं
कि इस अजनबी दोपहर की सृष्टि
तुम्हारे लिए ही की गयी है।
तुम्हारे यौवन को दफ़नाने के लिए
और उसके ऊपर
इसी दोपहरी की दफ़्तरी तानने के लिए!

—वीरेश्वर बरुआ की असमी कविता

7.
देवों के
हाथों में लटके पड़े हैं
सूखे कुम्हलाये हुए पेड़ों के चेहरे
नहीं उठा पायेंगे चेहरे अपने आप
नहीं रही शक्ति
तैरता है इन्द्रधनुष
औरत की डबडबायी आँखों की कोर में
भोर में

कुछ नहीं शेष
धान की ऐंठी हुई गर्दनें
धरती के फटे सीने में
काले दाग की तरह
शेष हैं झुकी आँखें
विवश नपुंसकता

बच्ची की धान की तरह ऐंठी गर्दन
न भी होती तो
बिलसिया मरोड़ देती गर्दन को धान की तरह
निस्तब्धता है
निर्वस्त्र की जा रही औरतों की
चीख़ के सिवा
सब कुछ डरा सा है
नहीं उतरता कोई देव
नहीं करता कुछ भी

मैं कवि
भौंकता हूँ कुत्तों की तरह
खिड़की खोलो
मैं कहता हूँ खिड़की खोलो
ले लेने दो कुछ साँसें ताज़ी हवा में
चेतना को लुप्त न होने दो
लाठी दो
चाकू दो
साधन दो
सामर्थ्य दो

—जयन्त महापात्र की ओड़िया कविता

8.

हर कोई देख रहा है
अपनी अपनी मुचमुची आँखों से
कि आक़ा के बदन पर
कपड़े ही नहीं हैं

भीड़ अपने मरियल कण्ठों से
किये जा रही है जयघोष
कुछ शक्की और डरपोक नराधम हैं भीड़ में
कुछ ने तो अपने कुन्द दिमाग़ तक गिरवी रख दिये हैं
और ले आये हैं किराये की आवाज़ें
देख रहे हैं पड़ोसियों के कन्धों से उचक-उचक कर

शायद कृपा दृष्टि पड़ जाये आक़ा की
चापलूस बेईमान
हो सकता है आक़ाओं के कपड़े इतने महीन और पारदर्शी
होते हों कि उन्हें देखना ही सम्भव न होता हो
भीड़ में सभी चाटुकार मक्कार और भाँड़ नहीं हैं
एक बच्चा भी है

फिर आये आक़ा राजपथ पर
फिर से चढ़े जयघोष की सवारी पर
भाँड़ों की भीड़ को चीरते हुए

पर,
पर वह बच्चा कहाँ गया?
कहाँ गया वह
किसी ने छुपा तो नहीं लिया उसे
किसी गुप्त गुफा में
दूर पहाड़ों पर

हो सकता है सो गया हो कहीं थककर भूखा प्यासा
घास मिट्टी और पत्थरों से खेलते खेलते
किसी अकेली नदी के किनारे
या किसी पेड़ के नीचे
किसी खेत में
जाओ
उसे खोजो
और खड़ा कर दो उसे मादरजाद आक़ा के सामने
चाटुकारों के जयघोष से भी ऊपर उठती हुई आवाज़ में
उसे पूछने दो
ऐ मेरे आक़ा!
तुम्हारे कपड़े कहाँ हैं?

—नीरेन्द्रनाथ चक्रवर्ती की बंगला कविता

जब तारीकी दूर हुई

जकी अनवर

यह भी अजीब क़िस्म का कर्फ़्यू है, लगातार लानत ही तो है। शत-प्रतिशत बेबसी। मैं ललिता को नहीं देख सकता, वह मुझे नहीं देख सकती। न मैं बरामदे में जा सकता हूँ और न वह बाहर छत पर आ सकती है। बस सुबह से दस बजे तक कमरे में बन्द रहूँ। दस बजे जब वह कालेज चली जाये तो दरबे से निकलूँ। उस वक़्त से चार बजे तक इधर-उधर घूम सकता हूँ, शहर जा सकता हूँ। मगर कालेज रोड से नहीं और न डान स्ट्रीट से। चार बजे से फिर दरबे के अन्दर-खिड़कियाँ बन्द और खिड़कियों पर नीले रंग का जो पर्दा है, सरकने न पाये। रात के वक़्त भी बाहर जाने की इजाज़त नहीं। अगर सिगरेट की तलब हुई, ज़रूरतों का बहाना किया; जल्दी-जल्दी दो-तीन कश लगाये और फिर भाई जान के सामने कुर्सी पर बैठकर किसी किताब पर झुक गया—उफ क्या मुसीबत है, क़सम अल्लाह की दुनिया में जहन्नुम।

सोचते-सोचते उसका दिमाग़ बौखलाने लगा। कमरे की सारी खिड़कियाँ उसने जकड़ रखी थीं। कमरा बिल्कुल अँधेरा था—बस सिगरेट का धुआँ, तारीकी और उलझे हुए विचार। उसका दम जैसे घुट रहा था। उसका जी चाह रहा था कि तमाम खिड़कियाँ एक-एक करके खोल दे और चिल्ला-चिल्ला कर कहे—'हम कर्फ़्यू आर्डर नहीं मानते, हम तुम्हारा क़ानून नहीं मानते, हम अवज्ञा करेंगे, हम बग़ावत करेंगे।' और फिर इस ज़िन्दगी और मौत में फ़र्क़ ही क्या है? अधूरी क़ब्र ही तो यह है, न हवा न रोशनी और उसने सोचा कि अगर मैंने पुण्य के काम किये होते तो आज जन्नत के बाग़ से मेरे लिए हवा ज़रूर सप्लाई होती। मगर मैंने गुनाह ही क्या किया था। ललिता से मिलता था, बस यही ना। हममें अवैध सम्बन्ध तो नहीं थे—मगर कमरा क़ब्र ही बना रहा और वह मुर्दा। कोई फ़र्क़ पैदा नहीं हुआ। अलबत्ता उसके दिमाग़ में एक आवाज़ गूँजने लगी—

'तेरा रब कौन है और तेरा दीन क्या है?'[1]—मेरा रब? वह चौंका और सोचने लगा—मेरा रब कौन हो सकता है? शासितों का रब? कोई भी नहीं होता, और दीन? मैंने किसी मज़हब के आदमी से दुश्मनी नहीं की। फिर मेरा दीन क्या हो सकता है? कुछ नहीं, कोई मज़हब नहीं। मगर वह आवाज़ फिर गूँजी। जैसे उसके ज़हन पर वह आवाज़ छायी हुई थी—हाँ मैं इन्सानियत को मानने वाला हूँ। मैं इन्सान हूँ, बस इससे आगे कुछ नहीं—मैं दुनियावी ख़ुदा को नहीं मानता, उस ख़ुदा को नहीं मानता जो बलवा कराता है, दंगा कराता है—मेरा ख़ुदा, मेरा ख़ुदा मेरा असली माबूद है—और आवाज़ बन्द हो गयी फिर वही क़ब्र का-सा अँधेरा।

'हाँ हमें बग़ावत करनी ही होगी, आख़िर हम इस तरह कब तक क़ब्र में पड़े रहेंगे।' मगर दूसरे ही क्षण उसके दिमाग़ ने पलटा खाया—'नहीं, नहीं ऐसा कभी नहीं हो सकता। चाहे मेरी त्वचा और मांस क़ब्र में पड़े-पड़े मिट्टी क्यों न बन जायें मगर मैं ऐसा हर्गिज़ नहीं कर सकूँगा। भाई जान मुझे कितना प्यार करते हैं।' और आज उसे यह लगा कि महाकवि इक़बाल ने सरासर ग़लत कहा था। उसने ज़हर उगला था। उसने मालिकों और सेवकों के बीच फूट की एक दीवार खड़ी कर दी थी। उसने कितने ही शासितों को शासकों के ख़िलाफ़ क़तारबद्ध कर दिया था। हुँह—'उस रिज़्क़ से मौत अच्छी जिस रिज़्क़ से आती हो परवाज़ में कोताही'[2]—वाह जी, क्या फरमाया है आप ने, सुभान अल्लाह! क़ुर्बान जाइए—छी-छी—कितनी ग़लत तरतीब है। कैसी ग़लत तालीम दी गयी है और वह शायरों के बारे में सोचने लगा। ये जितने मशहूर शायर हैं सबके सब तो इसी तरह की बेकार बातें किया करते हैं, जैसे कोई और विषय ही तो नहीं मिलता। हिन्दुस्तान का तराना लिखें, आज़ादी का गाना लिखें, कितने अच्छे-अच्छे तराने हैं। मगर इन्हें तो जैसे कुछ सूझता ही नहीं। एक साहब रोज़ी को ठुकराने की तालीम देकर मर गये। दूसरे चिल्लाने लगे—हिन्दू-मुस्लिम एक हैं—

> काट की रग में भी है लहू सब्ज़ा ज़ार का
> पाला हुआ है वह भी नसीमे-बहार का

---

1. 'तेरा रब (ख़ुदा) कौन है, तेरा दीन क्या है?'—इस्लामी आस्था के अनुसार? मुर्दे को दफ़ना देने के बाद मुनफिर और नकीर नामक दो फ़रिश्ते आते हैं और ये सवाल करते हैं।
2. ऐ तायरे लाहूती उस रिज़्क़ से मौत अच्छी
   जिस रिज़्क़ से आती है परवाज़ में कोताही
   (ऐ संसार के परिन्दे! जिस रोज़ी से उड़ान में शिथिलता आती हो, उस रोज़ी से मौत अच्छी है।)

—जी हाँ हिन्दू-मुस्लिम एक हैं! क्या बेढंगी बात कही है जालिम ने—और नाम दस गज़ का—शायरे इंक़लाब, वक़्त का पयाम और क्या-क्या हैं। लेकिन मामूली सी बात नहीं मालूम कि हिन्दू-मुस्लिम एक हैं या दो—क्या जवाब है इस बकवास का हिन्दू मुस्लिम एक हैं—वाह जी वाह कहाँ से एक आये—हिन्दू मन्दिर में इबादत करता है मुसलमान मस्जिद में, हिन्दू गाय को माता जी कहता है और मुसलमान उसे जबह करके खा जाता है। हिन्दू का ख़ुदा और मुसलमान का ख़ुदा और। हिन्दू का भगवान अज़ान की आवाज़ सुनकर सरपट भाग जाता है और मुसलमान का ख़ुदा घण्टे की आवाज़ से नफ़रत करता है। और यह मौजूदा शायर लोग यह नहीं देखते कि अगर ये दोनों एक होते तो फिर आये दिन इस्लाम ज़िन्दा करने और भगवान को ख़ुश करने की ज़रूरत ही क्यों होती? दंगा, फ़साद—मगर कुछ भी हो यह दंगा-फ़साद है बड़े काम की चीज़। क़ौम योद्धा बनती है। अपनी-अपनी धाक ज़माने का मौक़ा मिलता है। और फिर सबसे बड़ी बात तो यह होती है कि आबादी का एक हिस्सा तो कम होता है। वैसे ही तो मुल्क में ज़रूरत की तमाम चीज़ें दुर्लभ हैं। आज इण्डोनेशिया से घोड़े के दाँत जैसे बड़े-बड़े मकई के दाने आ रहे हैं तो कल बर्मा से चावल, कहीं से कपड़ा भीख माँगा जा रहा है तो कहीं से कुछ और। अगर ख़ुदा और भगवान अपने-अपने चेलों को छोड़कर भागने न लग जायें, धर्म और मज़हब संकट और ख़तरे में न पड़ जायें और हिन्दू-मुसलमान ऊँची आवाज़ में नारा लगा कर ख़ुदा और भगवान को वापस न बुलाने लग जायें—ओ जाने वाले बलमवा लौट के आ, लौट के आ। और जवाब मिलता है—जा मैं ना तेरा बलमवा-बेवफा, बेवफा-बेवफाओ दंगा करो, फ़साद करो, हमें फिर से ज़िन्दा करो वरना हम वापस नहीं आते—बोलो बजरंग बली की जय—नारा—एतकबीर अल्लाहो अकबर—यह मरा, यह मारा, वह शहीद, उसका स्वर्गवास—एक, दो, दस-सौ, हज़ार, पाँच सौ—फिर कर्फ़्यू आर्डर—मगर क्या हुआ? अच्छा ही तो हुआ। अगर ये न मरा करें और अगर भाभी जान जैसी करोड़ों औरतें दुनिया में मौजूद रहें जब तो हिन्दुस्तान का अल्लाह ही मालिक है। चावल सूँघने तक को भी नहीं मिले। आज की तो इतनी बात है। रहे नाम ब्लैक मार्केट का—कुछ न कुछ मिल तो जाता है। लेकिन अगर आबादी नहीं घटे और हर साल भाभी जान जैसी करोड़ों औरतें वार्षिक विशेषांक प्रकाशित करती रहें तब तो भीषणतम अकाल आ जाये।

और उसने सोचा—यह भाभी जान भी अजीब मुसीबत है। हर साल एक नया विमोचन। कभी नागा नहीं होता—जैसे 'दीपक' का वार्षिक विशेषांक ही

तो है। लेकिन 'दीपक'?—दीपक है भी तो बहुत मशहूर पत्रिका। लड़ाई के ज़माने में 'अदबे लतीफ़' की पृष्ठ संख्या कम हो गयी, 'हुमायू' दुबला हो गया। सरकार ने काग़ज़ में बहुत कमी कर दी। और बेचारे 'चमनिस्तान' ने तो जल भुन कर कहा—चन्द रोज़ और मेरी जान फ़क़त चन्द ही रोज़—लेकिन ये चन्द रोज़ तो ख़त्म भी हो गये और 'मेरी जान' रुख़सत भी हो गयी तो फिर क्या हुआ—'सवेरा' बन्द, 'अदबे-लतीफ़' बन्द, 'नुकूश' बन्द-बन्द, बन्द, बन्द। अच्छा हुआ सरकार ने बन्द कर दिये। बहुत ख़ूब हुआ। ये बेकार-बेकार पत्रिकाएँ। बस वही मुर्गी की एक टाँग—ग़रीब, अमीर, मज़दूर, किसान, पूँजीपति। और दूसरी तरफ़ 'दीपक', 'भारत वर्ष', 'कोशान', 'फ़िल्म साइड'—क्या मजाल जो इन पत्रिकाओं का बाल भी बाँका हुआ हो। लड़ाई के ज़माने में भी बराबर नये-नये अंक निकलते ही रहे। ईद अंक, होली अंक, एक्ट्रेस अंक, कहानी अंक। और ऐसा हो भी क्यों नहीं, आख़िर अकाल के ज़माने में बड़े-बड़े लोगों पर भी अकाल का कोई असर नहीं हुआ था। ईद मनाई जा रही थी, होली मनाई जा रही थी, वसन्त, शबे-बरात, दीवाली सभी कुछ तो था। थोड़े ही वह कंगाल थे। भगवान का दिया सब कुछ था। मौज़ उड़ाते थे, उड़ाते रहे। यह और बात है कि अकालग्रस्त औरतों पर उन्हें दया आने लगी थी और अक्सर रोटी, साड़ी देने के लिए नौकर से उन्हें बुलवा लिया करते थे।

कर्फ़्यू आर्डर-दंगा-ललिता-दीपक-अबे लतीफ़...उसे अपने विचारों को अस्त-व्यस्तता पर हँसी आ गयी—क्या बेवक़ूफ़ी है।

खट, खट खट—'डाक साब'

उसने खिड़की खोल दी। डाकिए ने कुछ पत्र, एक अख़बार और दो-तीन मामूली-मामूली; अकालग्रस्त भूखों जैसी पत्रिकाएँ उसके हवाले कर दीं जिनकी काया में लड़ाई के समाप्त हो जाने, मेरी जान के दफ़ा हो जाने और अपनी आज़ाद सरकार कायम हो जाने के बावजूद कोई परिवर्तन नहीं आया था। वही मामूली सा मुखपृष्ठ, वही रफ़ काग़ज़ और उसे महसूस हुआ कि कंगाल अभी तक अपनी सी धँसी आँखें और जर्जर शरीर लिए घूम रेंगते फिर रहे हैं। उसे भाई जान पर थोड़ा ग़ुस्सा भी आया। आख़िर वह ऐसी-ऐसी पत्रिकाएँ पढ़ते ही क्यों हैं? न सूरत न शक़्ल, कहीं लेकर घूम जा तो अपनी ही बेइज़्ज़ती और सबसे बड़ी बात तो यह है कि छोटा मुँह बड़ी बात। अगर कंगालियों के दिल के अन्दर पैठ कर देखिए तो आपको अहसास होगा कि 'बाबू' कहकर याचना के साथ हाथ बढ़ा देने वाला तुच्छ भिखारी अपने दिल में 'बाबुओं' के ख़िलाफ़ बड़ी

अजीब-अजीब बातें सोचा करता है। जैसे बाबू को कच्चा ही तो निगल जायेगा। ठीक यही हालत है इन ख़स्ताहाल पत्रिकाओं की, पढ़ो तो हँसी आयेगी—यह 'आज़ादी' 'आज़ाद' शब्द की तौहीन है—कौन आज़ाद हुआ, किसके माथे से गुलामी की कालिमा छूटी—हमें पूँजीपतियों के ख़िलाफ़ एक संयुक्त मोर्चा बनाने की ज़रूरत है—ख़ुशहाली की ज़िन्दगी हमारा जन्म सिद्ध अधिकार है—वग़ैरह। भईवाह गज़ भर की ज़बान है, बके जाओ। और अगर सरकार पत्रिका ज़ब्त कर ले, ज़मानत तलब करे तो नानी याद आ जाये।

यह भी कोई पत्रिका हुई? शरीफ़ आदमियों के पढ़ने की—क्या पता सरकार पढ़ने वाले को भी पब्लिक सेफ़्टी एक्ट के तहत अन्दर ठेल दे। पत्रिकाएँ तो हैं दीपक, कोशान, भारतवर्ष, फ़िल्म साइड—सुबहान अल्लाह, सुबहान अल्लाह! और ये पर्चे? कितनी घटिया रुचि है। न मुखपृष्ठ पर किसी सुन्दर अभिनेत्री की तस्वीर, न अन्दर प्रेमियों के पत्र, हमारी डाक, सवाल-जवाब—नसीब कब तक चलेगी, बेगम पारा का कौन-सा महीना है मैं मिठाई भेजूँगा, इन अभिनेत्रियों को सीने की दृष्टि से नम्बर दीजिए। वग़ैरह। और फिर फ़िल्मों पर गहन समीक्षा, तर्कपूर्ण बहसें।

मगर यहाँ तो कुछ भी न था। न सुरैया बानो की स्तरीय नज़्में और कहानियाँ न कोई और ही पढ़ने का कालम। उसने बेदिली से उन्हें पटक दिया। मगर एक पत्रिका को उसने अभी नहीं खोला था। वह अब तक मेज़ पर लिपटी पड़ी थी। उसने पैकेट उठा लिया। झट से उसे खोला—निजाम बम्बई। मुखपृष्ठ पर तस्वीर तो थी मगर मुलाहिजा फरमाइए दो भिखारियों की। उसे हँसी आने लगी। जैसे हिन्दुस्तान में भिखारी दुर्लभ ही तो हैं कि सम्पादक महोदय ने उनकी तस्वीर छाप कर शेर मार लिया। भिखारी—भिखारी तो हिन्दुस्तान की ख़ास पैदावार हैं। जैसे मकई, ज्वार, बाजरा, चावल, हाथी, सोना, चाँदी, चरखा, कोयला, लोहा, अबरख, लर्क, लीडर, मज़दूर, फ़िल्म एक्ट्रेस, फ़िल्मी पत्रिकाएँ आदि। वैसे ही तो भिखारी भी यहाँ की ख़ास पैदावार है। बल्कि ईमान की बात तो यह है कि अगर दुनिया का सात बा नौ लोहा और नौ बा दस कोयला पैदा होता है तो निन्नानवे बा सौ भिखारी भी। फिर क्या कमाल हो गया कि मुखपृष्ठ पर दो भिखारियों की तस्वीर छाप दी गयी। असल बात तो यह है कि कोई एक्ट्रेस बेचारे सम्पादक महोदय को 'टू दि एडिटर ऑफ़ निजाम विद लव' लिखकर तस्वीर ही न भेजती होगी। ख़ैर से दूसरे मुखपृष्ठ पर नर्गिस की तस्वीर थी। लेकिन क्या ख़ाक? कोई ख़ास बात नहीं। न तो सीने के उभार का प्रदर्शन और न ही तस्वीर के नीचे

कोई शेर। आख़िर इसी नर्गिस की तस्वीर दूसरी पत्रिकाओं में भी तो छप चुकी है। वह जल्दी-जल्दी पन्ने उलटने लगा। अन्दर वही बेकार बकवास जिससे उसे सख़्त नफ़रत थी। क्या है जनाब? तो—'यह कश्मीर है' और उसने सोचा कि अब आगे लिखा रहेगा—यह कश्मीर है अब आप कश्मीरी में ख़बरें सुनेंगे। इस वक़्त शाम के साढ़े पाँच बजे हैं। सारे कश्मीर पर सुर्ख़ शफ़्क छा जाने की है। चिनार के लाल पेड़...

'उफ़!' वह अपने आप पर हँसा—'मेरा दिमाग़ ख़राब हो जायेगा क्या?' और फिर पन्ने पलटने लगा। उसने सर ही तो पीट लिया। क्या काग़ज़ की बर्बादी है। कैसी वाहियात-वाहियात चीज़ें हैं—'पाकिस्तान और हिन्दुस्तान का मंज़र'—क्या बच्चों की सी बात है। पाकिस्तान और हिन्दुस्तान का मंज़र दिखाने के लिए अभी तक उनको इतना बड़ा लेख लिखना पड़ा—बस इतनी-सी तो हक़ीक़त है कि पाकिस्तान भी बन गया हिन्दुस्तान भी और इन दोनों के योग से वह अपना पहला हिन्दुस्तान 'पाखण्डिस्तान' बन गया—इतनी आसान बात के लिए इतना लम्बा लेख? ले देकर कोई चीज़ मिली तो 'रंग तरंग' वह भी कुछ ख़ास महत्त्वपूर्ण नहीं। आख़िर दूसरी पत्रिकाओं के भी हास्य कालम होते हैं—'नैना एक अंगिया है जो बार-बार धुलने पर भी न फटे, बेगम पारा एक गेंद है जो हवा भरे बिना उछल सकती है—शमीम क्या है? नसीम क्या है? वग़ैरह— ।'

'अच्छा साहब आगे चलिये। तो 'बहस और आलोचना'—छोड़िए भी। तो क्या है—'निज़ाम' फ़नकारों की नज़र में—भई वाह जैसा आपका फ़न वैसे आपके फ़नकार—बे सर-पाँव कहानियाँ और वाहियात नज़्में। खाना खाने के बाद पढ़ो और उल्टी न हो जाये तो जो सज़ा लीडर की, अरे तौबा जो सज़ा चोर की सो मेरी। लाश, ख़ून, पीप—वाह री शायरी—जैसे लड़ाई का मैदान ही तो है। बन्दूक, गोली या नहीं तो फिर फ़क़ीरों की टोली—भूख, ग़रीबी, तबाही—नहीं तो फिर पण्डाल-मज़दूर, किसान इंक़लाब और लाल झण्डा—न हुस्न, न इश्क़, न पतली कमर, न विरह की रातें, न मिलन की आधी रात—क्या शायरी हो गयी—ख़ूब ख़ूब!

अचानक उसे 'निज़ाम' की तारीख़ नज़र आ गयी—29 दिसम्बर 1946। और उसका जी चाहा कि ज़ोर से नारा लगाये—शौकत थानवी ज़िन्दाबाद, दुनिया का सबसे बड़ा ज्योतिषी ज़िन्दाबाद। लेकिन फिर उसने सोचा ज़रा पैकेट पर का मुहर तो देखूँ—30 दिसम्बर 1946। तो गोया 30 दिसम्बर 1946 को पत्रिका बम्बई से रवाना हो चुकी है और आज 2 अक्टूबर 1948 को मिलती

है। हालाँकि अब 'निज़ाम' स्थान परिवर्तन करके पाकिस्तान भी जा चुका है। उसे डाक विभाग पर हँसी आने लगी। फिर उसने सोचा जाने दो–स्वेदशी डाक ही तो ठहरी। उसने पत्रिका को बन्द करके मेज़ पर रख दिया। आख़िर पढ़ता भी क्या? उसने सिर्फ़ उसकी यात्रा की अवधि हिसाब लगाकर निकाली–एक साल, नौ महीने, दो रोज़–चलो कभी भी मिलती मुझे इससे मतलब ही क्या है।'

कमरा बिल्कुल अँधेरा होता जा रहा था। उसने सिगरेट सुलगायी। उसका दिल चाह रहा था कि खिड़की खोल ले मगर हिम्मत नहीं हो रही थी। उसने सोचा था कि बस एक ही बार शाम को कमरे से बाहर निकलेगा। हालाँकि यह बात भी भाईजान के कर्फ़्यू की अवज्ञा थी। मगर वह ललिता से थोड़े ही मिलेगा? लेकिन फ़िलहाल तो खिड़की खोलना मुसीबत थी। शायद वह बाहर टहल रही हो। और अगर दरवाज़ा खोले और वह छत पर हो तब भी मुसीबत। ललिता पर भी प्रोफ़ेसर साहब ने कर्फ़्यू लगाया था मगर ज़्यादा कड़ाई न थी। इसलिए प्रबल सम्भावना थी कि दरवाज़ा या खिड़की खोले और वह नज़र आ ही जाय।

कमरे में सिगरेट का धुआँ फैल गया था और उसके दिमाग़ में जैसे कुहरा-सा छाया हुआ था। कुछ नहीं सूझ रहा था कि करे तो क्या करे। वह दरवाज़े की तरफ़ बढ़ा और रुक गया–'अगर अब के भाईजान सुन लेंगे कि मैंने फिर ललिता को देखा तब तो गालियाँ ही खानी पड़ेंगी। गोलियाँ खा के तो ख़ैर आदमी को इत्मीनान हो जाता है कि चलो हमेशा के डर से मुक्ति मिली। मगर भाईजान की वे कड़वी-कड़वी गालियाँ–ख़ुदा की पनाह, उठते-बैठते।' उसने सोचा–वास्तव में अवज्ञा बहुत बड़ा पाप है।

और वह कोच पर गिर पड़ा। सिगरेट का धुआँ अजीब-अजीब आकार बनाता और फिर बिखर जाता–'हिन्दू, मुसलमान, लीग, कांग्रेस, दंगा, फ़साद, फिर कुछ भी नहीं–इन्सान कोई भी नहीं। और यह धुआँ भी नये-नये आकार बनाकर ग़ायब हो जाता है, यह तो घनीभूत नहीं हो सकता। काश यह घनीभूत हो सकता।'

वह सोचते-सोचते रुक गया। ललिता शायद अपने बरामदे में टहल रही थी। उसकी संगीतमय आवाज़ की हल्की सी लहर उसके कमरे के अन्दर भी आ रही थी। वह अपना मशहूर और पसन्दीदा शेर गा रही थी–

उठ सुर्ख़ सवेरा होता है
फितरत का अलम लहराता है

उसका दिमाग़ जैसे बहुत तेज़ी से घूमने लगा—'दुनिया एक धुरी पर घूमती है बच्चो! यह धुरी एक काल्पनिक खूँटी है।' उसे स्कूल में आज से बहुत दिन पहले! बड़ी-बड़ी मूँछों वाले मास्टर साहब ने बताया था। उसका दिमाग़ भी तो एक ही धुरी पर घूम रहा था—बिल्कुल काल्पनिक खूँटी पर। भाईजान ने कल्पना ही तो कर ली थी कि वह ललिता से शादी करना चाहता है। लेकिन चूँकि उन दोनों के धर्म अलग-अलग हैं इसलिए अगर वह ललिता को नहीं पा सका तो टी. बी. हो जायेगी और इसी सन्देह के आधार पर उन पर कर्फ़्यू लगा दिया था। जैसे ललिता टी. बी. का कीटाणु ही तो थी। खिड़की या दरवाज़ा खुला नहीं कि उसके पेट के अन्दर समाया वह कीड़ा।

अब कमरा बिल्कुल अँधेरा हो गया था। उसने रोशनी का बटन दबा दिया। कमरा जगमगा गया और धुआँ ग़ायब—शायद हिन्दू-मुसलमान सब के सब मर गये। सिर्फ़ रोशनी रह गयी। मगर यह धुआँ ग़ायब कहाँ हो गया? खिड़कियाँ और दरवाज़े भी तो बन्द हैं। उसे खुद अपने ऊपर ग़ुस्सा आ रहा था। आख़िर उसने बन्द किया ही क्यों? यह भी कोई ज़िन्दगी में ज़िन्दगी है। और उसे महसूस हुआ कि कोई ज़ोर-ज़ोर से चिल्ला रहा हो—'ऐ तायरे लाहूती उस रिज़्क़ से मौत अच्छी। जिस रिज़्क़ से आती हो परवाज़ में कोताही।' और उसने दिल में कहा—'ख़ूब चिल्लाओ, और ज़ोर से चिल्लाओ, जी चाहे तो माइक्रोफ़ोन से चिल्लाओ मगर मैं दरवाज़ा नहीं खोल सकता। मैं खिड़की नहीं खोल सकता और न बाहर जा सकता हूँ। एक तो भाईजान के हुक्म के ख़िलाफ़—दूसरे मैं ख़ुद ललिता से नफ़रत करता हूँ। मैं उसकी सूरत देखना भी नहीं चाहता। बेवक़ूफ़ लड़की, कहती है बी. ए. करने के बाद कम्युनिस्ट पार्टी की होल टाइम वर्कर बनेगी और मज़ा तो यह है कि मुझे भी दावत देती है। वाह री लड़की! जैसे मैं घर से फ़ालतू ही तो हूँ, या मेरा भी सर ही तो फिर गया है।' उसे ललिता की बात याद करके उस पर ग़ुस्सा आ रहा था—हुँह! 'मेरा यह अन्तिम और अटल फ़ैसला है। संसार की कोई शक्ति मुझे रोक नहीं सकती।' पढ़ी-लिखी होते हुए भी हद से ज़्यादा मूर्ख जानवर।

अब बिल्कुल शाम हो गयी थी। बन्द-बन्द उसकी तबीयत उकता गयी थी। उसने घड़ी को देखा—अरे तौबा अभी छह ही तो बजे थे। उसने सोचा अभी तो वह ज़रूर टहल रही होगी। आसमान पर शफ़्क (लाली) छा गयी होगी। उसे इस लालिमा से कितना प्यार है। उसकी सारी नज़्मों में शफ़्क का ज़िक्र होता था और उसकी एक नज़्म 'फूली है शफ सुहानी' बहुत लोकप्रिय हुई थी।

कमरे में मच्छर भनभनाने लगे। उसे ऐसा महसूस हुआ जैसे सबके सब पुकार कर कह रहे हों—'कर्फ़्यू आर्डर—चौबीस घण्टे का कर्फ़्यू आर्डर। या अल्लाह! यह कर्फ़्यू आख़िर ख़त्म भी होगा? अच्छा करता जो मैं हॉस्टल में ही छुट्टी गुज़ार देता।' और वह अपने आप को अत्यधिक दयनीय समझने लगा—अल्लाह मियाँ आज शाम भी नहीं होगी क्या? उसने एक सिगरेट सुलगाया। फिर—

'खट खट खट।'

किसी ने दरवाज़े पर दस्तक दी और वह चौंक गया। ऐं! प्रोफ़ेसर साहब? वह अचम्भे में आ गया। प्रोफ़ेसर साहब अब उससे बातचीत नहीं करते थे। वह उनकी नाक जो काटने को था। जैसे वह उनकी लड़की को निगल ही तो जाता। मगर यह क्यों आये? उसके मुँह से निकल गया—'क्या कर्फ़्यू ख़त्म हो गया?'

'जी नहीं।' उन्होंने जवाब दिया और फिर बोले—'शहर में गोली चल गयी है। कर्फ़्यू लग गया है।'

'क्यों, क्या हुआ?' वह घबराया।

'छात्रो, मज़दूरो और अवाम ने मिलकर जुलूस निकाला था और माँग की थी कि अवाम के नेता रिहा कर दिये जायें।'

'तो फिर गोली क्यों चली?' वह परेशान हो गया।

'बस चल गयी क्योंकि प्रशासन इस काम को आसानी से अंजाम दे सकता था और नेताओं को रिहा करना मुश्किल होगा।' प्रोफ़ेसर साहब अपनी विशिष्ट मुस्कराहट के साथ बोले।

वह हैरान था कि फिर मुझसे कहने की क्या ज़रूरत। लेकिन वह यह पूछना ही चाह रहा था कि इतने में ललिता आ गयी। उसकी इच्छा हुई कि कमरे के अन्दर जा कर दरवाज़ा बन्द कर ले। मगर वह ऐसा न कर सका।

प्रोफ़ेसर साहब बोले—'अवाम के बहुत सारे आदमी मारे गये हैं और बहुत से घायल हैं।'

'तो मैं क्या करूँ?' उसके मुँह से निकल गया। और ललिता और प्रोफ़ेसर साहब 'मैं क्या करूँ' को बार-बार दुहरा कर हँसने लगे। वह परेशानी की हालत में दोनों को ताक़ता रहा। इतने में ललिता के फाटक पर एक कार आकर रुकी। वह यह कार पहचानता था। यह कार जीनत की थी। उससे जीनत और रूबी निकलीं और दोनों दौड़कर ललिता के पास आयीं और उसे खींच कर ले भागीं। तीनों कार में बैठ गयीं और कार चल दी। प्रोफ़ेसर साहब 'मैं क्या करूँ' को बहुत ही हिकारत के साथ दुहराते हुए चले गये।

और वह यह सोचकर आश्चर्य कर रहा था कि 'कल तक प्रोफ़ेसर साहब जीनत रूबी को आवारा लड़कियाँ कहते थे। क्या मजाल जो ललिता प्रोफ़ेसर साहब की मौजूदगी में उनसे बात भी कर ले। और फिर ललिता प्रोफ़ेसर साहब की मौजूदगी में मेरे सामने आ गयी? यह सब कुछ क्या हो गया, आख़िर प्रोफ़ेसर साहब में ऐसी तब्दीली? क्यों?' मगर वह समझ न सका।

इतने में आवाज़ आने लगी—

'शहर में चौबीस घण्टे का कर्फ़्यू लगाया जाता है। शहर में चौबीस घण्टे।' माइक्रोफ़ोन से घोषणा की जा रही थी। वह गाड़ी जिसमें माइक्रोफ़ोन लगा हुआ था, घोषणा करती हुई आगे चली गयी। थोड़ी देर बाद एक दूसरी गाड़ी सड़क से गुज़रते-गुज़रते ठीक उसके बंगले के पास रुकी और चिल्लाने लगी—

'यह लड़ाई आपकी अपनी लड़ाई है। यह माँग आपकी अपनी माँग है—यह प्रदर्शन आपका अपना प्रदर्शन है—अमीरी और ग़रीबी की लड़ाई, आज़ादी और ख़ुशहाली की माँग, भूख और ग़रीबी का प्रदर्शन—आइए हमारा साथ दीजिए, यह संस्था आपकी अपनी संस्था है—मज़दूरों, किसानों और ग़रीबों की संस्था—नारा लगाइए—हम सच्ची आज़ादी चाहते हैं, हम नयी ज़िन्दगी चाहते हैं—नये हिन्दुस्तान को हम और आप जन्म देंगे—आइए हमारा...।'

यह गाड़ी भी आगे चली गयी।

वह कुछ देर कोच पर पड़ा रहा। फिर बेताबी से उठा। दरवाज़ा खोल कर कमरे से बाहर चला गया। फिर तेज़ी के साथ आगे सड़क पर बढ़ने लगा। रास्ते में उसने देखा उसके भाईजान रिक्शे से आ रहे हैं। उन्होंने कहा—'कहाँ चले शहर में कर्फ़्यू लग गया है।'

मगर उसने कोई जवाब नहीं दिया। आगे बढ़ गया। उसके भाईजान ने उसे ज़ोर से पुकारा। मगर वह आगे बढ़ा जा रहा था। उसके भाईजान उसे देखते रहे। आगे क़रीब एक फर्लांग दूर मोड़ पर वह गाड़ी अब तक खड़ी थी और आवाज़ आ रही थी—'आइए हमारा साथ दीजिए—यह लड़ाई...।'

और उन्होंने देखा कि वह बढ़ा जा रहा था, बढ़ा जा रहा था। फिर जब वह गाड़ी के पास पहुँचा तो गाड़ी का दरवाज़ा खुला और वह उसमें समा गया। आवाज़ अब तक आ रही थी...'यह संस्था आपकी अपनी संस्था है—मज़दूरों, किसानों और ग़रीबों की संस्था।'

अनुवाद : **जावेद इक़बाल**

अफकार (भोपाल), फ़रवरी 1949

...ताकि दर्ज रहे

रामसुरेश

उजागर सिंह का वश चलता तो 'पाल साहेब' को, जिनका पूरा नाम शिवकुमार पाल था, पीने के लिए एक गिलास पानी भी न देते। कुछ भी हो, हैं तो जाति के गड़रिया! पर नौकरी जो न कराये, थोड़ा। बड़ी मुश्किल से प्राप्त इस नौकरी को मज़बूती से पकड़े रखने की मज़बूरी न होती तो उजागर सिंह कब के भाग गये होते। गाँव में दस बीघा खेत भी होता तो गुज़ारा चल सकता था। खेत तो था। और दस बीघा ही था। मगर उजागर सिंह अपने को मिलाकर चार भाई भी थे। सो गाँव छोड़कर शहर आना पड़ा और उस ज़माने में भी बड़े बाबू के यहाँ महीनों चक्कर और चाकरी के बाद यह नौकरी, चपरासी की, मिल पायी।

शुरुआत में दिक़्क़त नहीं थी क्योंकि उस समय इस विभाग के अध्यक्ष शुक्ला जी थे और साथ में तीन प्राध्यापक और जो कि ब्राह्मण थे। उजागर सिंह को हालाँकि पहली दफ़ा किसी के माँगने पर तत्परता से उठना और बाअदब पानी का गिलास ले जाना काफ़ी अटपटा लगा था। मगर बाद में वह तन-मन से अभ्यस्त हो गये थे।

—उजागर! एक गिलास पानी लाना, आवाज़ सुनायी पड़ती और वह लाया साहेब! कहकर गिलास में पानी पहुँचा आते।

फिर विभाग बढ़ने लगा और देखते-देखते बीस प्राध्यापक विभाग में हो गये। शिवकुमार चार के पहले के हैं, यानी सोलहवें प्राध्यापक। और एकमात्र गड़रिया हैं। बाक़ी लोग ठाकुर, ब्राह्मण और कायस्थ हैं।

उजागर सिंह को याद है कि विभाग में आने के लगभग तीन या चार दिन बाद ही पाल साहेब यानी शिवकुमार की आवाज़ उन्हें सुनायी पड़ी थी—उजागर, एक गिलास पानी पिलवाओ। और बदले में वह—लाया साहेब, कहकर पानी

पहुँचा आये थे। यन्त्रवत्। मगर उस रोज़ उजागर को अच्छा नहीं लगा और लगा, अब रिटायरमेंट से पहले गड़रिया को भी साहेब और सलाम कहना पड़ेगा?

विभाग बढ़ने के साथ हालाँकि एक चपरासी और मिला था—राम रतन। पर वह प्राध्यापकों की सेवा निश्छल और निर्द्वन्द्व भाव से करता था, बल्कि कुछ ज़्यादा ही, ज़रूरत से भी ज़्यादा। इसलिए कभी-कभी उजागर सिंह को उससे कोफ़्त होती थी। अरे ससुर! ज़्यादा लबरियाने की क्या ज़रूरत है? अपना काम करो और छुट्टी करो। मगर उजागर सिंह रामरतन से यह बात कभी साफ़-साफ़ नहीं कह पाये। और कुछ ही सालों में रामरतन सब लोगों का प्रिय चपरासी बन गया। और एक साल पहले प्राध्यापकों के लिए विभाग में ही चाय बनाने की ज़िम्मेदारी भी उसने ले ली। और उनके सिर एक जंजाल और थोप दिया।

छुटपन में ही गाँव छोड़कर रामरतन शहर भाग आया था और यहाँ विभिन्न होटलों में जूठे कप-प्लेटें धोते-धोते वह बड़ा हुआ। फिर कुछ होटलों में भट्ठी पर भी बैठा और पकौड़े, समोसे, दालमोट और जाने क्या-क्या बनाता रहा। चाय तो बनायी ही। फिर एक और होटल में काफ़ी समय तक बेयरा रहा। तो उसके लिए साहेब लोगों का गिलास धोना, कप धोना, कुर्सी साफ़ करना कोई मायने नहीं रखता था। मगर उजागर सिंह को पानी देने और उसके बाद गिलास धोने से ही परेशानी होती थी। इसलिए उन्होंने गिलास को हाथ से कभी नहीं धोया। बस ज़रा-सा पानी डालकर गिलास को घुमाया और पानी फेंक दिया। गिलास साफ़ हो गया।

मगर चाय में यह सुविधा नहीं थी। चाय के कप को लामुहाला हाथ लगाना ही पड़ता और तब उजागर सिंह को बहुत ग्लानि होती और रामरतन पर गुस्सा आता। फिर शुक्लाजी, मिश्राजी, पाण्डेयजी, त्रिपाठीजी, सिंह साहेब, और चलो श्रीवास्तव साहेब तक के जूठन को साफ़ करने की बात को उन्होंने किसी प्रकार पचा ली थी। मगर अब पाल साहेब का भी जूठन धोयें, जो गड़रिया थे!

नहीं! कभी नहीं!! उन्होंने तय कर लिया था कि ऐसा वह कभी नहीं करेंगे। और इस पर कायम रहे। मतलब ऐसी कोई मजबूरी नहीं आयी कि उन्हें पाल साहेब का गिलास या कप धोना ही पड़े। गाहे-बगाहे, रामरतन के छुट्टी लेने पर, जब उन पर चाय बनाने की ज़िम्मेदारी आयी तब उन्होंने चाय बनाकर साहेब लोगों को दी और ज़रूरी कपों को धोया। पर हर-हमेस वह या तो पाल साहेब के कप को जूठा ही रख देते, दो एक और कपों के साथ कि कल आकर रामरतन धोयेगा और जब उसके अगले दिन भी रामरतन को न आना होता

तो वह पाल साहेब के कप को खँगाल कर रख देते कि कल इसी कप में फिर उन्हें चाय दे देंगे।

उजागर सिंह को सबसे अधिक ख़ुशी उस समय होती जब त्रिपाठीजी उनसे तम्बाकू की माँग करते—इशारे से, दायीं गदेली पर बायें हाथ का अँगूठा मलते हुए। त्रिपाठीजी उन्हें वैसे भी प्रिय थे और अक्सर उनका हालचाल पूछ लेते थे। वक़्त-ज़रूरत पड़ने पर सौ-पचास उधार भी दे देते थे। हालचाल शिवकुमार भी पूछते थे। और ख़ूब मुस्कराते थे। मगर उजागर सिंह उनसे दूर ही रहना चाहते थे। काम से काम। फ़ालतू कुछ नहीं!

पिछले साल टूर पर एम.ए. फाइनल के दोनों बैच पहली बार एक साथ गये थे। इस कारण एक बैच के साथ उजागर सिंह और दूसरे के साथ रामरतन को भी बतौर अटेंडेंट जाने का मौक़ा मिल गया था। इसके पूर्व दोनों बैच अलग-अलग जाते थे और, एक तो त्रिपाठी और दूसरे शुक्लाजी यानी अध्यक्ष की कृपा के कारण, दोनों में ही उजागर ही जाते थे और अपनी तरह से टूर का कामकाज निपटाते थे। लेकिन पिछले साल रामरतन के कारण उन्हें बहुत उलझन हुई। क्योंकि जो काम उन्होंने कभी नहीं किया उसे करके रामरतन ने, उनके अनुसार, परम्परा को बिगाड़ दिया था। साहेब लोगों की आदत तो, ख़ैर, बिगड़ी ही थी। ट्रेन में, धर्मशाले में, बस में, प्लेटफ़ॉर्म पर यानी सब जगह रामरतन साहेब लोगों की सेवा करता रहा। रात में होल्डॉल खोलकर बिस्तर लगाना, सुबह बिस्तर बाँधना, कुल्ला-मंजन करने के लिए बाल्टी में पानी भर लाना, नहाने के लिए भी पानी भर लाने का इसरार करना और हरदम तैयार रहना, नहाने के बाद धोये गये कपड़ों को लपककर हाथ से ले लेना और उन्हें सूखने के लिए फैला देना, सुबह-सुबह साहेब लोगों के लिए केतली में चाय ले आना और दुकानदार द्वारा कप न दिये जाने पर चाय को साहेब लोगों के स्टील के गिलास में डालना और उनके पी लेने के बाद गिलास को माँजकर साफ़ कर देना, रात में सोने से पहले थकान की बाबत पूछना और यह सेवा भी अर्पित करना कि थके हों तो पाँव दबा दूँ। और टूर ख़त्म होते-होते पहले तो किसी का बुश्शर्ट, किसी की तौलिया धो देना, बाद में जो साहेब लोग कहें वही धो देना।

उजागर सिंह ने जब-जब रामरतन को टोका, वह मुस्करा कर रह गया। या बहुत हुआ तो कहा—अरे मुंशीजी! साहेब लोगों की सेवा करो तभी मेवा खाने को मिलेगा!

सेवा के बदले मेवा की बात उजागर सिंह ख़ुद जानते थे। मगर वह ठाकुर के बच्चे थे। और जाति की ठनक और ठसक उनमें कूट-कूट कर भरी थी। इसलिए किसी का कोई भी काम वह नहीं कर सकते थे और जिस किसी का तो क़तई नहीं।

जिस दिन टूर समाप्त होकर लौट रहा था उस दिन उसकी बैच के साहेब लोगों ने रामरतन को उसके सेवाभाव से ख़ुश होकर पन्द्रह तियाँ पैंतालिस रुपये दिये थे और यह तो उजागर सिंह को बहुत बाद में पता चला कि नाश्ता-पानी और खाने-पीने में रामरतन का कुछ भी ख़र्च नहीं हुआ था। टूर दस दिन का था और बहुत कंजूसी से, पेट काटकर, चलने पर भी उजागर सिंह के पचास रुपये ख़र्च हो गये थे। यह ख़र्चा हालाँकि उन्हें अपनी टेंट से नहीं करना पड़ा था, कालेज से मिला था। पर मिला तो रामरतन को भी था। उसने पहली ही बार 95 रुपये पीट लिए थे और सबका लाड़ला बना फिर रहा था। जबकि टूर के दोनों बैच अलग-अलग जाते तो उसे कुछ भी न मिलता। उनकी इतनी हानि! और रामरतन का इतना लाभ! और वह भी पहली ही बार!

उजागर सिंह को अगर कुछ सन्तोष था तो सिर्फ़ इतना कि उनकी इज़्ज़त बची रह गयी थी। यह ठीक है कि 45 रुपये उन्हें नहीं मिले थे और खाने पर भी उनका ख़र्चा हुआ था। पर इस प्रकार के लाभ के लिए उन्होंने न तो किसी का जूठन साफ़ किया था, न बिस्तर बिछाया था और न पैरों की उँगलियाँ चिटकायी थीं। पर 45 रुपये दिये जाने वाली बात उन्होंने अध्यक्ष यानी शुक्लाजी को बताने का निश्चय कर लिया था और यह भी कि अगर सम्भव हुआ तो दबी ज़बान में शुक्लाजी से बैचों को अलग-अलग भेजने का आग्रह करेंगे। फिर देखें, रामरतन का जादू कैसे चलता है!

रुपये दिये जाने वाली बात को शुक्लाजी ने गम्भीरता से लिया था और इसे एक ग़लत परम्परा कहकर अपने साथियों से बात भी की थी। पर तमाम प्राध्यापकों का कहना था कि यह एक प्रकार का निजी मामला था और इस बारे में कोई भी सर्वसम्मत राय किसी पर लादने का क्या तुक? जहाँ तक बैचों के साथ-साथ जाने का प्रश्न है तो यह प्रयोग सफल रहा है। तीन की जगह छह प्राध्यापक साथ होते हैं और 50 लड़के तो कई प्रकार की सहूलियतें रहती हैं और मिलती हैं।

डिस्कसन समाप्त।

और अगले साल दोनों बैच फिर साथ गये। और रामरतन ने वही सब किया जो उसने पिछले साल किया था। मगर अन्त में साहेब लोगों ने उसे कुछ नहीं दिया तो उन्हें अपार हर्ष हुआ।

—हम कह रहे थे कि जितना करोगे, थोड़ा! पर रामरतन एकदम मस्त था। तो क्या हुआ? हम साहेब लोगों की सेवा पैसे के लिए न उस साल कर रहे थे और न इस साल। वह तो साहेब लोगों ने ज़बरदस्ती दे दिया तो हमने ले लिया। इस साल नहीं दिया तो न सही!

लेकिन उजागर सिंह यह जानते थे कि खाने-पीने का खर्चा रामरतन का फिर भी बच गया था। ...और हालाँकि अगले साल वह भी ख़र्च हुआ पर रामरतन साहेब लोगों की वैसी ही सेवा करता रहा और दो-एक सालों में नौबत यहाँ तक आ गयी कि दोनों बैच के साहेब लोग रामरतन को ही साथ ले जाने की इच्छा, फिर ज़िद करने लगे।

रामरतन का सेवा अभियान जारी रहा। और अब उसकी लपेट में उजागर सिंह आ गये थे। हुआ यूँ कि रेल में यात्रा के दौरान रामरतन अपने बैच के साहेबों का बिस्तर लगाता तो दूसरे बैच के साहेबों के भी लगा देता। और धीरे-धीरे अपने और दूसरे बैच में अलगाव वाली बात को उसने समाप्त कर दिया। दूसरे बैच के साहेब लोग भी जब देखो तब, हर काम के लिए, रामरतन को ही आवाज़ देते। रामरतन! पानी लाना! रामरतन ज़रा यह अटैची उधर रख दो। रामरतन, देखो, चाय मिल रही हो तो ले आओ...और हाँ, अपने लिए भी ले आना! इसी तरह के काम। और काम। छोटे-मोटे सभी काम। पूरी यात्रा के दौरान उजागर सिंह ने इस ओर ध्यान नहीं दिया—करता है तो करे! मुझे क्या! बल्कि वह कभी-कभी मुस्कराते और गद्‌गद होते रहे।

मगर बम्बई में इत्तफ़ाक से दोनों बैचों को दो धर्मशालों में रुकना पड़ा और उसी दिन, बल्कि रात को, उजागर सिंह के बैच के साथ और वैसे भी पहली ही बार गये पाल साहेब ने उजागर सिंह को औचक आवाज़ दी—उजागर! अरे भाई, बिस्तर तो खुलवा लो।

ग़ुस्सा तो बहुत आया उजागर सिंह को और इच्छा हुई, इस आवाज़ को एक बार अनसुना कर दें, मगर उसी बैच में शुक्लाजी, विभागाध्यक्ष भी थे। इसलिए मन मार कर उठे। और झक मारकर तीनों होल्डॉलों को खोला। बिस्तर बिछाया और सुबह बाँधा भी।

अगले दिन त्रिपाठीजी ने गीला तौलिया और नेकर और बनियाइन थमा दी—ज़रा बाहर धूप में फैला दो और उजागर ने फैला दिया। फिर एक दिन शुक्लाजी ने नेकर, बनियाइन, तौलिया, कुर्ता-पायजामा थमा दिया और उन्होंने फैला दिया। फिर लोग चाय मँगवाने लगे और वह लाने लगे। और शुक्लाजी और त्रिपाठीजी के गिलास तो वह माँज-धो डालते पर पाल साहेब के गिलास को धोने की नौबत उन्होंने नहीं आने दी। दुकानदार यानी चाय वाले से किसी तरह दो-एक कप वह ले आते और पाल साहेब को अदबदाकर, हालाँकि बहाने से, कप में ही चाय देते।

मगर एक दिन शुक्लाजी और त्रिपाठीजी और पाल साहेब तैयार नहीं थे और उजागर सिंह चाय ले आये थे। तभी उन्हें किसी और काम से, शायद पान लेने के लिए, त्रिपाठीजी ने भेज दिया। वह पान लेकर लौटे तो देखा, सब लोग गिलास में चाय पी रहे हैं! चाय पी चुकने के बाद शुक्लाजी ने उनसे केतली में बची चाय को पी जाने और गिलासों को धो डालने के लिए कहा। चाय तो वह पी गये—कप में, मगर गिलास उन्होंने तुरन्त नहीं धोया। शुक्लाजी ने फिर टोका। तब वह पहले शुक्लाजी का, फिर त्रिपाठीजी का गिलास धो लाये। नगर पाल साहेब वाले गिलास को वहीं कमरे में, एक कोने में, सरका दिया। होशियारी से। और जैसे भूल गये।

अगली सुबह चाय फिर आयी। शुक्लाजी और त्रिपाठीजी को उन्होंने गिलास में चाय दी और पाल साहेब, यानी शिवकुमार को कप में। साथ में उनकी ओर इशारा करके सफ़ाई भी दी कि साहेब का गिलास धोना हम कल भूल ही गये। आज सब धो डालेंगे।

—तो तुम ऐसा करो, शिवकुमार ने अपना कप उजागर की ओर सरकाते हुए कहा—यह चाय तुम पी लो और मेरा गिलास धो लाओ। हम केतली वाली चाय, जो अभी कुछ देर गर्म रहेगी, पी लेंगे।

—हाँ, यह ठीक है! शुक्लाजी और त्रिपाठीजी ने भी अनुमोदन किया।

और वह फँस गये। पर सफ़ाई में टाल गये—नहीं साहेब, आप लोग पी लीजिए। बाद में हम दुकान पर केतली वाली चाय को गरम करवा कर पी लेंगे। अभी तमाखू खाया है। और बच गये।

...पर अगले दिन भी शिवकुमार को जब कप में ही चाय मिली तो वे तुरन्त समझ गये कि गिलास अभी तक नहीं धुला है। और इसके पहले कि शुक्लाजी

और त्रिपाठीजी कुछ समझ पाते, वे झपटकर उठे और बाथरूम से अपना गिलास धो लाये। केतली से चाय को गिलास में उड़ेला। पिया। और गिलास को तुरन्त ही धोकर रख दिया।

—ये क्या, शुक्लाजी और त्रिपाठीजी के मुँह से औचक निकला। वह सवाल भी हो सकता था और विस्मयबोधक भी।

पर शिवकुमार टाल गये। कुछ नहीं। बस यूँ ही। और दिन में शुक्लाजी और त्रिपाठीजी द्वारा बार-बार कुरेदने और 'आख़िर बात क्या हुई' मार्का भोले प्रश्नों से उन्हें झल्लाहट होती रही। पर हर बार वह हँसकर टालते रहे। बहुत हुआ तो स्वकथन करते रहे—क्या फ़र्क़ पड़ता है! अपना काम अपने हाथ से करना ही है। घर में कौन-से नौकर-चाकर हैं!

विद्यार्थियों को गेट वे ऑफ़ इंडिया और हैंगिंग गार्डेन घुमाकर सब लोग दोपहर तक लौट आये थे। शाम को चौपाटी घुमाने की योजना थी। उस दिन दोपहर में अपना बिस्तर शिवकुमार ने ख़ुद लगाया। एक हल्की झपकी ली और उठे और होल्डॉल को बाँध दिया। शाम को चाय पी और गिलास को धो डाला। तौलिया-नेकर-बनियाइन वह पहले भी ख़ुद ही फैलाते थे।

हो गया न गाँधीवादी रवैया?...या साधूपना? कि कोई एक गाल पर तमाचा मारे तो दूसरा गाल भी उसकी ओर कर दो। पर शिवकुमार ऐसे नहीं थे। जी.टी. रोड पर नवोदित क़स्बे के साथ जुड़े गाँव में उनका बचपन बीता था और छुटपन में प्राइमरी स्कूल के मिश्राजी की पाँव को दबाने से इनकार करने की जुर्रत के बदले 'सड़-सड़ा-सड़' बेंत खा चुके थे। फिर बी. ए. करने जब एक बड़े नगर में आये तो सरकार द्वारा प्रदत्त स्कॉलरशिप के सन्दर्भ में एक बार जब वह अपने काग़ज़ात के औपचारिक अग्रसारण के सिलसिले में प्रोफ़ेसर वर्मा से मिले तो...काग़ज़ात देखते ही उस पर कोई कार्रवाई करने से पहले वर्माजी ने उनकी तरफ़ एक जुमला उछाला था—अच्छा! तो वजीफ़ा वाले हो! और एक वितृष्णा भरी दृष्टि से शिवकुमार की ओर देखकर रजिस्टर खोलने लगे थे। शिवकुमार के परिवार की जो आर्थिक दुर्दशा थी, उसने निश्चय ही उन्हें कई बार दयनीयता की हद तक विनयशील बना डाला था। पर उस रोज़ वर्माजी की बातों और भावों का बर्मा उन्हें अन्दर तक बेधता चला गया था...ग़ुस्से से उनका मुँह लाल हो गया था...और इच्छा हुई थी कि वर्माजी को उठाकर दे मारें। पर वह कुछ बोले

नहीं थे...सिर्फ़ काग़ज़ात पर झुके वर्माजी के सामने से उन्होंने दृढ़तापूर्वक अपने काग़ज़ात खींच लिए थे। और इसके पहले कि वर्माजी कुछ समझें और कहें वह उन्हें अकबकाया छोड़ वहाँ से चले गये थे...।

उजागर-प्रसंग में शिवकुमार के रवैये को शुक्लाजी और त्रिपाठीजी ने कुछ अटपटा ज़रूर माना। मगर उम्मीद की गयी कोई भी प्रतिक्रिया वहाँ नहीं थी... उल्टे उनके सहयोगियों को सब कुछ सामान्य और घटनाविहीन लग रहा था...। यानी शुरू-शुरू में शुक्लाजी और त्रिपाठीजी ने जो कुछ अटपटा महसूस किया था वह बहुत जल्द चटपटा हो गया था। उस रात शिवकुमार को अपने साथ न पाकर वे लोग ख़ूब गद्‌गद हो उठे थे—अपना उजागर भी एक नम्बर का ज़िद्दी है...और शिवकुमार तो वाक़ई अजीब हैं...।

शुक्लाजी और त्रिपाठीजी के खाना खाने के लिए जाने के बाद शिवकुमार भन्नाते सिर के लिए कुछ दर्द-मारक दवाएँ लेने बाहर गये थे और एक होटल में बैठ कर बहुत देर तक खाते कम और सोचते ज़्यादा रहे थे...बी.ए. में उनके साथ जैसा सलूक वर्माजी ने किया था, लगभग उसी तरह का व्यवहार शुक्लाजी और त्रिपाठीजी और फलाने-ढिमाके जी भी उन जैसे विद्यार्थियों के साथ कई बार कर चुके थे, करते रहते थे। ऐसे कई भगाये—दुत्कारे गये, भाषण पिलाये गये और भटकते विद्यार्थियों की सहायता उन्होंने कई बार ख़ुद की थी और लोगों के 'बिरादरी के काम में लगे होंगे' जैसे जुमले और ताने भी सुने थे। हालाँकि ऐसा कहने वाले उनके सामने पड़ जाते तो या तो सहम जाते या बेहयाई हँसी-हँसते जैसे उन्होंने कोई बहुत अनोखा चुटकुला सुन-सुना लिया हो। उन्हें ताज्जुब होता कि इतना पढ़े-लिखे और विद्वान और वह भी प्राध्यापक, जो चिकनी-चुपड़ी भाषा बोलने में माहिर थे और हर समय सौम्यता के लबादे से लदे रहते थे, किसी स्कॉलरशिप वाले छात्र को देखते ही कितना हिंस्र हो उठते थे। एकदम उजड्ड और सर्वथा असभ्य!

और हालाँकि उनके जीवन में उनके अनेक साथी हर प्रकार की जाति और पाँत से सर्वथा अलग और (शायद इसीलिए) बहुत शानदार इन्सान थे, पर उनका पाला अक्सर शुक्लाजी और त्रिपाठीजी मार्का लोगों से पड़ा था और उन्हें ऐसे लोगों की भरमार नज़र आती थी। कॉलेज और विभाग में यद्यपि किसी ने उनके साथ ऐसा-वैसा व्यवहार नहीं किया था। पर क्या यह वास्तविकता थी? और अगर थी तो उजागर सिंह, एक अपढ़ और मूर्ख चपरासी ने, जो कुछ उनके साथ किया उसका इन लोगों पर कैसा भी प्रभाव क्यों नहीं पड़ा? क्यों आख़िर

दोनों 'जी' सब कुछ से सहज, सामान्य और तटस्थ रह सके? क्या उजागर सिंह के सलूक को वे लोग अपने उस अन्तर्मन की इच्छा का 'फलीभूत' मानते थे, जिसे सभ्यता के लबादे में, शायद किसी मजबूरी में, उन लोगों ने दफ़न कर दिया था...।

अगले दिन जब शुक्लाजी और त्रिपाठीजी पूर्ववत् निर्द्वन्द्व और सकुशल भाव से उठे तो चाय फिर आयी। रात में देर तक शिवकुमार सोचते और और सोचते रहे थे और उन्हें नींद तभी आयी थी जब वह किसी निर्णय पर पहुँच गये थे। बहरहाल... चाय आने और लोगों के उठने पर वे भी उठे। दैनिक क्रिया से निवृत्त होकर शीघ्र ही वापस आये और अपनी गिलास में पड़ी चाय को नज़रअन्दाज़ करते हुए बुश्शर्ट-पैंट-चप्पल पहनकर बाहर जाने के लिए तैयार हो गये।

—अरे...अरे भाई, शिवकुमारजी! आपकी चाय रखी है, शुक्लाजी ने उन्हें जाते देख जल्दी से कहा।

—जी!...मैंने देखा है। पर मैं चाय बाहर जाकर पीऊँगा—वे रुके और शुक्लाजी की ओर एकटक देखते हुए बोले—और कृपया मेरे गिलास को धुलवा दीजिएगा क्योंकि वह जूठा नहीं है!

और झपाटे से बाहर निकल गये।

कहानी

कठपुतलियाँ नहीं लौटेंगी

नरेन्द्र नागदेव

...वही स्लेटी रंग का पत्थरों का चौक था। और एक बूढ़ा पीपल था उसमें, जो घटनाओं को निर्विकार ढंग से देखता रहता था, जैसे खँडहर और बूढ़े पेड़ अक्सर देखते रहते हैं।

इसी पेड़ के नीचे चबूतरा बना था, जिस पर रामजीलाल अपनी कठपुतलियों का खेल बताता था। अब वह वक़्त बीत चुका है। न कठपुतलियाँ रहीं और न ही वह चमकीले काले पर्दों वाला छोटा-सा मंच, जिसे वह यहाँ सजाता था।

चौक के इर्दगिर्द वह छोटी-सी बस्ती बसी थी, जिसके मकानों पर ढलवाँ कच्ची छतें थीं, जिन पर बारिश ख़ूब तड़-तड़ करके बजती थी और चौक में पानी भर जाता था। पानी में हमारी काग़ज़ की नावें चला करती थीं। ...या फिर ग्रीष्म में अमराई ख़ूब बौराती थी और रातें रजनीगन्धा की गन्ध समेटे अल्हड़ गति से गलियों में डोलती थीं। ...या फिर किसी सर्द सुबह आसमान से सूरज धूप का एक स्नेहिल टुकड़ा चौक पर गलीचे-सा फैला देता था, जिसे पकड़ कर हम बैठ जाते थे और स्लेट पर गिनती-पहाड़े लिखते थे।

वे बड़े ख़ूबसूरत दिन थे, जो बीत गये। यों अतीत का मोह तो नहीं करना चाहिए। उसे गुज़र जाने देना चाहिए। और वक़्त है तो गुज़रेगा ही। लेकिन वो जो एक फाँस-सी रह जाती है न, कि वक़्त जैसे नहीं थोड़ा, ऐसे गुज़र जाता तो कितना अच्छा होता।

अब उन बातों को लगभग बीस साल हो चुके हैं। लेकिन क्या सही शेर लिखा था ग़ालिब ने भी—

हुई मुद्दत कि ग़ालिब मर गया पर याद आता है,
वो हर इक बात पर कहना कि यों होता तो क्या होता!

...हवा के झोंके से पीपल की पत्तियाँ हिलती हैं और इस शेर पर तड़-तड़ करके तालियाँ बजाती हैं।

उन्हें तालियाँ बजाने की आदत है। वे तब भी ऐसे ही हमारे साथ मिलकर तालियाँ बजाती थीं, जब चबूतरे पर रामजीलाल कठपुतलियों का तमाशा दिखाता था।

वह पृथ्वीराज चौहान और संयोगिता की अमर कथा बताता था। कुछ इस तरह कि हम मन्त्र मुग्ध से देखते रह जाते थे। काला पर्दा उठते ही उसकी झक-झक सफ़ेद वस्त्रों में सजी कठपुतलियाँ आँखों को चौंधियाँ देती थीं। फिर साथ-साथ उसकी ख़ुद की आवाज़ में ग़ज़ब की कशिश जो थी। संयोगिता लहराती हुई-सी आती तो लगता कि मंच पर बिजली गिरने को है। उसका उज्ज्वल चेहरा, कटार से तीखे नाक-नक्श—चाँद कहाँ ठहर पाता उसके आगे? ...और जब ढोलक की थाप के साथ पृथ्वीराज चौहान मंच पर आते तो जैसे भूकम्प आ जाता। उनके हाथों में तलवारें बिजलियों-सी कौंधती। उस पर उनका रोबदार, देदीप्यमान मुखमण्डल ऐसा कि सूर्यप्रभा फीकी पड़ जाये...और हम देर तक तालियाँ बजाते रहते।

कभी-कभी जब वह कुछ दिन इस बस्ती में खेल दिखाने नहीं आता, तो हम उद्विग्न हो उठते। सुबह-सुबह अमराई से घूम कर लौटते समय उसके घर जा पहुँचते और खिड़की पर चढ़ कर शोर मचाते—

रामजीलाल-रामजीलाल।

अपनी कठपुतलियाँ निकाल।।

वह उनींदी आँखों से हमारे पीछे दौड़ता। हम चिड़ियों के झुण्ड की तरह झरझरा कर उड़ जाते। लेकिन उस दिन वह बस्ती में आकर तमाशा तो ज़रूर दिखाता था।

वह कठपुतलियों का स्वर्णयुग था।

और मुझे वह दिन भी अब तक ठीक वैसा ही याद है, जब उनके पतन की शुरुआत हुई थी।

पीपल को शायद वह दिन याद नहीं हों। क्योंकि पेड़ और खँडहर ऐसे ही निर्विकार खड़े रह जाते हैं, तटस्थ दृष्टि से घटनाओं को देखते हुए।

...उस दिन बस्ती से बिल्कुल सँट कर बनाया गया वह कारख़ाना शुरू हुआ था। ...सुबह हम अमराई से घूम कर लौट रहे थे, तब हमने देखा था—एक भयद् घर्र-घर्र की आवाज़ वहाँ से उठी थी और सारा माहौल थरथराने लगा था।

जैसे एक सैलाब था आवाज़ का, जिसकी सतह क्रमशः ऊपर उठती जा रही थी और बस्ती उसमें डूबने लगी थी। एक शोर था, जो अब तक इतने जतन से सहेजी हुई बस्ती की शान्त, स्नेहिल ज़िन्दगी को अपने बड़े-बड़े नाख़ूनों से खरोंचने लगा था।

आकाश में धँसी चिमनी धुआँ उगलने लगी थी। अपनी हज़ार-हज़ार लपलपाती भुजाओं को लहराता, पैशाचिक अट्टहास करता धुआँ सामने की बस्ती और उसकी गलियों में उन्मत्त पशु-सा मँडराने लगा था, अपनी दुर्गन्ध-भरी घुटन फैलाता हुआ।

तब तक हम रामजीलाल के घर के सामने पहुँच गये थे। उसकी खिड़की पर एक कठपुतली रखी थी। वह संयोगिता की सहेली थी। उसके होंट हँसी की मुद्रा में कान तक खिंचे थे। वह काँच की आँखों से चिमनी की ओर देख रही थी। उसके इर्द-गिर्द धुआँ मँडराने लगा था जिसकी कालिख उसके कपड़ों पर इकट्ठा होने लगी थी।

हमारे मन में पहला भय यहीं कौंधा था कि अरे, ऐसे तो इन कठपुतलियों के तमाम उजले वस्त्र काले हो जायेंगे, और उनकी उजली देह भी। इसलिए हम उसकी खिड़की पर चढ़ कर चिल्लाये थे—

रामजीलाल-रामजीलाल।

अपनी कठपुतलियाँ सँभाल।।

वह आँखें मलते हुए उठा था। इस बार वह हमारे पीछे नहीं दौड़ा। वह खिड़की तक आया और संयोगिता की सहेली को उठा कर उसके कपड़ों पर से कालिख झाड़ने लगा। लेकिन हम इस आशंका से घिर गये थे कि अब ऐसे क्या ये साफ़ होंगी? क्या आने वाले दिनों में ये काली तहें मज़बूती से जमती नहीं चली जायेंगी?

उस दिन पापा भी बेचैन थे।

शाम को ढाबे पर उन्हें कारख़ाने का इंजीनियर मिल गया। वह रोज़ वहीं खाना खाने आता था।

क्या वह कारख़ाना बस्ती से कुछ दूर हट कर नहीं बनाया जा सकता था? पापा ने कुछ ग़ुस्से में उससे पूछा था।

'दूर बनाने से आने-जाने वाले ट्रकों को कोई दस किलोमीटर का चक्कर ज़्यादा नहीं लगाना पड़ता? इससे कारख़ाना चलाने का ख़र्च नहीं बढ़ता? और उधर की ज़मीन में तो चट्टानें हैं वहाँ चट्टानों को काट कर नींव नहीं

बनानी पड़ती? कितना ख़र्च बढ़ जाता?'— उसने एक प्रश्न के उत्तर में पापा से अनेक दूसरे प्रश्न कर दिये थे। वह हमेशा ऐसा ही करता था।

उन दिनों पहले-पहल हमें अपनी ज़िन्दगी सस्ती होने का अहसास हुआ था।

उधर धुआँ के साथ कोई रसायन भी हवा में घुलता जा रहा था। बस्ती में चर्चा थी कि इससे कपड़े पीले पड़ जाते हैं।

रामजीलाल की कठपुतलियाँ भी इससे बच तो सकती नहीं थीं। आख़िर एक दिन वह अपना खेल दिखाने आया। हम सब अपनी जगह पर बैठे।

पर्दा खुला।

ढोलक पर थाप पड़ी।

रामजीलाल ने संयोगिता के आगमन की घोषणा की और हमेशा की तरह कहा कि अब उसके उज्ज्वल सौन्दर्य और धवल परिधानों से चाँद शरमा जायेगा।

और तब जो संयोगिता उछल कर सामने आयी, उसके पूरे चेहरे पर धुएँ की कालिख पुती थी। उसके वस्त्र मटमैले और बदरंग थे।

एक हँसी की लहर-सी हमारे बीच दौड़ गयी थी। दो-एक बड़े लड़कों ने पीछे से सीटी भी बजाई थी।

प्रोग्राम आगे बढ़ा। रामजीलाल ने पृथ्वीराज चौहान के आने की घोषणा की और कहा कि उनके चेहरे की रौनक से डर कर सूरज बादलों में छिप जायेगा और वे आँखें खोलेंगे तो बिजलियाँ कड़केंगी।

फिर जो पृथ्वीराज आये उनके चेहरे पर इतना काजल जमा था कि आँखें तो नज़र ही नहीं आती थीं। और मूँछें भी शेष चेहरे पर जमी कालिख में घुल-मिल गयी थीं। राजसी वस्त्र इतने मलिन थे कि उबकाई आती थी।

रोकते-रोकते भी दर्शकों में हँसी का फव्वारा छूट गया था। वह शो ख़तम होने के बाद मैंने रामजीलाल का चेहरा देखा था। उस पर वेदना की घनी परछाइयाँ थीं। वह बड़े निरीह ढंग से अपनी कठपुतलियाँ सहेज रहा था।

हम तो तब छोटे थे। लेकिन न जाने क्यों मन बड़ा भारी-सा हो गया था। अब तो गलियाँ भी पक्की हो गयी हैं, लेकिन तब वे कच्ची और धूल भरी होती थीं। मैं देर तक उनमें पैर घसीटते हुए घूमता रहा था।

कुछ दिन बाद सुना कि उस धुएँ में साँस लेते-लेते बस्ती के कई लोग खाँसने लगे थे। रामजीलाल भी उन्हीं में से एक था।

अमराई से लौटते हुए सुबह-सुबह हम उसके घर से खाँसी की आवाज़ें सुनते भी थे।

शुरू में सब ने यही सोचा कि होगी मामूली-सी खाँसी। जो सर्द हवा चलने से उठी होगी। मन को तसल्ली भी देते कि देखो अब ठीक हो रही है। पहले, दिन में चार बार उठती थी, अब दो ही बार उठती है।

लेकिन खाँसी कहीं रुकने वाली थी? जब चार बार से बढ़ कर वह सात-आठ बार तक पहुँच गयी तब जाकर हमारा माथा ठनका।

स्वभावतः हमने सोचा कि कठपुतलियाँ ख़ुद तो बोलती नहीं। आवाज़ तो रामजीलाल की ही होती है। तो अब क्या उसकी कठपुतलियाँ खाँसते हुए ही बातें करेंगी?

इसलिए एक दिन हम चिन्तित मुद्रा में उसकी खिड़की पर चढ़कर शोर मचाने लगे—

रामजीलाल-रामजीलाल।

खाँसी से गुड़िया बेहाल।।

उसने हमें देखा, लेकिन उठा नहीं। हमने उसे देखा लेकिन चिड़ियाओं की तरह झर्राते हुए उड़े नहीं। अब उसकी ज़रूरत ही नहीं थी। हम धीरे-धीरे चलते हुए बस्ती तक आ गये थे। रास्ते में कल्पना करते रहे थे कि अगला शो कैसा रहेगा।

हमें बहुत देर कल्पना का सहारा लेने की ज़रूरत नहीं पड़ी। एक दिन उसने चबूतरे पर कठपुतलियाँ सजा दीं।

फिर हुआ यह कि संयोगिता आयी और प्रणय-निवेदन करते-करते खाँसने लगी।

संयोगिता के पिता स्वयंवर की घोषणा करते-करते खाँसने लगे।

और पृथ्वीराज ग़ुस्से में भरे, स्वयंवर से संयोगिता को उठा ले जाने की प्रतिज्ञा करते हुए खाँसने लगे।

और जो आवाज़ बिना खाँसी के आ रही थी, वह भी बारीक और फटी-फटी थी।

बच्चे सीटियाँ बजाने लगे और मज़ाक़ उड़ाने लगे।

मुझसे नहीं रहा गया मैंने काले पर्दे के पीछे जा कर रामजीलाल से कहा था कि तुम मुझे संवाद सिखा दो। मैं बोलूँगा।

उसने एक हाथ से छाती दबाते हुए, दूसरा हाथ मेरे सिर पर रखा था। उसकी मिचमिची आँखें नम थीं।

उस शाम पापा की फिर उस इंजीनियर से ढाबे पर मुठभेड़ हो गयी थी।

'क्या यह चिमनी किसी ऐसी जगह नहीं बना सकते थे, कि गाँव के घरों में और लोगों के फेफड़ों में धुआँ नहीं घुसे?'—उन्होंने इंजीनियर से पूछा था।

इंजीनियर धीरे-धीरे सिर हिलाता रहा, जैसे किसी गँवार से बातें कर रहा हो—'अरे, तुम्हें पता भी है कि मशीनों का एक ले-आउट प्लान होता है, जो प्रोसेस के हिसाब से तैयार किया जाता है। उसी हिसाब से जहाँ चिमनी आती है, वहीं आयेगी कि नहीं?'

'लेकिन अगर पहले ही तय कर लेते कि चिमनी इधर रखना ही नहीं है, तो उस हिसाब से मशीनें नहीं जमा सकते थे?'—पापा ने प्रतिवाद किया था—'और अगर मान भी लिया कि वैसा नहीं हो सकता था, तो क्या पूरे कारख़ाने की दिशा नहीं बदली जा सकती थी?'

'मास्टर प्लान में यही पोज़ीशन सबसे अच्छी रही होगी।'—उसने उत्तर दिया और हाथ धोने चला गया था।

पापा की आँखों में असन्तोष था, जैसे कह रहे हों कि कुछ हो ज़रूर सकता था, जो किया नहीं गया।

...कुछ ज़रूर हो सकता था।'—यही हमने उस दिन भी सोचा था। जब हम नदी किनारे खेल रहे थे। वहाँ हमने देखा था कि एक गाढ़े भूरे, दुर्गन्धमय द्रव की पतली धार उस कारख़ाने से निकल कर नदी में मिल रही है।...नदी के साफ़-सुथरे जल में पहले कुछ दूर वह लकीर की तरह अपना अलग अस्तित्व बना कर चलती रही थी, फिर क्रमशः चौड़ी होकर अन्ततः पानी में घुल गयी थी।

हमें लगा था जैसे कोई अपनी बहुत आत्मीय चीज़ हमसे छीनी जा रही हो। आख़िर कितने सालों से तो उन दोनों किनारों के बीच हमारे लिए वात्सल्य बहता रहा था। धूप में, उसकी लहरें मचलती हुई हमारे साथ खेलने आती थीं। कितनी-कितनी देर हम वहाँ तैरते रहते थे। जलक्रीड़ा का वह सुख, फुहारों का वह आनन्द—हमें लगा कि बरबस ही कोई हमसे यह सब छीन रहा है।

लौट कर आते समय हमने रामजीलाल को नहा कर आते देखा। वह तो उसी जल में रोज़ डुबकी लगाता था। उसी जल को अंजलि में भर कर, सूर्य से उम्मीद करता था कि उस विषाक्त अर्घ्य के माध्यम से वह उनके शरीर में शक्ति भरे।

उसी किनारे पर वह पीने का पानी भरता था। दो-तीन बार वह अपने घड़े से पानी की सतह पर पड़ा कचरा हटा कर अपना घड़ा भर लेता। उसे यक़ीन था कि अब घड़े में कचरा नहीं आयेगा। लेकिन ज़हर तो कचरे की शक़्ल में था ही नहीं।

वही पानी पीते-पीते, उसी जल में डुबकी लगाते-लगाते, अन्ततः उसे कोई गम्भीर बीमारी घेरने लगी। आँखें पीली पड़ गयी थीं। उनके इर्द-गिर्द काले गड्ढे भी बन गये थे। हाथ-पैर सूख गये थे। कुछ क़दम चलता तो हाँफने लगता और पैर थर-थर काँपते। और सबसे बड़ी बात तो यह कि उँगलियाँ भी ठीक से चलती नहीं थीं और मुड़ती भी नहीं थीं।

अब कठपुतलियाँ कोई ख़ुद तो चलती नहीं। वे तो रामजीलाल की उँगलियाँ थीं जो उन्हें चलाती थीं। और वे ही नहीं चलें तो क्या होगा।

इसीलिए हम उसकी खिड़की पर चढ़कर बार-बार दोहराते रहे—

रामजीलाल-रामजीलाल।

संयोगिता की लँगड़ी चाल।।

वह सुनता रहा। उठा ही नः हम सब लौटते हुए इस दुश्चिन्ता में घिरे रहे कि अब वह कभी आयेगा भा या नहीं?

लेकिन वह आया।

पेट भरने के लिए अन्तिम साँस तक कुछ न कुछ करना तो होता ही है ना।

इस बार शो शुरू हुआ तो हमने देखा कि जिस दृश्य में संयोगिता को ख़ुशी से नाच उठना था, उसमें वह सिर झुकाये घिसटती हुई आयी और मंच के बीच गिर पड़ी।

फिर जब घोषणा की जा रही थी कि स्वयंवर के लिए दूर-दूर से प्रतापी राजा-महाराजा आ रहे हैं, वहाँ डगमगाती हुई कठपुतलियाँ आती रहीं और एक-दूसरे पर गिरती-पड़ती रहीं। दरबार की जगह एक-दूसरे पर पड़ी पुतलियों का ढेर लग गया।

और अन्त में संयोगिता को बिजली की गति से उठा लेने के लिए जो पृथ्वीराज आये, वे किसी तरह उसके पास पहुँचे और उठाने की ढुलमुल कोशिश में घोड़े समेत उस पर जा गिरे।

...इतना हँसने का मसाला इससे पहले दर्शकों को कभी नहीं मिला था। इतने सालों बाद भी वे ठहाके अब तक कानों में गूँजते हैं और मैं अनजाने ही कानों पर हाथ रख लेता हूँ।

...'कानों पर हाथ उस दिन उस इंजीनियर ने भी रख लिया था, जब पापा उलझ पड़े थे कि उस ज़हरीले द्रव को नदी में बहाना क्यों ज़रूरी है?'

'फिर सड़क पर डाल दें?' उसने बद्तमीजी से कहा था।

ढाबे वाले ने बीच-बचाव किया था—'इनका मतलब यह है कि क्या उस द्रव को साफ़ करके खेतों में नहीं डाला जा सकता था?'

'साफ़ करने के लिए ट्रीटमेंट प्लांट लगाना पड़ेगा। और उसकी लागत कितनी होती है पता है? पाँच लाख रुपये।' —इंजीनियर ने गर्जना की थी।

...मैंने उस रात सपना देखा था कि मैं एक कमरे में क़ैद हूँ और एक मात्र रोशनदान से कमरे में धुआँ भरता जा रहा है। मेरा दम घुटता है। मैं फड़फड़ाता हूँ। फड़फड़ाते हुए मैं पक्षी बन गया हूँ। अब बाहर रेगिस्तान फैला है। प्यास से प्राण निकलने को हैं। रेत के टीलों के पीछे एक कुण्ड है। उसमें झाँक कर देखता हूँ। उसमें वही कारख़ाने वाला विषैला द्रव है।

'क्या बड़बड़ा रहा है? क्यों चिल्ला रहा है?' पापा मुझे हिला-हिला कर जगा रहे थे।

'नींद में है या जागा हुआ है?'—वे पूछ रहे थे।

मेरे पास इस प्रश्न का कोई स्पष्ट उत्तर नहीं था। न मैंने इस सपने का ज़िक्र ही बस्ती के किसी और बच्चे से किया। यों भी, उनमें से जो अधिक शैतान बच्चे थे, वे कठपुतली के पिछले खेल की, और रामजीलाल की खाँसी की नक़ल उतारते घूमते थे और ख़ूब मज़ाक़ उड़ाते थे।

इसी तरह की खाँसती, घिसटती, एक-दूसरे पर लुढ़कती गुड़ियाओं को देखने के लिए वे सब एक बार फिर इकट्ठा हुए थे, जब आख़िरी बार रामजीलाल आया था।

लेकिन इस बार बात वहाँ तक पहुँची ही नहीं। वह तेज़ बुख़ार में था। आते ही हाँफता हुआ चबूतरे पर लेट गया और बेहोश हो गया।

उसकी गुड़ियाएँ इन्तज़ार करती रहीं, लेकिन वह नहीं उठा। हम सब उसकी हालत देख कर डर गये।

पापा को बुलाया। उन्होंने नब्ज़ देखी। वह अभी तक चल रही थी। साँस को महसूस किया। वह बहुत धीमी थी लेकिन टूटी नहीं थी।

पापा उसे सहारा देकर खींचते-खींचते घर ले गये थे। उस रात पापा देर तक उसी के पास रहे। वहीं बात-बात में उन्होंने रामजीलाल को सूचना दी थी कि अब तो उस कारख़ाने के पास वाली ज़मीन पर एक नया कारख़ाना लगने वाला है, और वह तो बस्ती के इतने क़रीब होगा कि साँस लेना भी मुश्किल हो जायेगा।

रामजीलाल आधे होश और आधी बेहोशी में पापा को आँखें फाड़-फाड़ कर देखता रहा था।

'अरे, ऐसे क्या देख रहे हो? अब अगला कारख़ाना खुलने के बाद तो तुम्हारी कठपुतलियों की वो दुर्गति होगी, वो फ़जीहत होगी, कि अपनी आँखों से देख नहीं पाओगे।' —पापा ने उसके कन्धे पर धौल जमाते हुए कहा था।

रामजीलाल ने कोई जवाब नहीं दिया था। वह वैसे ही पापा को देखता रहा था—स्तब्ध चेहरे और ठण्डी आँखों से। ...और तभी शायद वह एक भयद् निर्णय पर भी पहुँच गया था।

...अगले दिन अमराई से लौटते हुए यों ही कुतूहलवश हमने उसकी खिड़की से झाँका। हम उसकी तबियत का हाल जानना चाहते थे। लेकिन शरारत से बाज़ भी नहीं आ पा रहे थे। हम खिड़की पर चढ़ कर चिल्लाये—

कठपुतली का ताज गया।

रामजीलाल का राज गया।।

और चिल्लाते-चिल्लाते, अन्दर का दृश्य देखकर एकाएक आवाज़ गले में ही फँसी रह गयी और हम सकते में आ गये।

वहाँ रामजीलाल कमरे में बैठा था। उसने सारी कठपुतलियाँ अपने सामने रख ली थीं। वह एक-एक कठपुतली उठाता, उसे ग़ौर से देखता और फिर उसे उधेड़ कर रख देता था। हम पहुँचे, तब तक वह कई कठपुतलियाँ उधेड़ चुका था।

कमरे में फटे चिथड़े; रुई और कठपुतलियों के तार-तार ढाँचे और चेहरे बिखरे हुए थे।

हमने शोर मचा कर उसे रोकना चाहा। लेकिन हमारी आवाज़ उस तक जैसे पहुँच ही नहीं रही थी। वह उस दिन हमें पहचान भी नहीं पा रहा था। वह अपने आपे में था ही नहीं।

रामजीलाल को उस दिन हमने आख़िरी बार देखा था।

दो दिन बाद वह मर गया।

वह दिन मेरी याददाश्त में अब भी वैसा ही छपा है। सूर्यास्त हो चुका था। आकाश के एक अथाह विस्तार के सामने रामजीलाल का घर एक स्याह आकृति में बदल गया था। मकानों के बीच-बीच में धुआँ फैला था। गली में सन्नाटा था और माहौल पर छाया एक पारदर्शी अवसाद। हवा चल रही थी और कठपुतलियों के चिथड़े इधर-उधर उड़ रहे थे।

ज़िन्दगी भी क्या अजीब चीज़ है। हमने कभी सोचा भी नहीं था कि रामजीलाल के मरने के अगले दिन हमें पृथ्वीराज और संयोगिता की उधड़ी

कठपुतलियाँ गली में पड़ी मिलेंगी। जो कुछ दिन इधर-उधर कचरे के ढेर पर सड़ती रहेंगी और अन्ततः एक दिन नगरपालिका की कचरे की गाड़ी उन्हें उठा कर ले जायेगी।

...वही चौक है...स्लेटी पत्थरों वाला। बूढ़ा पीपल धीमे-धीमे झूम रहा है।

'वह जो तुमने ग़ालिब का शेर अभी सुनाया था, वह बहुत बढ़िया था। तुमने कहाँ पढ़ा था इसे?'—पीपल मुझसे पूछता है।

'वह शेर?... अरे वह तो यहाँ की हर चीज़ पर लिखा है। अभी-अभी जो हवा का एक उदास झोंका आया था, उस पर भी लिखा था। वहीं से मैंने पढ़ा था।' मैं उसे सूचना देता हूँ।

पीपल सन्देह से मुझे घूरता है।

अचानक मुझे लगता है कि मुझे अब यहाँ से चले जाना चाहिए। मैं बेकार ही यहाँ खड़ा हूँ। कठपुतलियाँ अब नहीं लौटेंगी...अँधेरा भी बढ़ गया है।

मोहन कुमार डहेरिया

गूँगा : कुछ कविताएँ

1.

गूँगा जब क्रोधित होता है
भरभराकर जलने लगते हैं
उसके अन्दर के सारे अधजले कोयले।
धुआँ धुआँ होने लगती हैं
उसकी आँखें।
लिजलिजे पसीने की जगह,
उसके रोम छिद्रों से निकलने लगती हैं
आग की नन्ही नन्ही लपटें।
दहकने लगती है,
उसके पैरों के नीचे की ज़मीन।
गर्म होने लगती है
आसपास की हवा
इस गर्म और हल्की हवा में
आसमान की तरफ़
ठीक गुब्बारे की तरह,
ऊपर उठने लगता है गूँगा।

2.

गूँगे की पकड़ बहुत गहरी होती है
चट्टानों को पंजों से दबोचते ही
उभर आते हैं चट्टानों पर

उसकी पाँचों उँगलियों के
लाल सुर्ख निशान।
दूर कहीं जंगल में
दबे पाँव घात लगाये चलता है चीता
चड़चड़ाकर बजने लगते हैं,
गूँगे के अन्दर के सारे सूखे पीले पत्ते
गूँगा बहुत संवेदनशील होता है।

3.

गर्म रेत से झुलसकर
बोलने की कोशिश करता हुआ गूँगा
छटपटाता है,
प्रसव वेदना से तड़पती
स्त्री की तरह।
तेज़ आँधी में उखड़कर गिर जाता है
उसके अन्दर का एक मज़बूत पेड़
और
छूट जाता है उसकी मुट्ठियों से
एक अय्याश भेड़िए का चेहरा।

4.

गूँगे की अन्तिम इच्छा है
दो ऊँचे खोखले पहाड़ों के बीच
पूरी ताक़त से
अपनी प्रेमिका का नाम लेकर चिल्लाये
और शर्म से लाल गुलाल होकर
लौटते हुए शब्दों को,
सूखे हुए फूलों की पंखुरियों की तरह,
अपनी मुट्ठियों में मसलकर
हवाओं में,
दूर दूर तक बिखरा दे।

5.

गूँगा जब उदास होता है
रोता है
पेड़ों की तरह निःशब्द :
आकाश की तरफ़ मुँह उठाकर।
लबालब भर जाती है
एक नदी उसकी आँखों में
तथा
पत्थरों पर सिर पटक पटककर
लहूलुहान होने लगता है
उसके अन्दर का एक
नाज़ुक तथा मासूम परिन्दा।

6.

तुम ज़ोरों से नारा लगाओ,
गूँगा बता सकता है
तुम सुभाषचन्द्र बोस बनोगे या जयचन्द?
तुम एक-एक बार भयभीत होकर चिल्लाओ
गूँगा बता सकता है
तुमने कितनी बार
सपने में महाजन को देखकर
अपना पैजामा गीला किया?
तुम हिचक-हिचक कर रोओ,
गूँगा बता सकता है
अपने बाप की मौत पर
बिलख-बिलखकर रोने के दौरान
आँसू पोंछने के बहाने
बाथरूम में जाकर तुमने कितनी बार
अपने कोट की अन्दरूनी जेब से निकालकर

ह्विस्की का अद्धा पिया?
कितनी बार बुदबुदाये?
'चलो अच्छा हुआ, बूढ़ा अपाहिज था
पिंड छूटा।'

7.

गूँगा खेतों में
गेहूँ, ज्वार, चावल नहीं
वरन
शब्दों को बोना चाहता है
सूखे के माहौल में भी
गूँगा सोचता है
आसमान से पानी नहीं,
शब्द बरसते तो अच्छा था।
गूँगा देखना चाहता है
हरे-हरे पौधों पर
फूल नहीं बल्कि
विभिन्न रूप, रंग तथा
अलग-अलग ख़ुशबू वाले
सफ़ेद, नीले, पीले तथा महकते हुए
गुलाबी शब्द।

8.

गूँगा कैसे प्यार करता है
अपनी पत्नी को?
गूँगा दाँतों से नोच लेना चाहता है
माथे की बिंदिया
हाथ-पैर चलाकर उत्तेजना के छींटे उछालता
पार करना चाहता है
एक लम्बे-तड़ंगे काले जिस्म को
नदी की तरह।

और उसके सारे जिस्म में प्रवेश कर,
अन्दर ही अन्दर फैलना चाहता है
एक बरगद के पेड़ की
आड़ी-तिरछी जड़ों की तरह।

9.

गूँगा ख़ुश होता है
अपने बच्चे को पहली बार
तोतली आवाज़ में
'दद्दा' बोलते देखकर
गूँगा बच्चे के लिए
चाबी वाला बन्दर नहीं
वरन शब्दों के खिलौने लाना
पसन्द करता है।
गूँगा चाहता है
बच्चा इन खिलौनों से जी भरकर खेले
तोड़े मरोड़े
जोर से ज़मीन पर पटके
इनके पुर्ज़े-पुर्ज़े अलग कर दे
और फिर एक नया खिलौना बनाये।
अक्सर रातों में,
जब बच्चा गहरी नींद में होता है
गूँगा बच्चे का बस्ता खूँटी से उतारकर
उसकी किताबों के सारे शब्द,
अपने पैने नाख़ूनों से खुरचकर
चुरा ले जाना चाहता है।

10.

गूँगे की चीख़
बेहद ख़ामोश

तथा
चमचमाती तलवार की तरह
धारदार होती है।
चीख़ सुनकर,
आतंकित होकर
हवाओं में टँग जाते हैं
शहर के चौराहों से उछलते हुए ख़ुशनुमा ठहाके
छितराकर,
गिरने लगते हैं आसमान से
परिन्दों के ख़ून में सने पंखे।
चिथड़े-चिथड़े हो जाता है,
चिड़िया के एक मासूम बच्चे के लिए
दाँत टेते
एक ख़ूँखार बाज़ का कलेजा।

11.

गूँगा जानता है
शब्द भी,
आदमी के ख़ून की तरह नमकीन होते हैं।
गूँगा जानता है
शब्द भी,
धीमी-धीमी आग में सेंके जाने पर
रोटियों की तरह फूलकर
सूं...अं...सूं...अं... की आवाज़ निकालते हैं।
गूँगा हर वक़्त
हमारे द्वारा उछाले गये शब्दों को
हथेलियों में लेकर
अन्धों की तरह टटोलते हुए
न जाने,
क्या-क्या सोचता रहता है?

प्रकाश पन्त की कविताएँ

बंगाली बच्चे[1]

इस ठण्डे भूखण्ड में
भूमध्य रेखा का माहौल बनाते हैं
ये–
बंगाली बच्चे

एक औरत–
काकाराम की दुकान से
नीटू को ख़रीदती है–
पुलआवर,
स्टाकिंग्स।
बाटा की दुकान से ख़रीदती है–
चमकीले जूते।
विष्णु फार्मेसी से ख़रीदती है–
बार्नवीटा,
काडलिवर आयल
और अपने लिए–
जैतून का तेल।

इस ठण्डे भूखण्ड में
कहाँ से निथर आये ये–
बंगाली बच्चे

---

1. बंगाली शब्द उन लोगों को सहसा ही बंगाल के अकाल के बाद मिल गया जो बेघर-बार होते हैं तथा कुछ भी करके पेट भरते हैं।

नंगे,
काले।
केसरी बँगले में रहते हैं
जहाँ कोई बँगला नहीं—

पालीथीन व चिथड़ों से बनी झुग्गियाँ हैं।
यह मेरे देश के भीतर का दक्षिणी अफ्रीका है
इस देश की कुलीन, अभिजात सरकार
यह सच नहीं जानती—
कि
यहीं कहीं बैठा है—
बेंजामिन मोलाइश,
नेल्सन मण्डेला।—

काकाराम की दुकान बन्द हो गयी है।
अभिजात बच्चा सो गया है—
माँ की बाँहों पर
और
बंगाली बच्चे के सिर के नीचे
जाग रहा है उसका बायाँ हाथ।

बच्चों के लिए

मत छीनो
अभी से इनका बचपन—
इन्हें मत बनाओ
पत्थर की मूर्ति,
इन्हें रंग-बिरंगे पतंगों
रंग-बिरंगे फूलों से लगाव है।
इन्हें नोचने दो ये रंग।
वक़्त बड़ा ख़राब चल रहा है

और तुम पढ़ा रही हो
अशोक महान थे।
इस तरह मत करो मेरे बच्चों को बौना।
जो कुछ तुम्हारी रसोई में है
स्वादु, सर्वश्रेष्ठ
निस्संकोच इन्हें खिलाओ...
मत जोड़ो कल के लिए
मत बनो इनके भविष्य के ठेकेदार—
इन्हें मत दिखाओ
अपने जूते की नाप
व्यर्थ में
मत करो इन्हें अपने ही विरुद्ध।

ये बच्चे
तुम्हारे ठहरे देश से बड़े हैं।
अशोक महान के बदले
दिखाओ—
नदी...
समुद्र...
आकाश...
और पक्षी की परवाज़।।

अंगार यात्रा

नदी में दहकती अंगार यात्रा
बिलोती है अँधेरा
अँधेरा, जो वक़्त का अनिवार्य हिस्सा है।
वक़्त से शापित हुई
किसी क्षण...संवेदना...
उत्तेजना,
जो भ्रान्त करती

उद्विग्न करती
संवेदना को मिल न पाये
चेतना के कवच कुण्डल
देह को अपनी खुदाई में मिलेगी
कलादीर्घा
जहाँ जीवित
या जीवाश्म सी ठहरी पड़ी हो
निर्व्याज आकांक्षा
निर्व्याज आदिम भूख।
इस अंगार यात्रा को नहीं मिलता
कहीं भी तट।
शापित संवेदना
उत्तेजना...
प्रेतछाया सी
विकृत मनोग्रन्थि लिए
खोजती है—
लुटा टूटा सुनहरा स्वप्न।
सुनहरा स्वप्न
इतना भर कि
कि घिरते बादलों में
छिटक आये
धूप का धब्बा...मात्र क्षण भर
और फिर वही
नदी में दहकती अंगार यात्रा
अँधेरे को बिलोती...
अँधेरा जो वक़्त का अनिवार्य हिस्सा है।

सुमति अय्यर

यह शहर

अँगोछे में थोड़ा-सा कलेवा
और मुट्ठी भर सपने लेकर
सुखिया चला था
धुआँ उगलते शहर के लिए
जिसकी बरसात में भीगी सड़कों पर,
फ़ुटपाथों पर बने तम्बुओं के नीचे
सपनों को टिकने भर की
जगह मिल गयी थी
उसने देखा, यहाँ आकाश
कई टुकड़ों में बँट गया है,
और सड़क के दोनों ओर
बेतरतीब उगी इमारतों के
रोशनदानों से उनके टुकड़े
साफ़ नज़र आते।
हर कबूतरख़ाने में एक रोशनदान है,
और रोशनदान
एक टुकड़ा अदद आकाश को
पकड़ा देता है,
उम्र भर फाँकने के लिए।
फ़ुटपाथ पर पलते भिखारियों, कोढ़ियों
और शराबियों के साथ
उसने भी सपनों को
सिरहाने रखकर सोना सीख लिया है

यह शहर जल्दी सिखा देता है
कि जुलूस आग के सिक्के नहीं,
इन्द्रधनुष होते हैं,
क्षितिज के किसी कोने तक पहुँच कर
ग़ायब हो जाते हैं
चाय के ढाबों के पास बिखरी
अर्थहीन बातें
टूटी सड़कों के कोने पर
जेठ की तपती दोपहरी पर
सूखे पत्तों की तरह
पसरी देहों का भूगोल
सच, यह सड़कें कहीं नहीं जातीं।
सिर्फ़ भ्रम पैदा करती हैं,
और पूरा शहर मायादर्पण बन गया है।
सुखिया, इन सीमाओं को
पहचानने लगा है,
धुआँ उगलती चिमनियों की
काली धूल, उसकी आँखों में
किरपंच बनकर चुभती है,
जिस शहर की तलाश में
घर से निकला था,
वह कहीं नहीं रहा।
सुखिया अपने सपनों को,
खुली साँस के साथ
कहीं खो आया है,
और उदास बीमार चेहरे
में,
तमाम निराशा और थकान लिए
इसी बीमार शहर में,
उसे खोज रहा है।
लगातार खोज रहा है।

नहीं जानता,
यह शहर नहीं माया दर्पण है।
जाने कैसी हवा थी
चुपचाप आ बैठी थी मुँडेर पर
किसी आदमख़ोर गिद्ध की तरह
और नोचकर खाने लगी थी
दीवारों पर चिपकी खिलखिलाहटों
और फ़र्श पर पसरी आहटों को

सहसा उभर आये थे
ढेरों लहू के छींटे
दीवारों पर फ़र्श पर, मुँडेर पर!
दहशत भरी चीख़ों
भागते क़दमों की तेज़ आहटों
उन्माद भरे नारों को
आगे ठेलता हुआ
तेज़ी के साथ फैल गया है
एक निःशब्द सिसकता हुआ सन्नाटा।
उसी सन्नाटे को तोड़ता हुआ
डोल रहा है, वह कुत्ता
सूँघता हुआ जलाँध को
कहीं कुछ टोहता हुआ
कभी भूँकता हुआ।
न
वह किसी गन्ध को नहीं खोज रहा
न अपने मालिक को
वह तो खोज रहा है
उस आस्था को
जो उन लुढ़के हुए कनस्तरों
इधर-उधर बेतरतीब बिखरी चप्पलों
और अधजली दीवारों के बीच

कहीं खो गयी है
वह हैरान है
परेशान भी है कि
उसे पुचकारने वाले ही नहीं
दुरदुराने वाले भी कहीं खो गये
उसे एकदम अकेला छोड़कर
रात भर सन्नाटे के साथ लड़ने के लिए
उसे यक़ीन है
शीघ्र उसे खोज निकालेगा
पर,
गली का सन्नाटा नहीं टूटेगा
दीवारों की निःशब्द
सिसकियाँ नहीं थमेंगी
मुँडेरों पर लटकी चीख़ें
नहीं रुकेंगी
वह खोज रहा है,
बिलबिलाकर भूँक रहा है,
लगातार
किसी सन्नाटे के साथ लड़ रहा है।

महाराज सन्तोषी की कविताएँ

मौसम

मकानों की
काँच टूटी खिड़कियों के पास
खड़े होकर
तुम्हें मौसम का पता चल जायेगा
कड़ी धूप अथवा
तेज़ बौछारें
महज़ औपचारिकताएँ हैं
भौगोलिक सिद्धान्तों के
दरअसल अब मौसम
राजनेताओं के हस्ताक्षरों से
बदलते हैं।

परिवार

अचानक
रिश्ते ग़ायब होने लगते हैं
और छत अजनबी!
एक बड़ी मेज़ के चारों ओर
सिमट आये चेहरे
बरसात में ढह आये
मिट्टी के बुतों से
लग रहे होते हैं!

बारी-बारी
एक बड़े दर्पण के निकट से
गुज़रते हुए
वे अक्सर एक-दूसरे पर
दोषारोपण करते सुनाई देते हैं
और कड़कती-कराहती आवाज़ों के बीच
अपने साथ ढेर सारी चुप्पी लिए
लौट आते हैं
नींद के बंकरों में
दर्द के नये अर्थ लिए!

लड़ाई शुरू होने से पहले

लड़ाई शुरू होने से पहले
मैं तुम्हें नहीं बताऊँगा :
नैनं छिदन्ति शस्त्राणि
नैनं दहति पावकः...
वग़ैरह...वग़ैरह!
क्या मालूम
वह कौन सी आत्मा थी
अब तो रोज़-रोज़
आत्माएँ मर रही हैं
जिस्म बूढ़ा होने से पहले ही
आत्माओं में झुर्रियाँ पड़ने लगी हैं
जो इन आईनों में
प्रतिबिम्बित नहीं हो पातीं!
लड़ाई शुरू होने से पहले
मैं तुम्हें कुछ भी नहीं कहूँगा
क्योंकि मेरे पास कहने के लिए
कुछ भी नहीं है प्रभावशाली

न दर्शन, न ज्ञान
न कोई कला सम्मोहन!
काम चलाऊ भाषा में
सिर्फ़ इतना कहूँगा :
केवल ग़ुस्सा ही नहीं
अब लड़ना भी बहुत ज़रूरी हो गया है!
अपनी नज़र साफ़ करते हुए
तुम अपना निशाना
ठीक उस शेर पर रख लो
जिसके नथुनों में
हमारे ख़ून की बू बसी है
और सदा-सदा के लिए
तुम यह भूल जाओ कि
शेर जंगल का बादशाह होता है!

नगाड़ा

नगाड़े पर
मढ़े गये चमड़े सा
तुम हमेशा-हमेशा पिटते रहोगे!
तुम्हारे सामने
क़तार में खड़े बच्चे
चमड़ी उधेड़े जाने तक
कसरत कर रहे होंगे!
फ़िलहाल कोई डर नहीं
अभी तो नगाड़े पर
केवल बाप पिट रहा है
और बच्चा
पीठ पर लिए बस्ता
निश्चिन्त स्कूल जा रहा है!
मगर एक दिन अकस्मात

सुनकर अपने पिता का दुखद समाचार
वह भी नगाड़े पर
मढ़ दिया जायेगा
और हमेशा-हमेशा के लिए
पीटा जायेगा!
एक दिन अकस्मात
फिर उसका बेटा
और फिर उसका बेटा...
और फिर उसके बेटे का बेटा...
मैं पूछता हूँ
क्या कभी समाप्त नहीं होगा
नगाड़े पर आदमियों को मढ़ा जाना?

इन दिनों

इन दिनों
ज़िन्दगी जीना
उस बच्चे सा लग रहा है
ड्रिल करते-करते
जिसकी पतलून फट गयी हो!
जबकि समय
किसी मुश्तंड लड़के के हाथों
बजता बैंड सा लग रहा है!
बारिश में भीजे किसी छाते सा
सूखे मौसम में
जिसे चूहों ने कुतर लिया हो
इन दिनों ज़िन्दगी जीना
कुछ ऐसे ही लग रहा है!
कल शाम टहलते-टहलते
टकरा गया एक हादसा मुझसे

और मैंने महसूसा :
सड़क के दोनों ओर फैले
फ़सल कटे खेत
एक-एक कर मुझमें प्रवेश कर गये
और अपने बेशुमार ठूँठ
मेरे भीतर छोड़ कर चले गये!
मैं सोचता रहा
क्या इन दिनों ज़िन्दगी जीना
अपने भीतर ठूँठ महसूसना नहीं होता?
मैंने पूछा
राह चलते उस किसान से
जिसकी शक़्ल
बलराज साहनी से कितनी मिलती जुलती थी!
वह हाथों से टोपी पकड़
घूरता हुआ
मेरी बग़ल से गुज़र गया
मैं सोचता रहा
क्या इन दिनों
किसी से सवाल पूछना
उसकी टोपी उतारना होता है?

सुनील हर्बोला

पहाड़ : कितने चेहरे

नंगी
पहाड़ियों के ठीक ऊपर
लटका है चाँद, बिखरी
दूधिया चाँदनी के साथ,
सारा मंज़र कुछ-कुछ दूधिया है
धूमिल सा,
थम गयी हैं हवाएँ,
कुछ दरख़्त हैं सिर उठाये
शान्त से
चीड़ है
बाँज के पत्रहीन ठूँठ और
खूँटे हैं असंख्य
उगे हुए चारों तरफ़, जंगल में
छायी है मुर्दनी,
बाघों की बौखलाई
क़तार की क़तार
उतर आयी है
गाँवों की ओर
बस्तियों में आतंक है,
सन्नाटा है

●

कौओं की बेसुरी काँव-काँव के साथ
एक शिखर के ठीक पीछे से
शनैः-शनैः
उभर आता है
लाल अंगार
खुल पड़ते हैं किवाड़ यकायक
हड़बड़ी में
सार्वजनिक रास्तों के छोरों पर
आ बैठे हैं कुछ
मुड़े-तुड़े नोटों से चेहरे,
पलकों की कोरों पर कीचड़,
मैले-पीले दाँतों में फँसी
बीड़ियाँ
पास में लोटा भर पानी,
कान में जनेऊ
अलबत्ता ये वही चेहरे हैं
निचुड़ जाते हैं जो
वितृष्णा से
दिन दोपहर उजालों में
इन्हीं रास्तों पर
और थूक देते हैं
बिचककर
पिच्च से।

•

एक सार्वजनिक नल है
जो टपका था कभी बूँद-बूँद
तब से शान्त है
अलबत्ता चन्द शुष्क काग़ज़
चन्द इबारतों के साथ
डोल रहे हैं

इधर-उधर लावारिस से
सम्बन्धित विभागों में
कुछ उदास बाल्टियाँ
ठहरी हैं अब भी नल पर
उदास पलकों के साथ।

•

छौनों से स्वच्छन्द
आदमियों के पिल्ले
शोर मचाते हैं
— कभी मोटर चलाते हैं
  तार के गोल घेरे की
— कभी शहर से आई
  रंगीन कारें छूते हैं
— नाक सुड़कते हैं और
  घर भाग-भाग कर
रोटियों की गन्ध लेते हैं,
हवा की तीखी मार से
उनके हाथ-पैर-गाल फटे हैं
ठीक उनके कपड़ों
उनकी माँओं के पैरों की
बिवाइयों की तरह।

•

जंगलों में हलचल है
औरतें हैं,
सिरों पर गट्ठर हैं, घासों के
बाज की पत्तियों के
सूखी लकड़ियों के
उनकी कमरों में

तीखी दरातियाँ हैं खुसी हुई
और पर्त दर पर्त
नंगा होता जाता पहाड़ है
सामने की धार पर
ऊँची चिमनी का धुआँ है
जो घरों की चिमनियों के धुएँ से
कहीं गाढ़ा है,
वहाँ घर-घर करता
विशाल दैत्य
चर रहा है पहाड़,
—वहाँ चीत्कार है पहाड़ की
—वहीं से दरकता है पहाड़
इंच इंच।
वहीं कुछ
जीते जागते पिंजर
अपना ख़ून पानी कर रहे हैं
निढाल थके लोग हैं।

•

पक्की बनी-अधबनी
गिट्टियाँ तोड़तीं
गारा बनातीं
कई जोड़ी नर-मादा जर्जर
उँगलियाँ हैं
जगह-जगह जख़्म खायी,
कई जोड़ी आँखें हैं,
आँखों के पीछे
अथाह समुन्दर है सपनों का
सपनों में
—तेल है ढिबरी का,
—मुट्ठी भर आटा है,

—थोड़ा साग, एक हरी मिर्च
और नींद है रात भर की,
सिमटती है
शनैः-शनैः दोपहरी चादर
फैलता है
सुर्मई झिटपुटा
पुनः चहुर्दिश
बन्द हैं बाज़ार
अलबत्ता खुले हैं
चोर दरवाज़े,
दुकानों में सामान नहीं है
रोटी-चावल दाल
तेल नोन
नहीं हैं
यह बात दीगर है
भीतरी सतहों में
चमचमाती बोतलें हैं
दवाओं के लेबल लगी
सुरा है, लिक्विड है
लुके छिपे डरे-डरे
गुमसुम से चेहरे
घुसते हैं भीतर, सर्र से
गीदड़ों की मानिन्द और
निकल आते हैं बाहर
शेर से दहाड़ते,
उनकी आवाज़ों में गालियाँ हैं,
पड़ोसियों, राहगीरों की
माँ बहनें हैं,
और अकड़ है फ़ालतू की
उन्हें नहीं मालूम
इस भुलावे में वे
छोड़ आये हैं दुकानों के भीतर

स्त्रियों के आभूषण
आगतों का भविष्य
परिवारों की स्वच्छन्द हँसी, चैन
और सुखद संसार।

•

घरों की चिमनियों से
उठता है धुआँ
दिन भर की
खटी हुई औरतें
खा रही हैं गालियाँ
एक निखट्टू
चिंघाड़ रहा है दैत्य सा
बच्चे सो चुके हैं कब के
सहम कर
रोटियाँ निढाल
किसी का इन्तज़ार करती हैं
काले हो चुके
नीले आकाश पर
उभर आया है फिर से
धवल चाँद
नंगी पहाड़ियों के ठीक ऊपर
चक्कर काटती अबाबीलें
उतर आयी हैं शाखों पर
थम गयी है हवा फिर से
सुन पड़ती है जंगलों में
गीदड़ों की मनहूस
हूऽ...हूऽऽऽ...
गाँवों के ऊपर
ठहर गयी है गहरी कालिमा,
बस्तियाँ ख़ामोश हैं।

तारानन्द

कहता है केदार कानन

दस सौ रुपयों के मासिक वेतन में से
नहीं बच पाते हैं तीस रुपये प्रतिमाह
कि ख़रीदकर खा सकें प्रतिदिन एक अण्डा
या पी सकें एक गिलास दूध—
सेहत को ठीक रख सकने के लिए...

चरमराकर टूटता हुआ परिवार का चक्का
घूमने लगता है जब
मध्यवित्त नौजवान के कपार पर,
बहुत महँगी हो जाती है एक कश सिगरेट
और एक बीड़ा पान
और सुर्ती का एक पैकेट...

अथाह दर्द में डूबा आकण्ठ
विह्वल होकर कहता है केदार कानन—
तुम नहीं समझोगे वियोगी,
तुम नहीं समझ पाओगे कि
एक, छोटी-सी ही सही, नौकरी पा लेने के बाद
अपने ज़िन्दा रहने से ज़्यादा ज़रूरी
हो जाता है
परिवार-भर के भोजन के लिए
नमक ख़रीदने का बन्दोबस्त

और
अपनी सेहत ठीक रहने से
ज़्यादा समकालीन दीखने लगती है
टूटे छप्पर की मरम्मत

•

काम के घण्टों से पहले
और काम के घण्टों के बाद भी
अगर स्वायत्त रह पाती प्रतिभा
तो इतना दुर्दम्य नहीं होता दुख
हँस लेते ही कम-से-कम एक बार प्रतिदिन
(जो सेहत के लिए बड़ा गुणकारी होता)
मगर,
एक बार नौकरी पा लेने के बाद
नहीं बच पाती है उबाल
कि व्यवस्था से माँग सकें
प्रतिभा की स्वायत्तता
और, खा ले सकें प्रतिदिन एक अण्डा
या, कह सकें अपनी माँ से अन्ततः
    मुझे माफ़ करो माँ!
    समझ लो कि नहीं है कोई तुम्हारा बेटा

मगर, जबकि
ख़ून ज़माने की साज़िश ही बन गयी है
अब की व्यवस्था
कुछ करना ही पड़ेगा
अपनी सेहत बनाने के लिए—
कहता है केदार कानन।

किले ढहते हैं

आदमी की सुरक्षा के लिए
नहीं बनाये गये थे क़िले
क़िले के प्रवेश-द्वार पर
चेतना के शान्तिदूत खड़े नहीं रहते थे
क़िले के चतुर्दिक बने गुरु-गम्भीर तालाब
निश्चय ही किसानों के खेत पटाने को
नहीं रचे गये थे

गुम्बद पर खड़े होकर
सीटियाँ बजाता था आतंक
नंगी नाचती थी असुरक्षा
हवाएँ थर-थर काँपती थीं
आसपास
चरमराकर टूट-टूट जाती थीं चूड़ियाँ
फटी धोतियों के बदले
लोग अपने होंठ सीते रहते थे
और तब,
शक्तिदूत बना क़िला
देता था उपदेश—
    बहुत कमज़ोर होता है आदमी
    बहुत ज़ल्दी हो जाता है विचलित
पत्थर और आदमी में यही फ़र्क़ है।

•

बहुत-बहुत वक़्त
बीत जाने के बाद
आज मैं क़िले की ओर गया था

देखा—
क़िले अब ढहने लगे हैं
कत्थे-चूने से साटी ईंटें
जवाब देने लगी हैं
देखा—

टूटकर गिर पड़ी थी बेचारी दीवार
कई जगह से
परिखा में पुल बन गया था
पुल पर मटरगश्ती कर रही थीं चींटियाँ
कनखजूरों के जोड़े अपने बिल खोज रहे थे
या फिर एकान्त मिलन की चाह रखते होंगे
मैंने वहाँ कुछ रंग-बिरंगी चिड़ियाँ भी देखीं
मैं उन्हें पहचान नहीं पाया
मगर,
मैं उस पुल को ज़रूर पहचान गया था
क़िले की टूटी दीवार ने बना दी थी लाचारीवश
जिसे तालाब के आर-पार

लौटते-लौटते
वह गिलहरी भी मिल गयी थी अचानक
कहने लगी—
    अब हम क़िले के उस पार भी
    फल खाने जाया करेंगे भैया
    उस तरफ़ कितने अच्छे-अच्छे पेड़ हैं बरगद के
    कितने मीठे फल हैं उसके! ओह...

क़िले से बाहर निकलने के बाद
अब, मैं सामान्य हो गया हूँ
और क़िले ढह रहे हैं।

कभी तो मैंने...

कभी तो मैं तुम्हारे साथ बह नहीं सका
कभी तो मैंने कोशिश नहीं की
अपने विराट के प्रवहन की
पोखर में जमी काई-कुम्भियों से
गँदलाते रहे मेरी सर्जना के पाठ
कभी तो मैंने कोशिश नहीं की
कि तुम्हारे साथ बहकर
अपने खेतों में जाऊँ
फ़सलों की जड़ों में डालूँ
अपनी अभिव्यक्ति के ज्वलन्त मन्त्र
कि उनमें बम नहीं उगें
खिलखिलाते मेरे बेटे की पदचापें उगें
अन्तःसलिला मेरी भाभियों की
ठिठोलियाँ उगें
अथबल मेरे पिता के लिए चैन उगे
कभी तो मैंने कोशिश नहीं की

•

तुम इतनी ही बड़ी नहीं हो गंगा मैया
जितनी मैं तुम्हें महसूसता हूँ
मेरे सम्पूर्ण चेतना-लोक से बड़े-बड़े—
बहुऽऽत बड़े-बड़े
हैं तुम्हारे एक-एक बेटे
मेरे मन के तराजू उनके पदरज नापते हैं
मेरी आँखों के भीतर की आँखें
यहाँ-वहाँ की हवाओं में
उनके अस्तित्व की गन्ध देखती हैं
छोटे-छोटे मेरे पाँव

गाँव की कच्ची सड़कों पर
उनकी उपस्थिति की मुलामियत परखते हैं

मगर, किस मुँह से कहूँ
कभी तो मैंने कोशिश नहीं की
देह भर में पदरज लेपकर तुम्हारे साथ
बहते जाने की
कभी तो मैंने साँसों में गन्ध नहीं भरी उनकी
मुलामियत की दिशा में
निरन्तर बढ़ते चले जाने की
कभी तो मैंने कोशिश नहीं की

हाँ, तसल्ली की एक ही बात है गंगा मैया—
बहुत उमर नहीं बीत गयी है
अभी मेरी।

❐❐❐